KB059663

잘 파는 사람은 이렇게 팝니다

사는 사람의 심리와 패턴을 읽는 세일즈 고수의 기술

잘 파는 사람은 이렇게 팝니다

황현진 지음

비즈니스북스

잘 파는 사람은 이렇게 팝니다

1판 1쇄 발행 2022년 10월 18일
1판 9쇄 발행 2024년 10월 11일

지은이 | 황현진
발행인 | 홍영태
편집인 | 김미란
발행처 | (주)비즈니스북스
등 록 | 제2000-000225호(2000년 2월 28일)
주 소 | 03991 서울시 마포구 월드컵북로6길 3 이노베이스빌딩 7층
전 화 | (02)338-9449
팩 스 | (02)338-6543
대표메일 | bb@businessbooks.co.kr
홈페이지 | http://www.businessbooks.co.kr
블로그 | http://blog.naver.com/biz_books
페이스북 | thebizbooks
ISBN 979-11-6254-306-1 03320

* 잘못된 책은 구입하신 서점에서 바꾸어 드립니다.
* 책값은 뒤표지에 있습니다.
* 비즈니스북스에 대한 더 많은 정보가 필요하신 분은 홈페이지를 방문해 주시기 바랍니다.

비즈니스북스는 독자 여러분의 소중한 아이디어와 원고 투고를 기다리고 있습니다.
원고가 있으신 분은 ms1@businessbooks.co.kr로 간단한 개요와 취지, 연락처 등을 보내 주세요.

잘 팔리는 것의
변치 않는 두 가지 본질

이 책은 '파는 법'에 대해 이야기하는 책입니다. 그 전에 꼭 묻고 싶은 질문 하나. 당신도 '파는 사람'입니까?

'아니요, 전 그냥 사무직 종사자입니다. 전 그냥 공무원입니다. 전 그냥 사업자입니다. 전 그냥 학생입니다. 전 그냥 가르치는 사람입니다. 전 그냥 디자이너인걸요. 전 그냥 전문직입니다'라고 생각하나요?

당신이 〈나는 자연인이다〉에서나 볼 법한, 12년째 산속에서 속세와 인연을 끊은 채 혼자 사는 사람이 아니라면, 최소한 하루에 한 번쯤 누군가와 통화하고 문자를 주고받고 어딘가에 글을 올리며 누군가를 만나 이야기하거나 의견을 나누는 일을 한다면, 당신 역시 파는 사람입니다.

당신의 지식을 팔고, 경험을 팔고, 노하우를 팔고, 이력을 팔고, 이미지를 팔고, 언어를 팔기 때문입니다.

그럼 다시 묻겠습니다. 당신은 파는 사람입니까?

감사합니다. 이제 당신 역시 자신을 파는 사람으로 정의했으니, 이 책을 읽어도 될 것 같습니다.

저는 10여 년 전 쇼호스트를 그만두고 '세일즈 컨설팅'이라는 간판을 걸고 일하는 사업자입니다. 남들은 저더러 강사, 작가, 코치라고 부릅니다. 저를 뭐라고 부르든 제 업의 본질 역시 파는 사람이라는 사실은 분명합니다. 제 콘텐츠를 팔고, 제 시간을 팔고, 제가 만든 언어를 팔고, 제 경험과 노하우를 팝니다. 그 대가로 기업은 저에게 돈을 줍니다.

고객사의 상품을 잘 팔기 위해 밥 먹는 시간도 아껴 가며 아침에 일어나 잠자리에 들 때까지 의뢰받은 상품만 생각하고 방법을 고민합니다. 그리고 그 방법을 많은 사람들에게 전하고자 강의와 컨설팅을 병행했습니다.

돈을 벌려고 시작했던 일인데, 돈 말고 더 귀한 걸 얻었습니다. 강의와 컨설팅을 통해 제 의지와는 상관없이 대한민국에서 소위 잘 파는 분들을 수없이 만났습니다. 각 분야에서 가장 잘 판다는 분들을 가장 많이 만나 본 사람이 아마도 저일 겁니다. 그래서 이 책을 썼습니다. 저만 알기 아까운, '잘 파는 사람들에 대한 이야기'를 들려드리기 위해서 말이죠.

특별한 비법을 들려드리기 전에 당신에게 하나만 더 묻고 싶습니다. 판다는 것은 이성을 공략하는 행위인가요, 아니면 감정을 공략하는 행위인가요?

'이성? vs. 감정?'

이성이 겉으로 멋진 외관을 뽐내는 최신형 스마트폰이라면, 감정은 그 스마트폰을 움직이게 만드는 배터리입니다. 배터리가 방전되면 어떻게 될까요? 스마트폰은 작동하지 않습니다.

상품이나 서비스를 파는 것도 마찬가지입니다. 이성적으로는 그걸 선택하는 게 아무리 맞는다 한들, 감정에 와닿지 않으면 선택하지 않습니다. 저도 그렇고, 당신도 그렇고, 당신의 고객도 그럴 겁니다.

이성과 논리는 분명 필요합니다. 하지만 기억하세요. 선택을 하게 만드는 그 순간엔 그다지 중요하지 않을 수도 있음을.

그렇다면 선택의 배터리 역할을 하는 감정은 언제, 그리고 어떻게 반응하는 걸까요? 그 해답은 아래에 있습니다. 딱 다섯 번만 반복해 읽어보면 좋겠습니다.

    " 우리는 선택합니다. 좋은 사람이 권하는 좋아 보이는 것을."

이 문장을 응용해 봅니다.

'우리는 갑니다. 좋은 사람이 권하는 좋아 보이는 곳을.'

'우리는 먹습니다. 좋은 사람이 권하는 맛있어 보이는 음식을.'

'우리는 삽니다. 좋은 사람이 권하는 좋아 보이는 것을.'

이처럼 우리의 선택에 관여하는 두 가지 핵심 키워드는 결국 '좋은 사람'과 '좋아 보이는 것'입니다. 아, 여기서 반드시 기억해야 할 한 가지는 제가 결코 '좋은 것'이라고 단정짓지 않았다는 것입니다. '좋아 보이는 것'이라고 했습니다.

좋은 사람과 좋아 보이는 것, 이 두 가지에도 이성과 논리는 크게 관여하지 않습니다. 좋은 사람이라고 느끼는 것 역시 개인의 감정적 판단이며, 좋아 보이는 것 역시 철저하게 개인의 감정에 기반을 둔 판단이기 때문입니다.

정말 그럴까요? 예를 들어 보겠습니다.

당신이 최근에 차량을 구매했다고 가정해 보겠습니다. 당신이 그 차를 구매한 기준은 이성이었나요, 아니면 감정이었나요? 물론 이성적인 판단을 했다고 믿고 싶을 겁니다.

하지만 만약 이성적으로만 구매한다면 최소 6개월 정도는 타 보고, 꼼꼼하게 분석한 뒤 구매해야 하지 않았을까요? 광고에서처럼 제로백(정지 상태에서 100km/h까지의 도달 시간)과 같은 성능은 정확하게 나오는지, 팸플릿에 적혀 있는 리터당 주행거리는 실제로 그렇게 나오는지 직접 확인했어야 합니다. 아, 보닛도 열어 봐야겠군요. 그래서 부품 하나하나 정품은 맞는지, 그리고 차체를 구성하는 강판은 정말 초고장력 강판인지도 테스트해 봤어야 하지 않았을까요?

과연 이게 가능할까요? 단언컨대 불가능합니다. 사실 당신의 선택을 이끈 건, 좋은 사람이라 느꼈던 세일즈맨의 말과 태도, 그리고 믿을 만하다고 느꼈던 그 회사의 광고, 브로슈어 등을 봤기 때문입니다. 누군가의 말과 글을 보며 당신은 느꼈을 겁니다. '음, 좋아 보이는걸?'이라고 말이죠.

음식 하나를 골라도 마찬가지입니다. 한 번도 가 보지 않았던 음식점에 가서, 한 번도 먹어 보지 않았던 음식을 선택합니다. 이성적으로 고른다면, 방문 전 수백 개에 달하는 후기를 정독해야 합니다. 음식의 재료는 어떤 걸 쓰는지, 정말 유기농인지 눈으로 직접 확인해야 합니다. 주문하기 전에도 ○○ 메뉴의 샘플을 요청해 시식한 후 주문을 했어야 합니다.

이런 일이 가능할까요? 역시 불가능합니다. 아마 당신과는 일면식도 없는 누군가의 후기를 보고 끌렸을 겁니다. 친절하게 설명하는 음식점 직원의 추천을 믿었을 겁니다. 메뉴판에 나와 있는 사진 역시 꽤나 먹음직스러워 보였을 겁니다.

여기에도 그 어떤 이성적 판단과 논리적 근거는 없습니다. 그저 좋은 사람(직원, 또는 식당)이 권하는 좋아 보이는(먹음직스러워 보이는) 메뉴를 선택했던 것뿐입니다.

보험 가입도 똑같지 않을까요? 이성적으로만 판단해 보험을 가입한다는 건 불가능에 가깝습니다. 암 보험 하나만 두고 가정해 볼까요?

대한민국에는 보험사가 정말 많습니다. 생명보험사, 손해보험사를 합치면 40여 개가 넘습니다. 웬만한 회사에선 암 보험 하나쯤 출시하죠. 만약 당신이 이성적으로만 판단해 암 보험을 가입한다면 40여 개가 넘는 암 보험 상품 브로슈어를 바닥에 주욱 펼쳐 두고, 담보별 보장 금액과 보험료를 낱낱이 비교하면서 당신에게 가장 유리한 상품을 골랐어야 합니다.

하지만 보험 비전문가인 당신에겐 불가능한 미션입니다. 설사 당신이 보험 전문가라 하더라도 쉽지 않죠. 각 회사에서 출시되는 암 보험들은 단순히 숫자 비교만으로는 우열을 가리기 어렵습니다. 같은 보장이라 해도 상품마다 특징들은 조금씩 다르기 마련입니다.

이 경우에도 역시 당신은 좋은 사람이 권하는 좋아 보이는 상품을 선택했을 겁니다. 그 좋은 사람이 누군지는 모르겠습니다. 당신의 친구일 수도, 가족일 수도, 대학 동창일 수도 있습니다. 분명한 사실 하나는 그 사람은 '좋은 사람'이었습니다. 그리고 이제 와 생각해 보면 그 사람이 권했던 그 상품은 정확히 뭔지 기억조차 나지 않지만 참 좋아 보였습니다. 그냥 그랬던 겁니다. 그래서 사인했던 겁니다. 그 어디에도 당신의 이성적인 뇌를 반짝이게 한 논리는 없었습니다.

이쯤 되면 궁금합니다. '뭐야, 그럼 예전에 나의 선택을 도왔던 그 좋은 사람은 좋지도 않은 걸 단지 나에게 좋아 보이게 만들어 팔았던 건가? 결국 난 호갱이 됐던 건가?'라고 말이죠.

하지만 그렇지 않습니다. 그때의 좋은 사람이 권했던 그 상품을 이제와 다시 살펴봐도 참 잘 선택했다고 느껴지지 않던가요? 아마도 그 좋은 사람은 당시 상황에서 당신에게 권할 수 있는 최고의 상품을 권했을 겁니다. 정말이냐고요? 정말일 겁니다. 그 사람은 좋은 사람이었거든요. 뭐라고 정확하게 설명할 수는 없지만 당신의 촉은 분명 그렇게 느꼈습니다. 그런 좋은 사람이 권했기에 그 상품은 실제로도 좋은 상품이었을 겁니다.

다시 한번 읽어 보시죠.

'우리는 선택합니다. 좋은 사람이 권하는 좋아 보이는 것을.'

이제 이 문장의 의미가 좀 더 현실적으로 와닿나요? 이로써 당신이

해야 할 일은 너무나 명쾌해졌습니다.

'좋은 사람'이 되어 '좋아 보이게끔' 팔아야 합니다. 얄팍한 상술을 꾀하라는 뜻이 아닙니다. 당신이 좋은 사람이라면, 당신이 파는 것 역시 좋은 것일 겁니다. 그리고 그 상품과 제안을 더 좋아 보이게끔 포장해야 합니다. 그게 이 책에서 다룰, 파는 것의 본질입니다.

그렇다면 좋은 사람과 좋아 보이는 것, 이 둘 중 무엇이 더 중요할까요? 일말의 고민조차 없이 덜컥 '좋은 사람'을 골랐나요? 안 됩니다. 문제 출제자의 의도를 잘못 파악하면 안 됩니다. 정답은 '둘 다 중요하다'입니다.

아무리 좋은 사람이라 해도, 좋아 보이지 않는 상품을 권하면 어떨까요? 사지 않습니다. 아무리 좋아 보이는 상품이라 해도 좋지 않은 사람이 권하면 망설여집니다. 결국 둘 다 중요합니다. 좋은 사람, 그리고 좋아 보이는 것. 둘 다 너무 중요하기에 무엇이 더 중요한가를 논하는 것은 잘못된 접근입니다. 하지만 적어도 순서상 무엇이 더 앞서야 하는지는 밝히려고 합니다.

'좋은 사람'이 먼저입니다. 좋은 사람이 권하면, 어지간하면 좋아 보입니다. 그럼 좋지 않은 사람이 권하면 어떨까요? 어지간해서는 좋아 보이지 않습니다. 아니, 매우 어렵습니다. 불가능한 건 아니지만 아주 힘들 것이라 예상됩니다.

결국 세일즈의 시작과 끝은 사람입니다. 바로 당신이라는 뜻입니다. 상품이나 서비스를 잘 파는 사람이 되고 싶나요? 일단 '좋은 사람'이 돼야 합니다. 그래야만 당신이 소개하는 제안을 좋아 보이게 만들 수 있습니다.

코로나19 팬데믹 이후 일상의 변화 속도는 빨라졌다고 합니다. 비대면이라는 단어가 너무나 익숙해졌습니다. 단지 '빨라졌구나, 이전에 경험하지 못한 세상이구나'라고 탄식만 해서는 안 됩니다. 앞서 동의했듯 당신의 업이 파는 것이라면 앞으로 '무엇'을 '어떻게' 해야 할지 고민해야 합니다.

돼지 눈에는 돼지만, 부처 눈에는 부처만 보인다고 했던가요. 세일즈 코치로 살아가는 제게는 '앞으로 어떻게 해야 잘 팔 수 있을까?'만 보입니다. 겉으로 보여지는 세상의 변화가 너무 큰 것만 같아 괜스레 불안해지지만 다행히도 '좋은 사람', 그리고 '좋아 보이는 것'이라는 팔리는 것의 두 가지 본질은 변치 않을 것입니다. 다만 이 두 가지 본질을 비대면 시대에 어떻게 적용할지에 대해서만 고민하면 됩니다. 두 가지 본질을 기반으로 한, 두 가지 전략 방안은 아래와 같습니다.

비대면 시대, '언어'의 중요성이 더 커졌습니다

사람과 사람이 만나 한 공간에서 같은 공기를 마시며 얼굴을 마주할 기회가 이전보다 확실히 줄었습니다. 그렇기에 무언가를 팔기 원한다면 지금보다 더 언어에 공을 들여야 합니다. 전화기 너머로 전해지는 당신의 말, 카카오톡으로 보내는 문구, 인스타그램에 올리는 피드 글의 단어 하나하나가 모두 언어입니다.

물론 코로나 이전에도 언어는 중요했습니다. 하지만 그때만 해도 말에 좀 두서가 없어도 괜찮았습니다. 나의 언어가 조금 난해해도, 세련

되지 못해도 괜찮았습니다. 한 공간에서 만나 느끼는, 그래서 굳이 말로 전하지 않아도 느껴지는 그 무언가가 당신의 표현력에 한몫을 했거든요. 하지만 이젠 상황이 조금 달라졌습니다. 코로나 이전으로 돌아간다 해도 그때만큼 사람과 사람이 친밀한 거리를 유지하며 같은 공간에서 호흡할 기회는 많지 않을 겁니다. 그렇기에 당신의 언어를 더 매력적으로 가다듬어야 합니다.

하루아침에 촌철살인의 언어를 구사해야 한다는 부담을 드리는 건 아닙니다. 제한된 시간 안에 당신이 전하고자 하는 핵심을 당신의 말과 글로 간결하게, 그리고 명확하게 전해야 더 좋아 보이게 만들 수 있습니다.

잘 파는 분들은 여전히 누군가를 잘 만납니다

적어도 '비대면'이라는 단어가 당신의 나태함을 지우는 변명의 도구로 사용되지 않기를 간절히 바랍니다. '세상이 변했으니까…, 비대면을 더 선호하니까…'라는 핑계 뒤에 숨어 자신을 위로하는 변명 말입니다.

잘 파는 분들은 여전히 누군가를 직접 만나 잘 판다는 사실은 부인할 수 없습니다. 오히려 악재 속에 더 성장했다는 분들도 있습니다. 아니, 많습니다. 단지 힘든 시국에 더 잘됐다는 사실이 괜히 죄스러워 주변에 엄살떠는 것일 뿐, 속으로는 쾌재를 부르는 분들도 많습니다.

지금 이 시대가 정말 비대면의 시대라고 생각하나요? 과연 그럴까요? 좀 괜찮다는 리조트는 주말만 되면 예약하기가 하늘의 별따기입니다. 새로 생긴 쇼핑몰은 고객들로 북적대고 늘 인기 있는 맛집은 매장의 좌석 수만 좀 줄었을 뿐 대기 줄은 더 늘어났습니다. 제아무리 역병이 기승을 부려도 사람들은 자기가 꼭 만나고 싶은 사람은 기를 쓰고 만납니다. 꼭 가고 싶은 곳은 마스크를 겹겹이 쓰고서라도 찾아갑니다.

결국 우리가 살아가는 시대는 엄밀히 말해 비대면의 시대가 아닙니다. '선택 대면'의 시대입니다. 당신의 일이 영업이라면 당신의 고객은 외부 상황을 핑계 대며 다음에 만나자고 할 겁니다. 고객의 입장에서는 지금의 시국보다 더 좋은 핑계가 없습니다. 내가 굳이 만나고 싶지 않은 사람을 만나지 않아도 되는 강력한 명분이 생긴 겁니다. 고객이 이런저런 핑계를 대며 당신과 만나는 걸 피한다고 느끼나요? 죄송하지만 고객의 입장에서는 굳이 당신을 만나야 할 이유가 없다는 뜻입니다.

코로나보다 더한 악재가 온다 한들 '그래서 안 만날래요'가 아닌, '그럼에도 만날래요'의 주인공이 돼야 합니다. 어찌 보면 온 지구를 휩쓴 이번 일 덕분에(?) 더 선명해진 것 같습니다. 가야 할 이유가 분명했던 곳, 만나야 할 이유가 분명했던 사람들은 선택받아야 할 이유가 더 선명해졌습니다. 옥석이 가려졌다 해도 과언이 아닐 겁니다.

비대면 시대의 판매 전략은 결국 두 가지입니다. '언어'가 중요해졌습니다. 그리고 '선택 대면'의 주인공이 돼야 합니다. 상품이나 서비스를 파는 사람이 갖춰야 할 최고의 무기인 언어를 더 잘 쓰고, 또 누군가에게 '반드시 만나고 싶은 사람', '반드시 찾아가고 싶은 곳'이 돼야 한다는 뜻입니다. 언어를 통해 당신의 상품과 서비스를 더 좋아 보이게 만들어야 합니다. 그리고 선택 대면의 주인공이 되기 위해 힘써야 합니다.

장담하건대 당신의 미래엔 지금보다 더 강력한 방해꾼들이 등장할 겁니다. 그 방해꾼은 새로운 바이러스일 수 있습니다. 지금은 상상할 수 없는 환경 변화일 수도 있습니다. 어떤 변화가 당신의 앞을 가로막는다 해도 판다는 것의 본질은 변치 않습니다.

'좋은 사람'이 좋은 상품을 더 '좋아 보이게 만드는 것'입니다.

'좋은 기업'이 좋은 상품을 더 '좋아 보이게 만드는 것'입니다.

이 본질은 적어도 당신과 제가 살아가는 이 세대의 마지막 날까지도 변치 않을 겁니다. '말은 쉽지!'라고 생각할 수 있습니다. 맞습니다. 결코 쉽지 않습니다. 그렇게 느꼈기에 이 책을 펼쳤을 테니까요. 태어나 무엇 하나 제대로 팔아 본 적이 없는 당신이, 이 책을 덮고 난 뒤에 '잘 파는 사람'이 되면 좋겠습니다. 정말 그랬으면 좋겠습니다.

다시 한번 말하지만 내가 '좋은 사람'이 돼 나의 상품과 제안을 '좋아 보이게 만드는 것'이면 충분합니다. 물론 쉽지 않겠지만, 그렇다고 어렵지도 않습니다. '좋은 사람' 그리고 '좋아 보이게 만드는 것' 두 가지만 기억하면 됩니다.

자, 그럼 이 둘 중 무엇부터 알아볼까요? 좋습니다. 먼저 '좋아 보이게 만드는 방법'부터 알아봅시다. 아, 오해는 마세요. 좋아 보이게 만드는 게 더 중요해서가 아닙니다. 좋아 보이게 만드는 것이 판다는 것의 1순위 조건이라면, 좋은 사람은 0순위 조건이거든요. 이런 말을 하는 이유는 혹시라도 앞부분만 보고 책을 덮어 버리는 크나큰 불상사를 방지하기 위해서입니다. 부디 끝까지 읽어 보길 바랍니다. 그럼 출발합니다.

CONTENTS

제2부 잘 파는 사람은 이렇게 팝니다

제1부 **잘 파는 사람은**

이렇게 말합니다

잘 파는 사람은
상품을 좋아 보이게 만듭니다

이 책은 그간 세일즈에 무지했던, 세일즈를 자신과 전혀 상관없는 분야라 생각했던 당신에게 바치는 책입니다. '인생이 곧 세일즈의 연속이다!'와 같은 거창한 담론을 나누고자 함이 아닙니다. 그저 부업으로 판매라는 일을 시작했거나 지금 하고 있는 사업과 일의 성과를 조금이나마 더 업그레이드해 보고자 하는 당신을 위한 책입니다. 아무리 상품과 서비스가 탁월하다 해도 잘 팔지 못하면 끝내 노력은 물거품이 됩니다.

매일매일이 세일즈의 연속임에도 그간 아무도 세일즈를 가르쳐 주지 않았습니다. 한국대학교 세일즈학과. 어떤가요? 충분히 있을 법한 학과 아닌가요? 그런데 없습니다. 피자전공학과도 있고 헤어디자인학과도 있고 디저트카페과도 있는데 세일즈학과는 없습니다. 학창 시절에 누구도 세일즈를 배운

적이 없음에도 불구하고 성인이 되는 순간 우리는 세일즈의 전장으로 내몰립니다.

혹시 성과를 내지 못하고 있는 당신에게, 절실함이 없어서, 끈기가 없어서, 도전 정신이 없어서라고 누군가가 낙인을 찍은 적이 있나요? 그건 틀린 말입니다. 당신은 누구보다 절실하고, 누구보다 끈기 있기 때문입니다(아, 적어도 이 책을 완독한다는 가정하에 그렇다는 말입니다). 그리고 충분한 도전 정신도 있습니다. 그럼에도 성과가 안 나왔던 이유는 하나입니다. 그저 잘 팔 수 있는 방법을 몰랐기 때문입니다.

예를 들어 봅니다. 당신이 한 수입차 매장에 들어섰다고 가정하겠습니다. 같은 차를 소개하는 두 명의 세일즈맨이 있습니다. 그런데 둘의 언어가 조금 다릅니다.

• A딜러

"사장님, 오래 타실 차는 가성비만 놓고 보시면 안 됩니다. 저희 브랜드 차량의 가성비가 떨어진다는 말씀을 하는 분들도 계시지만 잘 모르고 하는 말씀입니다. 눈에 보이는 스펙이 아닌, 귀로도 느낄 수 있는 감성을 느껴 보시죠. 뭐라 말씀드리긴 어렵지만 배기음 소리만 들어 봐도 다른 브랜드 차량과는 차원이 다릅니다. 가격도 중요하지만 배기음이 또 엄청 중요하다는 거 아시죠? 탈 때마다 배기음이 울려 퍼지는 소리를 들으시면 아마 기분도 좋아지지 않을까요? 이번 달 프로모션 혜택도 좋으니 견적 한번 받아 보시죠."

• B딜러

"사장님, 저희 브랜드는 배기음을 만든다고 하지 않고, 작곡한다고 이야기 합니다. 실제로도 작곡가를 초빙해서 엔진 사운드를 만들 거든요. 잘 아시겠지만 음악이 사람의 기분을 우울하게도, 설레게도 만듭니다. 특유의 엔진 사운드가 심장을 쿵쾅거리게 만든다는 말씀 많이들 해주세요. 혹시 좋아하는 가수가 있으신가요? 아, ○○○씨요? 가수의 얼굴이야 계속 보다 보면 언젠가 질릴 수 있지만, 그 가수의 노래는 반복해서 들어도 질리질 않습니다. 배기음이 중요한 이유이기도 합니다. 딱 한 달 설레게 만드는 차가 있고, 타는 내내 설레게 만드는 차가 있습니다. 그게 바로 지금 보시는 차입니다."

A딜러는 '그냥 아는 대로' 말했습니다. 하지만 B딜러는 '더 좋아 보이게끔' 말했습니다. 제1부에서 당신이 익혀야 할, 팔리는 언어의 가장 큰 목적지는 하나입니다.

바로 '더 좋아 보이게끔 말하기.'

얼마 전 결혼기념일에 큰마음 먹고 파인다이닝 식당에 갔습니다. 특별한 날 기분 한번 내보자는 생각이었죠. 수십만 원이 찍힌 카드명세서를 보며 가슴 한구석이 저릿했지만, 가볼 만한 가치는 충분했습니다. 태어나 처음 고급 식당을 가 본 소감은 딱 한 문장으로 설명이 됩니다.

'알고 먹으니, 참 맛있다.'

메인 메뉴 전에 나오는 샐러드 하나도 그냥 주지 않더군요. 돌돌 말려 있는 종이 한 장을 같이 줍니다. 종이를 펴서 살펴보니 샐러드 한 접시에 들어간 수십 가지 재료의 목록이 빼곡하게 적혀 있었습니다. 게다가 매번 나오는 메뉴마다 담당 서버가 재료에 대한 설명, 메뉴에 담긴 의미, 가장 맛있게 먹을 수 있는 방법 등 세심한 설명을 덧붙입니다. 심지어 스테이크를 자르는 칼도 고르게 해주더군요.

평범한 식사 한 끼와 비교하면 수십 배에 달하는 금액이었지만 충분한 가치가 있었기에 전혀 후회는 없었습니다. 오히려 열심히 돈을 벌어야 할 또 하나의 이유가 생겼습니다. 다시 가 볼 의향도 있습니다. 아, 물론 이 책이 많이 팔려야 가능할 것 같기는 합니다.

제 경험을 뒷받침할 연구가 있는지 살펴봤습니다. 있더군요.

연구진은 고객에게 똑같은 케이크를 제공하며 가격을 매겨 달라고 했습니다. 다른 점은 딱 하나, 어떤 그릇에 서빙을 하느냐였습니다. 각각 냅킨, 종이 접시, 도자기 접시로 서빙했습니다. 고객들이 매긴 적정 가격은 각각 53센트, 76센트, 1달러 27센트였습니다. 서빙된 그릇만 바뀌었을 뿐인데 최저 가격과 최고 가격의 차이가 두 배 이상에 달했습니다(아, 물론 케이크의 브랜드에 대한 인지도가 확실했던 경우는 예외였습니다. 그릇에 따른 가격 차이가 없었습니다).

음식점에서 같은 메뉴를 가지고 실험을 해도 결과는 같았습니다. 메뉴판에 평범하게 설명해 놓은 음식에 대한 맛과 호감도의 평균 점수와, 자세하게 설명해 놓은 음식에 대한 맛과 호감도의 평균 점수는 달랐습니다. 자세한 설명이 음식에 대한 기대감을 높였고, 높아진 기대감은 음식 맛을 높였습니다. 아름다운 도자기 접시 위에 음식을 서빙하는 것과 같은 효과를 낸 것입니다.

당신의 언어도 마찬가지입니다. 같은 상품도 어떤 언어의 접시 위에 올려

지느냐에 따라 평가는 달라집니다. 평가가 달라지면 가격도 달라집니다. 같은 회색도 누군가는 그냥 회색이라고 표현하지만, 누군가는 제주산 은갈치의 영롱한 은빛이 감도는 회색이라고 설명합니다. 같은 새우도 누군가는 그냥 새우라고 표현하지만, 누군가는 입안에서 터질 듯 살이 탱탱하게 오른 새우라고 설명합니다. 판매의 고수는 결국 언어를 다르게 쓸 줄 아는 사람입니다.

지금부터 당신의 상품을, 당신의 서비스를 좋아 보이게 만드는 방법들을 먼저 익히게 될 겁니다. 제조자의 언어와 소비자의 언어는 분명 다릅니다. 그 간극을 좁혀 줄 때 비로소 누군가는 당신의 제안을 선택하게 됩니다. 준비됐나요? 그럼 하나씩 살펴보며 좋아 보이게 만드는 방법들을 익혀 보겠습니다.

일단 '언폭'부터
해결해야 합니다

좋아 보이게 만드는 말을 배우기 전에 최우선으로 해결해야 할 과제가 있습니다. 당신도 모르는 사이 당신의 설득력을 뚝뚝 떨어트리는 녀석부터 처리해야 합니다. 제거 대상 1순위, 그 녀석의 이름은 '언폭'(언어폭탄, 언어자폭)입니다.

욕조에 물을 가득 받기 위해 수도꼭지를 최대로 돌립니다. 당연히 수위가 올라와야 할 텐데 그대로입니다. 아차, 물을 받기 전 욕조 배수구 마개를 꽂아 두는 걸 깜빡했습니다. 말 그대로 밑 빠진 독에 물 붓기입니다. 말도 마찬가지입니다. 좋은 말로 아무리 채우면 뭐 합니까. 마개를 막아 두지 않으니 나도 모르는 사이에 언어폭탄으로 심각한 누수가 생기는 걸요. 설득력은 늘 그 자리에 머물 수밖에 없을 겁니다.

국내 보험사 중 TM 영업에서 두각을 나타내는 회사가 있습니다. 고객의 얼굴을 보지 않고 오로지 전화 상담만으로 복잡한 보험상품을 설명하고 계약을 체결해야 하는 쉽지 않은 업무임에도 그 어려운 걸 가장 잘하는 회사입니다. 동종 업계에서는 TM 사관학교로도 유명한 곳입니다. 지난해 상반기 내내 이곳의 세일즈 프로세스를 점검하고, 세일즈 언어를 수정, 개발하는 프로젝트를 진행했습니다. 전국에 흩어져 있는 수십 개의 콜센터 중 대표 콜센터로 선정된 네 군데를 방문해 제 귀에 딱지가 앉을 때까지 상담하는 과정을 듣고 기록하고 인터뷰했습니다.

'잘 팔기 위해 어떤 솔루션을 더해 볼까?'를 고민하며 시작했습니다만 결국 '잘 팔길 원한다면 이것부터 빼야 합니다'로 귀결됐습니다. 제거 대상 1순위, 바로 '언폭'이었습니다. 실제 전화 상담 과정을 바로 옆에서 지켜보고 들으며 제 수첩에 빨간펜으로 꾹꾹 눌러 적었던 멘트들입니다.

"고객님, 부담된다고 느끼시겠지만….."

"아, 절대 손해 보실 상품은 아닙니다. 의심하지 않으셔도 돼요."

"이렇게 소개드리면 다들 납입 기간이 너무 길다고들 말씀 많이 하시는데요."

"암 보험 많아도 암 걸리실 일 없으면 물론 무용지물이겠지만….."

"뉴스에서 보셨던 것처럼 분쟁사고 생길 일은 전혀 걱정하지 않으셔도 되는 상품입니다."

어떤 것이 언어폭탄인지 눈치챘나요? 고객이 아무런 부담을 갖지 않고 상담사의 이야기를 듣고 있는데 상담사가 먼저 '부담'이라는 단어를 씁니다. 그럼 그때부터 없었던 부담도 생깁니다. 손해를 볼 수도 있다는 의심 따위는 한 적이 없는데 '손해 볼 일 없으니 의심하지 말'고 합니다. 그때부터 '손해가 될 수도 있어? 충분히 의심해야겠군'이라는 생각이 고객의 머리를 스칩니다.

아니, 대관절 대한민국의 그 누가 보험상품 설명을 들으며 향후 분쟁 사고까지 생각할까요? 분쟁사고라는 말을 듣는 순간, 나쁜 쪽으로 생각하게 되는 게 인간의 뇌입니다. 물론 이렇게 말하는 분들의 의중은 충분히 이해됩니다. 아마 상품의 강점을 다시 한번 강조하기 위해, 혹여라도 있을지 모를 고객의 거절을 원천 차단하기 위해서였을 겁니다. 그렇지만 이건 명백한 폭탄입니다. 자폭입니다. 긁어 부스럼 정도가 아니라 괜히 긁어서 내 상품을 부스러기로 만드는 언어들입니다.

'핑크색 코끼리를 절대 떠올려서는 안 됩니다.'

이 말의 의도는 절대 떠올리지 않았으면 하는 바람입니다. 하지만 '핑크색 코끼리'라는 단어를 듣는 순간, 머릿속에서는 커다란 귀를 펄럭이는 핑크색 코끼리가 둥둥 떠다니기 시작합니다.

" 잘 팔고 싶다면 언폭부터 해결해야 합니다."

몸을 탄탄한 근육으로 채우기 전, 먼저 독소부터 **빼야** 합니다. 언어도 마찬가지입니다.

올해 초 사무용 가구 전문 기업에서 야심차게 출시한 신상품의 세일즈 언어를 컨설팅했습니다. 오피스 인 오피스의 콘셉트를 표방하며 출시된 '시스템부스'였습니다. 인테리어 공사 필요 없이 네모난 독립형 공간을 하루 만에 뚝딱 조립해 줍니다. 회의 공간으로 써도 되고 임원실로 써도 됩니다. 코로나 이후 사무 공간의 변화가 필요한 기업들에겐 매우 매력적인 상품이었습니다.

그런데 문제는 네이밍이었습니다. 회사에서 정한 이름은 '시스템부스 C(Closed, 밀폐형)-type'이었습니다. 철저하게 독립된 공간임을 강조하기 위해 만든 네이밍이었지만 이 역시 언폭입니다. 밀폐력을 강조해야 하는 김치통과 같은 제품이 아닌 인상, '밀폐형'이라는 네이밍은 일단 부정적 어감으로 인해 고객의 반감을 살 뿐입니다. 이름을 듣는 순간, 고객은 없던 고민도 생겨나기 시작합니다.

"밀폐형이요? 흠…. 그럼 환기는 되는 건가요?"

"밀폐형이요? 그럼 여름에는 너무 덥지 않을까요?"

"밀폐형이요? 그럼 건물 소방법상으로는 전혀 문제가 없나요?"

밀폐라는 네이밍이 고객 입장에선 생각지도 않았던 고민을 하게 만듭니다. 결국 부스럼이 됩니다. 그래서 세일즈 언어를 컨설팅하기 전에 네이밍부터 바꾸길 권했습니다. 완전히 제품명을 바꾸긴 어려운 상황인지라, C의 의미를 Closed가 아닌 Cube로 바꿨습니다. '시스템부스 C(Closed)-type'이 아닌, '시스템부스 C(Cube)-type'으로요. 그리고 별명도 붙였습니다. 이름하여 '큐브부스'. 그 결과가 어땠을까요? 똑같은 제품의 네이밍만 살짝 바꿨을 뿐인데 매출은 상승 가도를 달리고 있습니다.

한번은 삼성에서 운영 중인 청년 소프트웨어 아카데미에 특강 차 갔던 적이 있습니다. 아카데미 수료생들을 대상으로 '취업도 세일즈다'라는 주제하에 자소서 코칭 및 면접 특강을 진행할 때였습니다. 취업 준비생들의 자소서와 면접 준비 멘트에도 언폭이 수두룩했습니다.

'아직 SW 개발 경험이 많지는 않지만'

'SW 개발자로서 이렇다 할 성과를 낸 적은 없지만'

'귀사를 제 커리어의 징검다리로 생각하지 않습니다.'

'SW 개발자로서 체력이 약해 잘 해낼 수 있을까 의심하시겠지만'

'학업에 소홀했다고 보실 수도 있겠지만'

'끈기가 부족해 보인다는 이야기를 들은 적이 있습니다.'

'변덕이 심한 편입니다.'

'꼭 저를 뽑으셔야 할 이유는 없지만….'

이런 말들은 결코 겸손과 겸양의 표현이 아닙니다. 잘 차려 놓은 밥상을 몇 마디 언어로 뒤집어 엎는 꼴입니다. 모두 빼라 했습니다.

어쩌면 당신은 "아, 그럼 세일즈 언어에는 절대 부정적 어감을 써서는 안 되는 건가요?"라고 질문할지 모릅니다. 물론 예외는 있습니다. 상대가 먼저 "아, 그런데 납입 기간이 너무 긴 것 같아서 부담돼요."라고 한다면 어떻게 해야 할까요? 고객의 말을 그대로 받아 주고 공감해 상담을 이끌어 가기 위해 "아, 간혹 납입 기간 때문에 고민하시는 분들도 계십니다만…"이라고 표현하는 건 문제없습니다. 진짜 문제는 고객이 그런 말을 한 적이 전혀 없음에도 내가 먼저 '빵' 하고 폭탄을 터트리는 경우입니다.

내가 팔기 위해 구사했던 나의 말들, 그리고 SNS에 올렸던 글들, 그리고 야심차게 정리한 내 상품의 상세 페이지를 다시 한번 뜯어봐야 합니다. 폭탄 감시반의 시선으로 문장 한 줄, 단어 하나 꼼꼼하게 들여다봐야 합니다. 그리고 혹 폭탄이 발견된다면 제거해야 합니다. 판매자의 언어를 배우고 익히기 전에 가장 먼저 해결돼야 할 선행 과제입니다.

● 백 세 노 트 ●　이 책의 가치를 백 배 높이는 세일즈 노트

쓰세요. 마구 끄적이세요. 읽기만 하면 남의 지식입니다. 쓰기 시작하는 순간 내 지식이 됩니다.

Q 내가 평소 사용하는 말과 글에는 어떤 '언폭'들이 존재하나요? 생각나는 게 있다면 여기에 적어 보세요. 그리고 약속하는 겁니다. 앞으로 절대 쓰지 않겠노라고.

프레임을 바꿔야
언어가 바뀝니다

어떤 말은 괜히 기분만 나쁘게 만듭니다. 하지만 어떤 말은 마음에 새기게 됩니다. 어떤 말은 싸 보이지만, 어떤 말은 비싸 보입니다. 말이라는 게 그렇습니다. '아' 다르고, '어' 다릅니다. 나라에도 국격이 존재하듯, 저는 말에도 '격'이라는 게 존재한다고 믿습니다. 무언가를 팔 때, 단어 하나만으로도 상품이나 서비스의 가격을 좌지우지할 수 있을까요?

'백반 정식'보다는 '수라 진지상'이 더 비쌀 것 같습니다.

'모텔'보다는 '스테잉 빌라'가 더 비쌀 것 같습니다.

'수학학원'보다는 '매스클리닉'이 더 비쌀 것 같습니다.

'뼈해장국'보다는 '감자탕 1인분'이 더 비쌀 것 같습니다.

'보자기'보다는 '패브릭랩'이 더 비쌀 것 같습니다.

말만 바뀌면 가격이 달라질 수 있듯, 말만 바뀌면 당신의 '언격'(언어의 격)도 달라질 수 있습니다.

파는 사람인 당신의 언격은 어떤지 묻고 싶습니다. 당신의 언격을 테스트해 볼까요? 상황은 이렇습니다. 당신은 한 나라에서 최고라고 소문난 점술가입니다. 그리고 그 나라는 20여 년간 한 폭군이 군림하며 독재를 이어 가고 있습니다. 막강한 권력을 휘두르며 백성들의 피를 빨아먹고 있습니다. 하루는 그 독재자가 최고의 점술가인 당신을 부릅니다. 그리고 묻습니다.

"네가 그렇게 용한 점술가라 들었다. 그럼 어디 내 미래도 점쳐 보거라."

당신은 후들거리는 다리를 부여잡고 간신히 점괘를 봅니다. 아뿔싸, 점괘를 보니 독재자는 독재 중 제명을 다 못 살고 횡사하는 것으로 나왔습니다. 쉽게 말해 욕심부리다 금방 골로 간다는 점괘입니다. 자, 만약 당신이라면 독재자에게 점괘를 어떻게 이야기할 건가요? 진지하게 고민해 보세요.

"폐하, ＿＿＿＿＿＿＿＿＿＿＿＿＿＿＿＿＿＿＿＿＿＿＿＿＿ ."

강의 중에 종종 교육생들에게 이 퀴즈(?)를 내면 다양한 답변이 돌아옵니다.

'폐하는 나라를 살린 영웅으로 영원히 기억되실 겁니다.'

'백성들의 이야기에 더 귀를 기울이소서. 더 큰 부와 명예를 얻으실 수 있습니다.'

'폐하, 생의 마지막이 아름답게 기억되실 겁니다.'

재미있는 사실은 단 한 명도 점괘를 이실직고하지 않는다는 것입니다. "폐하, 지금처럼 독재하시다가 갑자기 돌아가실 겁니다."라고 말이죠. 점괘대로 말했다간 점술가 역시 목숨을 보전하기 어렵다는 걸 잘 알기 때문이죠. 만약 이실직고한다면 독재자는 이렇게 말하지 않을까요?

> **독재자**: 그럼 너는 언제 어떻게 죽는지 아니?
>
> **점술가**: 제 점괘는 제가 볼 수 없기에 알 수 없습니다, 폐하.
>
> **독재자**: 네 미래는 내가 알아. 넌 오늘 죽어. 여봐라! 여기 큰 칼 한 자루 가져오너라. 심기를 불편케 한 저놈의 목을 당장 베어야겠다!

그렇다고 해서 교육생들의 답변처럼 어정쩡하게 진실과 거짓말 사이에서 줄타기를 할 수도 없는 노릇입니다. 진실을 이야기하면서도 목숨을 보전하는 건 과연 가능한 일일까요? 이런 답변은 어떤가요?

"폐하, 종신토록 권좌에 계실 겁니다."

거짓이 아닌 진실을 이야기하면서도 목숨을 보전할 수 있을 겁니다.

'독재 중 횡사 vs. 종신토록 권좌.' 이 둘의 차이가 느껴지나요? 앞 문구는 독재하다가 죽음을, 뒤 문구는 죽을 때까지 독재를 의미합니다. 결국 같은 말입니다. 하지만 듣는 사람이 느끼기엔 천지 차이입니다. 이유는 바로 프레임(관점)의 차이입니다. 독재를 중심에 놓고 볼지, 죽음을 중심에 놓고 볼지의 차이 말이죠. 이처럼 같은 상황과 결과를 두고도 어떤 시선으로 바라보고 어떻게 표현하느냐에 따라 언어의 격은 달라집니다. 당연히 그에 따라 결과도 달라집니다.

상품이나 서비스를 파는 것도 마찬가지입니다. 내 상품과 서비스를 어떤 시각에서 바라보며, 무엇을 중심으로 어떻게 고객에게 표현하느냐에 따라 결과(매출)는 달라질 수 있습니다. 당신이 종신 보험을 소개하는 보험설계사라 가정해 보세요. 고객에게 전달하고 싶은 메시지를 있는 그대로 옮겨 보겠습니다.

"고객님, 월 보험료로 50만 원씩 내시죠. 그러면 나중에 죽어서 반드시 2억 원을 받게 됩니다."

그럼 이번엔 똑같은 내용을 프레임만 살짝 바꿔 표현해 보겠습니다.

"고객님, 제가 지금 2억짜리 금덩이를 선물해 드리면 당연히 받으시겠죠? 다만 댁에 두시면 분실의 위험이 있으니, 세계에서 최고로 안전한 금고에 보관해 드리겠습니다. 보관료만 월 50만 원씩 내시면 됩니다. 잘 보관하시다가 금덩이가 가장 필요하다 느끼시는 순간 제가 가져다 드리겠습니다."

어떤가요? 앞서 전달하고자 했던 제안은 거들떠보지 않던 고객도 기꺼이 제안을 받아들이지 않을까요? '아' 다르고, '어' 다릅니다. 결국 당신의 언격은 당신의 시선에서 결정됩니다.

> **" 내가 아닌 상대 중심에서 출발할 때,**
> **비로소 잘 파는 방법이 보일 겁니다."**

나는 고객에게 AI 스피커를 팔았지만, 고객은 하루가 다르게 답하기 어려운 질문만 쏟아 내는 자녀를 위한 인공지능 가정교사를 채용한 걸 수도 있습니다.

나는 최신형 스마트폰을 팔았지만, 고객은 한창 귀여운 나이에 스마트폰만 들이대면 금세 표정이 바뀌는 자녀의 찰나를 기록하기 위해 반응 속도 빠른 최신형 카메라를 산 걸지도 모릅니다.

나는 커피를 팔았지만, 고객은 인스타그램에 올릴 커피 맛집 인증샷을 구입한 걸지도 모릅니다.

나는 망치와 못을 팔았지만, 고객은 선물 받은 액자를 예쁘게 걸었더니 바뀌는 거실의 분위기를 구매한 걸지도 모릅니다.

나는 SUV 차량을 팔았지만, 고객은 가족과 함께하는 차박의 새로운 경험을 구매한 걸지도 모릅니다.

나는 수학학원 수강권을 팔았지만, 고객은 공부해라 잔소리하지 않음으로써 개선될 자녀와의 관계를 구매한 걸지도 모릅니다.

나는 케이크를 팔았지만, 고객은 케이크를 받고 한껏 웃을 동료의 미소를 구매한 걸지도 모릅니다.

상품이나 서비스를 파는 사람인 당신은 당신의 '상품'을 당신만의 렌즈로 바라보고 있지는 않나요? 이 책을 읽으며 사는 사람의 렌즈를 장착해 보세요. 이전과는 다른 시선(프레임)이 당신의 상품과 서비스를 잘 팔리게 도와줄 겁니다.

자, 다시 한번 질문드립니다. 구매자는 무엇을 사는 걸까요? 당신이 무엇을 파는지는 중요치 않습니다. 사는 사람은 과연 무엇을 사는지를 다시 한번 생각해 봐야 합니다.

쓰세요. 마구 끄적이세요. 읽기만 하면 남의 지식입니다. 쓰기 시작하는 순간 내 지식이 됩니다.

Q 내가 무엇을 파는지는 중요치 않습니다. 구매자의 렌즈를 장착하세요.
당신의 상품과 서비스를 선택하는 구매자는 과연 무엇을 사는 걸까요?
아래 빈칸을 채우며 고민해 보세요.

"나는 _____ 을 팔았지만

고객은 _____ 을 구매한 걸지도

모릅니다."

제대로 된 질문만이
고객의 입을 엽니다

무언가를 팔 때 질문의 힘이 중요하다고 귀에 못이 박히도록 듣고 또 들었을 겁니다. 실제 fMRI(기능적 자기공명영상)로 뇌파를 관찰하면 타인의 주장을 듣고 판단할 때보다 자신의 주장을 타인에게 공유할 때 뇌에 있는 보상 센터에서 훨씬 더 많은 뇌파가 생성되는 것을 목격할 수 있습니다. 과학적으로 보더라도 특정 주제에 대한 자신의 견해나 주장을 진술하도록 요구하는 질문이 반가울 수밖에 없습니다. 결국 타인의 견해는 우리에게 생각만큼 흥미롭지 않다는 뜻이기도 하니 한편으론 매우 슬픈 결과라 할 수 있습니다.

그렇다면 잘 팔기 위해서도 질문은 중요할까요? 네, 당연합니다. 질문을 통해 당신은 대체 무엇을 발견하고 싶었던 걸까요? 이 질문을 하면 대다수 1초의 고민도 없이 고객의 니즈를 파악하기 위해서라고 답합니다. 그럼 전 한 번 더 얄밉게 묻습니다. 그 '니즈'라는 녀석이 대체 무엇이냐고요. 그럼 답변을 얼버무리는 사람이 대다수입니다.

사전적 정의로만 본다면 니즈는 '필요'입니다. 그럼 필요를 파악하기 위해 질문한다는 말이 되겠네요. 그런데 우리가 뭔가를 살 때 반드시 필요만을 따지는 것 같진 않습니다. 필요를 뛰어넘는 무언가가 있어 보입니다.

예를 들어봅시다. 당신이 미용실을 운영한다고 가정해 보겠습니다. 고객이 미용실을 찾는 진짜 이유는 뭘까요? 필요에 의해 왔다면 고객의 니즈란 이런 것이 아닐까요?

'너무 길어진 머리카락 때문에 앞이 보이지 않는다. 업무를 못 할 지경이다. 오늘은 무슨 일이 있어도 반드시 잘라야 한다.'

'너무 길어진 머리카락이 내 눈을 찌른다. 점차 시력이 떨어진다. 더 큰 병 생기기 전에 반드시 잘라야 한다.'

이것은 '필요'必要(반드시 요구되는 바가 있음)입니다. 하지만 고객은 필요만으로 미용실을 방문하지는 않는 것 같습니다. 아마 여러 가지 이유가 있었을 겁니다.

'요즘 유행하는 새로운 스타일을 접하기 위해.'

'지인이 시도해서 성공적인 반응을 얻었던 그 스타일을 나도 시도해보기 위해.'

'중요한 발표를 앞두고 더 전문가다운 느낌을 만들기 위해.'

'친한 단골 디자이너와 수다 떨기 위해.'

이처럼 고객은 쉽게 예상할 수 없는 다양한 이유로 미용실을 찾아오는 걸지도 모릅니다. 당신이 헤어디자이너라고 가정해 보겠습니다. 고객이 미용실로 들어옵니다. 1년째 나를 찾아 주는 고마운 단골 고객입니다. 그런데 오늘은 사뭇 분위기가 다릅니다. 매번 밝게 웃으며 인사하던 고객이었는데 오늘은 우수에 찬 눈빛입니다. 자리로 안내하고 커트보를 둘러 주며 물어봅니다.

헤어디자이너: 그간 별일 없으셨죠?

고객: 아, 네….

헤어디자이너: 오늘은 어떻게 해 드릴까요?

고객: 선생님, 오늘은 확 쳐주세요.

헤어디자이너: _____

자, 이제 당신의 차례입니다. 당신만의 답을 적어 보세요. 물론 이번 글의 주제가 '질문'이니, 질문을 해야 한다는 건 눈치챘겠죠?

헤어디자이너: 어? 자르시게요? 꽤 오래 기르셨잖아요. 몇 센티미터 정도 자를까요?

고객: 음, 잘 모르겠어요. 어느 정도 잘라야 할까요?

헤어디자이너: 아, 그럼 제가 참고하실 만한 사진들 좀 보여 드릴게요.

(패드를 들고 저장돼 있는 스타일샘플 이미지를 보여준다.)

어떤가요? 질문을 잘 활용한 고객 커뮤니케이션이라고 느껴지나요? '뭐가 잘못됐지? 질문도 잘했고, 고객 입장에서 대화도 잘 이끈 것 같은데?'라고 생각할지 모르겠습니다. 물론 고객에게 질문은 했지만, 질문의 내용에는 아쉬움이 남습니다. "몇 센티미터 정도 자를까요?"는 잘 팔기 위한 질문이라기보다는 설문에 가깝기 때문입니다.

질문: 알고자 하는 바를 얻기 위해 묻는 것

설문: 조사를 하거나 통계 자료 따위를 얻기 위해 어떤 주제에 대해 문제를 내어 묻는 것

헤어디자이너의 예시 속 질문은 자신이 알고자 하는 바를 얻기 위한 질문보다는 단지 조사를 하는 차원의 설문에 가깝습니다. 그럼 이 점을 생각하며 다시 빈칸을 채워 보겠습니다.

헤어디자이너: 어? 자르시게요? 꽤 오래 기르셨잖아요. 너무 아까운데. 혹시 왜 자르시려는 건지 여쭤도 되나요?

고객: 아, 네…. 실은 남친이 자기 이상형은 머리 긴 여자라고 하길래 불편해도 주욱 길렀었거든요. 근데 헤어졌어요.

헤어디자이너: 아, 그러셨군요…. 마음이 많이 안 좋으셨을 것 같아요. (씩씩하게) 머리 하러 잘 오셨어요! 음… 그럼 이렇게 하시면 어떨까요?

고객: 네? 어떻게요?

헤어디자이너: 머리를 짧게 자르시는 것도 좋지만, 혹여나 얼마 안 가 분명

후회하실 수 있거든요. 지금 고객님께 필요한 건 스타일링 이외에 기분 전환도 필요하실 것 같아요. 맞죠? 기분 전환에는 탱탱한 컬을 만들어 주는 게 최고예요. 커트보다는 펌을 하면 어떨까요? 관리하기도 훨씬 더 편하실 거고요.

상담 후 고객은 커트보다 단가가 높은 펌 시술을 했습니다. 그리고 예전과 같은 환한 미소를 띠며 연신 고맙다는 인사를 남기고 미용실을 나갔습니다. 두 경우에서 가장 큰 차이는 뭐였을까요? 차이를 만든 것 역시 질문이었습니다. 머리를 잘라 달라던 고객의 요구에 단지 '몇 센티미터 정도 자를까요?'와 '자르시려는 이유를 여쭤도 될까요?'의 차이였습니다.

모든 커뮤니케이션, 특히 상품이나 서비스를 파는 과정에서 질문이 중요하다는 건 누구나 압니다. 심지어 학창 시절 수업 시간엔 질문하면 칭찬도 받았습니다. 하지만 그저 아무 말이든 그 뒤에 물음표만 붙이면, 그게 질문인 줄 알고 평생을 살았을지도 모릅니다. 그래서일까요. 질문을 해야 한다는 조언을 들은 대다수는 자신이 질문을 많이 한다고 생각합니다. 심지어 잘한다고도 생각합니다. 과연 잘하고 있는 걸까요?

이해를 좀 더 돕기 위해 옷 가게를 예로 들어 봅니다. 흔히 생각하는 세일즈 질문들은 아래의 범주에서 벗어나지 않습니다.

"찾으시는 상품이 있으세요?"

"어떻게 코디하실 건가요?"

"아, 그럼 이건 어떠세요?"

엄밀히 말하자면 이건 질문이 아닌 취조입니다. 고객의 입장에서는 "얼른 원하는 거 사고, 내가 권하는 것도 사서 빨리 나가세요."라고 들릴 수 있습니다. 당신이 만약 남성 정장을 판매하는 사람이라면 최소한 이 정도의 질문을 해야 하지 않을까요?

"어떤 용도를 생각하고 오셨어요?"

"평소 입으시던 수트 색상은요?"

"어떤 색상의 셔츠를 주로 입으셨어요?"

" 무언가를 판다는 것은 처음부터 무엇을 말할까 애쓰는 일이 아닙니다. 상대에 대한 관심을 우선시해야 합니다."

그 관심이 나아가 구매자를 관찰할 수 있는 기회를 만듭니다. 구매자에 대한 최소한의 관심조차 없으면서 이익만 따지며 접근하는 것은 저급한 커뮤니케이션입니다.

무언가를 파는 과정은 말과 글로 만들어집니다. 파는 사람이 자신의 언어를 과감하게 양보하고 질문하려면 큰 용기를 내야 합니다. 고객에 대한 지레짐작은 금물입니다. 고객과의 커뮤니케이션을 시작할 수 있게 만드는 강력한 무기, 질문. 그렇다면 어떤 질문으로 시작해야 할까요? 딱 두 가지만 기억하면 됩니다.

첫 번째, 무조건 쉬운 질문부터 묻습니다

누군가 당신에게 다짜고짜 "10년 뒤 자녀에게 어떤 부모로 기억되길 원하세요?"라고 묻는다면 어떨까요? 좋은 질문이라 생각해 멋지게 대답해야 할 것 같지만 정작 입은 떨어지지 않습니다. 질문이 너무 어렵기 때문입니다.

잘 파는 사람은 절대 초반부터 어려운 질문으로 상대를 괴롭히지 않습니다. 쉬운 질문부터 시작합니다.

"자녀 분이 아직 어리신가 봐요?"

"올해 몇 살 됐는지 여쭤도 될까요?"

"일주일에 자녀 분과 보통 몇 시간 정도 함께 놀아 주세요?"

"그럼 하루가 다르게 커 간다는 것도 더 잘 느껴지시겠어요?"

자, 이렇게 쉽게 답할 수 있는 질문부터 먼저 건넨 후, "10년 뒤 자녀에게 어떤 부모로 기억되길 원하세요?"처럼 진짜 묻고 싶었던 질문을 물어보는 겁니다. 다짜고짜 어려운 질문부터 물어본 경우보다 상대가 훨씬 더 대답하기 수월해집니다. 당연히 상대의 입에서 더 많은 이야기가 나올 겁니다.

• 당신이 비즈니스 컨설턴트라면

"대표님, 향후 사업 방향을 어떻게 가져가시려는 건지요?"보다

"대표님, 지금 사업에서 마음에 들지 않는 부분을 딱 한 가지만 꼽으라면요?"라고 먼저 물어봐야 합니다.

• 당신이 심리 상담사라면

"선생님께서 추구하는 행복이란 어떤 모습인가요?"보다

"선생님, 지난 한 주 동안 가장 기억에 남는 순간은 언제인가요?"라고 먼저 물어봐야 합니다.

- 당신이 통신 요금제를 파는 사람이라면

"고객님, 스마트폰 쓰시면서 데이터양이 부족했다고 느끼신 적 있으세요?"보다

"고객님, 하루에 몇 번 정도 와이파이에 접속하세요?"라고 먼저 물어보는 것이 낫습니다.

쉬운 질문은 마음의 빗장을 더 쉽게 엽니다. 모든 대화는 질문으로 시작하기에, 처음 한두 마디를 쉽게 트면 전체 대화는 물 흐르듯 매끄럽게 이어집니다. 대화의 첫 물꼬를 잘 틈으로써 이어지는 대화의 분위기까지 긍정적으로 바꾸는 대화의 기술을 '캐널리제이션'Canalization 이라고 합니다. 굳이 생소한 용어를 기억하라는 뜻이 아닙니다. '질문은 일단 쉽게 시작해야 하는구나!'만 기억하면 됩니다. 그러면 당신이 하는 말이 상대방에게 대부분 긍정적으로 인식될 것입니다.

쉬운 질문으로 대화의 물꼬를 잘 텄다면, 이제 더 깊은 대화를 이어갈 수 있는 질문을 할 차례입니다. 제가 각 분야 고수들과의 대화에서 인상적으로 들었던 질문 중 꼭 소개하고 싶은 질문만 모아서 정리했습니다. 부디 눈으로만 보지 말고, 입으로 따라 하며 내 것으로 만들어 보길 바랍니다.

" 결정하시기 전에 다른 분의 생각도
많이 고려하셔야 하는지 궁금합니다."

　　이 질문은 상대의 뒤에 숨어 있을 최종 의사결정권자를 파악할 수 있는 질문입니다. 기껏 설득했음에도 "죄송한데 ○○에게 물어봐야 해요, ○○이랑 상의해 봐야 해서요."라고 이야기한다면 진 빠질 수밖에 없습니다. 한마디로 김샙니다. 상대의 최종 결정에 영향을 끼칠 최종 의사결정권자가 누구인지 사전에 파악했더라면 어땠을까요? 똑같은 설명도 눈앞에 있는 상대뿐만 아니라 최종 의사결정권자를 염두에 두고 설명할 수 있지 않았을까요? 그랬다면 당연히 판매의 성공률은 올라갈 수밖에 없습니다. 최종 의사결정권자가 누구인지 묻지 않겠다는 건, 팔지 않겠다는 것과 동의어입니다. 최종 의사결정권자가 누구인지 부디 먼저 물어보세요.

" 당신의 친한 친구가 현재 당신의 상황이었다면,
어떻게 조언해 주실 수 있을까요?"

　　바둑이나 장기도 내가 둘 때는 묘수가 보이지 않는 법입니다. 남이 둘 때는 신기하게도 잘 보이죠. 그래서 훈수가 최고의 수가 되는 경우도 많습니다. 선택을 앞둔 상대도 마찬가지입니다. 본인의 결정을 본인의 시각으로만 바라본다면 최고의 수를 두기 어렵습니다. 하지만 타인의 시각으로 보게끔 만들어 주면 왜 나의 제안이 합리적인 선택인지 상대는 쉽게 볼 수 있습니다. 본인의 시각으로만 보면 매사 과거와 손실이 더 중요하다고 느껴지기 때문입니다. 하지만 당사자가 아닌 제3자의 시각에서 보면 미래와 이익이 더 중요하다고 판단할 수 있습니다. 따라서 위 질문은 상대가 합리적인 선택을 이어 갈 수 있게 도와주는 좋은 질문입니다.

> **" 가장 고민되시는 게 있다면 어떤 걸까요? 말씀해 주세요.**
> **저도 같이 고민해 드리고 싶어요."**

이 질문은 어떤가요? 질문 자체가 따뜻합니다. 고민 중인 상대의 맞은편에서 턱을 괴고 앉아 "어떻게 하실 거예요?"라고 재촉하고 윽박지르지 않습니다. 상대의 옆자리에 앉아 현명한 선택을 돕고 싶다는 따뜻함이 전달되는 좋은 질문입니다.

당신이 무의식적으로 건네는 질문을 다시 돌아봐야 합니다. 나에게는 너무나 쉬운 질문이지만 상대에게는 선뜻 대답하기 어려운 질문일수 있습니다. 어려운 질문은 입을 닫게 만듭니다. 입이 닫히면 마음도 닫힙니다. 쉬운 질문은 입을 엽니다. 입이 열리면 마음도 금세 열릴 수있습니다.

두 번째, 반드시 과거부터 물어봐야 합니다

판매의 고수는 다짜고짜 고객의 미래를 묻지 않습니다. 쉬운 질문으로 시작해 쉽지 않은 질문으로 나아가듯, 과거부터 시작해 미래로 나아갑니다. 주얼리샵에 선남선녀 커플이 방문했다고 가정해 보겠습니다.

• 다짜고자 미래를 물어보는 상황

"이 상품을 사실 계획이 있으신가요?"

"언제쯤 구매를 결정하실 예정이신가요?"

"이 서비스를 언제쯤 선택하실 계획이신지요?"

"두 분 언제 결혼하실 계획인가요?"

아마도 고객 입장에선 대답하기 곤란할 겁니다. 더군다나 서로 만난 지 얼마 안 돼 커플링을 맞추러 온 고객이라면? "아, 결혼이요? 결혼은 아직 생각 안 해요. 그냥 서로 고민하는 중이에요. 더 지켜보고 결정해 야죠."라고 솔직하게 말할 커플이 과연 몇이나 될까요?

• 조심스레 과거를 물어보는 상황

"두 분 너무 잘 어울리세요. 만나신 지 얼마나 되셨어요?"

"어떤 분이 먼저 고백하셨는지 여쭤 봐도 돼요?"

"커플링은 처음 맞춰 보시는 거죠?"

과거를 물어보면 상대의 입을 자연스레 열 수 있습니다. 나아가 '난 당신이 궁금합니다', '난 당신에게 배움을 얻고 싶습니다', '난 당신과 더 좋은 관계를 맺고 싶습니다'를 표현하는 가장 강력한 방법이기도 합 니다.

" 처음에 어떻게 시작하셨어요? "

제가 여지껏 들어 본 질문 중 개인적으로 최고로 꼽는 마법의 질문입
니다. 아무리 유명하고 부유하고 높은 지위에 있는 사람이라도 단번에
입을 열게 만드는 질문입니다. 누군가 나의 미래를 물으면 부담스럽게
느껴집니다. 하지만 누군가 나의 과거를 물어봐 주면 고맙게 느껴지죠.
아, 물론 감추고 싶은 흑역사만 아니라면 말이죠. 유행가 가사 중에 '과
거를 묻지 마세요'라는 가사가 있다지만, 판매는 과거를 물어야 제대로
시작됩니다. 과거 질문의 다른 예시들을 살펴보겠습니다.

" 혹시 전에도 이런 상품(서비스)을 써(이용해) 보신 적 있으세요? "

이 질문은 상품이나 서비스를 제안하기 전 상대의 과거 경험을 토대
로 어떻게 제안할지 파악하기 위한 질문입다. 아울러 상대의 배경지식,
그리고 상품에 대한 호감도, 나아가 선택 기준까지도 파악할 수 있는 좋
은 질문입니다.

" 현재 쓰고(이용하고) 계신 제품(서비스)은 어떤 점이 불편하셨어요? "
" 현재 쓰고(이용하고) 계신 제품(서비스)은 어떤 점이 만족스러우세요? "

이렇게 질문하면 상대가 현재 이용 중인 다른 제품(서비스)에 대해 물
어보며 자연스레 대화를 이어 갈 수 있습니다. 다만 주의 사항이 있습니

다. 현재 이용 중인 상품의 부정적인 면만을 너무 지나치게 강조하면 안 됩니다. 때로는 어떤 점이 만족스러웠는지를 묻는 것만으로도 성과가 달라질 수 있거든요.

앞서 말했듯 최종 선택의 주체는 어디까지나 이성이 아닌 감정입니다. 누군가가 나의 과거 선택을 비난한다면 어떤 합리적인 제안이어도 받아들이기 어렵습니다.

예를 들어 가방을 사러 간 매장에서 파는 분이 내가 과거에 구매했던 가방을 깎아내린다면 어떨까요? 속으로 이렇게 반응할지 모릅니다. '흥, 그래. 아무리 더 좋은 제품을 소개해 준들 기분 나빠서 당신에게 사고 싶지는 않아요'라고 말입니다. 반면 내가 과거에 구매했던 가방을 알아봐 주고 인정해 준다면 기분 좋은 일일 겁니다.

"고객님, 지금 메고 오신 가방 ○○○ 브랜드 제품이죠? 제 지인도 되게 갖고 싶어 했던 제품인데 너무 좋죠?"라고 묻는다면 고객은 기분이 좋아져 이렇게 말할지도 모릅니다.

"아, 네. 그냥 수납 공간 잘 구분돼 있어서 이것저것 많이 넣고 다니기 괜찮아요."

빙고! 당신은 제대로 된 질문 덕분에 고객의 선택 기준 중 하나(여유 있는 수납 공간)를 큰 수고 없이 발견할 수 있게 됩니다.

만약 차에 이상이 생겨 전문가를 찾았다고 가정해 보겠습니다. "차에 이상이 생긴 것 같아서요."라고 말하는 당신에게 "네, 내일 찾으러 오세요!"라고 이야기하는 전문가와 "언제부터 그랬나요?"라고 묻는 전문가는 첫인상부터 다를 수밖에 없습니다.

질문하세요. 첫 번째, 쉬운 것부터. 그리고 두 번째, 과거부터. 이 두 가지만 명심해도 질문의 강력한 힘을 바로 확인할 수 있을 겁니다.

끝으로 다양한 현장에서 수집하고 정리한 유용한 질문 몇 가지만 더 알려 드리겠습니다. 소리 내어 읽어 보면서 당신의 것으로 만들어 보세요.

(답변 듣고) **" 아, 그러시군요. 좀 더 자세히 말씀해 주실 수 있을까요? "**

더 많은 정보를 얻고, 나아가 상대의 마음 문을 더 활짝 열어 줄 수 있는 질문입니다. 단, 취조의 느낌이 아닌 배움의 자세여야 한다는 것을 잊지 마세요. 상대방이 하는 자신의 이야기보다 더 좋은 정보는 없습니다.

(답변 듣고) **" 어?! 어떻게 아셨어요? "**

이 질문은 나의 제안에 고객이 호감을 보이며 자신의 기존 생각 또는 상식을 이야기할 때 그것에 확신을 줄 수 있는 강력한 후속 질문입니다. 잘 파는 사람에겐 질문을 자유자재로 활용할 수 있는 능력이 있습니다. 결국 상대가 말하고 싶어 하는 것을 연속해서 질문하는 것이 최고의 비법입니다. 그런 의미에서 보면 잘 파는 사람은 프로 '인터뷰어'가 돼 대화를 이끌어 나가는 사람입니다.

**" 그럼 일단 선택(구매)하셨다고 가정만 하고,
가장 유리한 조건을 알아봐 드려도 괜찮으실까요? "**

이 질문에 당장 거절을 표현하는 사람은 많지 않을 겁니다. 구매를 '가정'만 한 상황에서 가장 유리한 조건을 알아볼 수 있다는 것은 부담을 주지 않는 매력적인 제안입니다. 더욱이 상담 과정이 진척 없이 늘어지기만 한다고 느껴질 때 이 질문은 클로징으로 인도하는 좋은 질문입니다.

**" 상품(서비스)도 마음에 들고, 조건도 괜찮다고 판단된다면,
오늘(지금) 결정하시려는 건지 여쭤 봐도 될까요? "**

판다는 것은 상대의 시간 저항("다음에 할게요.")을 뛰어넘는 것입니다. 과감하게 제안하고 열심히 설명했음에도 상대의 입에서 "다음에요, 좀 더 고민해 볼게요."라는 답변이 돌아온다면 허탈하겠죠. 이 질문은 본격적인 클로징으로 들어가기 전 시간 저항을 단속할 수 있는 질문입니다. 이 질문을 던지는 것만으로도 당신의 입장에서 손해 볼 건 전혀 없습니다. 상대의 답변이 어떠하든 당신은 얻는 것이 있기 때문입니다.

예를 들어, "아니요, 오늘은 어려울 것 같아요. 왜냐하면….."과 같이 상대가 속내를 드러내게 만들 수 있기 때문입니다. 최종 의사결정권자를 파악할 수도 있거나, 또 상대가 생각하는 예상 구매 시기도 명확하게 알 수 있기에 좀 더 구체적인 방향으로 대화가 이어질 수 있습니다. 만

약 상대가 "네, 조건만 괜찮으면 오늘(지금) 선택하려고요."와 같이 대답했다면 해답은 간단합니다. 지금 눈앞에 있는 상대에게 최선을 다하면 됩니다.

" 혹시 제가 미처 못 여쭤 본 질문이 있을까요? "

"더 하실 말씀은요?", "더 궁금하신 점 있으세요?"와 같은 질문은 의도는 좋으나 자칫 공격적으로 느껴질 수 있습니다. 하지만 위와 같은 선에서 질문할 경우 상대의 입에서 더 궁금해하는 점들이 술술 흘러나올 것입니다. 이제 당신이 할 일은 그 말을 잘 듣고 난 후 전문가로서 상대에게 도움이 될 유익한 답변들을 들려주는 것입니다.

좋은 질문은 생각의 방향을 조종합니다.

좋은 질문은 판매에 도움이 되는 정보를 수집해 줍니다.

좋은 질문은 관계를 돈독하게 만들어 줍니다.

좋은 질문은 유능하다는 인상을 줄 수도 있습니다.

쓰세요. 마구 끄적이세요. 읽기만 하면 남의 지식입니다. 쓰기 시작하는 순간 내 지식이 됩니다.

Q 당신의 상품과 서비스를 소개하기에 앞서 던질 수 있는 질문 딱 세 가지만 적어 보세요. 단, 대답하기 쉬워야 합니다. 그리고 과거를 물어야 합니다.

1) _____

2) _____

3) _____

제안의 순서만 잘 정리해도
더 매력적으로 보입니다

세일즈 코칭을 하다 보면 간혹 주객이 전도되는 경우를 종종 봅니다. 고객의 문제를 발견하고 고민에 공감하고 필요한 조언을 하지만, 정작 상품이나 서비스를 제안하지 않는 경우 말입니다.

　당신이 결코 조언만을 일삼는 전문가가 되지 않기를 바랍니다. 그게 고객을 위해 최선을 다하는 것이라고 굳게 믿어도 안 됩니다. 그저 본인 스스로 파는 사람임을 숨기는 것에 불과합니다. 당신이 무엇 때문에 그 자리에서 상대와 대화하고 있는지를 스스로에게, 그리고 상대에게도 솔직하게 털어놓을 용기가 없는 것입니다. 그 어떤 말로도 스스로를 속여서는 안 됩니다. 당신은 파는 사람입니다.

상품이나 서비스를 파는 사람에게 설명과 조언은 매우 중요한 도구입니다. 하지만 설명과 조언이 목적이 되면 안 됩니다. 야구를 생각해 보세요. 1,2,3루 실컷 밟았어도 정작 홈플레이트를 못 밟으면 점수가 나지 않습니다. 면도 거품을 풍성하게 발라도 면도칼을 들이대지 않으면 면도한 게 아닙니다. 10년간 애지중지하며 뒷바라지한 연인이 정작 결혼식장엔 다른 사람의 손을 잡고 들어간다고 생각해 보세요.

판다는 것도 똑같습니다. 핵심은 계약 체결입니다. 서명입니다. 주문입니다. 결제입니다. 구매입니다. 당신의 진심을 다른 것인 척 애써 포장하려 할수록 사는 사람들은 의심할 겁니다. 결국 당신의 진짜 목적은 고객을 구매로 이끄는 것입니다. 그러니 제안 역시 과감하게 해야 합니다.

수학 사칙연산 문제가 아무리 어지럽게 나열돼 있어도 먼저 풀고, 나중에 풀어야 할 순서가 있듯, 제안에도 순서가 있습니다. 순서만 잘 배열해도 당신의 상품을 더 좋아 보이게 만들 수 있습니다.

당신이 지금껏 경험한 대다수 판매 대본은 '문제 제기'와 '해결 방안 제시'라는 2단계로 구성되어 있습니다. "고객님, 이런 불편함이 있으시죠? 그러니 이걸 쓰시면 됩니다."와 같이요.

좋지만 너무 식상합니다. 노래도 그렇습니다. 단조로운 멜로디, 전곡을 듣지 않아도 뻔한 전개가 예상되는 노래는 감동을 주기 어렵습니다. 상품이나 서비스 제안도 마찬가지입니다. 한 번만 살짝 비틀어 제안해 보세요.

TV 채널을 돌리다 인포머셜Informercial 광고를 본 적이 있을 겁니다. "39,900원! 39,900원!"을 끊임없이 강조하며 소비자의 시선을 사로잡는 광고방송들 말입니다. 이런 광고들은 설득력 있는 메시지를 단 몇 분만에 반복적으로 소비자들에게 전달합니다.

인포머셜 방송의 메시지 구성에는 몇 가지 공식이 있습니다. 일단 이해하기 쉬워야 합니다. 주목을 끌 수 있어야 합니다. 그리고 단순하면서도 쉽게 수긍할 수 있는 주장을 반복해서 펼칩니다. 여기에 더해 아래와 같은 4단계에 맞춰 메시지를 구성합니다.

• 1단계: 문제 제기

"날씬한 몸매를 원하십니까?"

소비자의 현재 상황에 문제를 제기하는 단계입니다. 보통 흑백 화면으로 처리되는 경우가 많습니다. 아, 물론 등장인물의 표정도 좋지 않습니다.

• 2단계: 이상적 솔루션

"물론 섭취량을 줄이고, 매일 운동하면 됩니다."

1단계에서 제기한 문제에 대한 가장 이상적인 해결책을 알려 주는 단계입니다. 그러나 누구나 알고 있을 법한 해결책이 제시됩니다.

• 3단계: 비틀기

"그런데 너무 어렵죠?"

이상적인 해결책이 가진 어려움, 또는 불편함을 제기하며 비트는 단계입니다. 이어지는 4단계를 더 극적으로 만들기 위한 장치입니다.

- 4단계: 진짜 솔루션

"ㅇㅇ 다이어트는 매우 쉽습니다. 매우 편합니다."

3단계에서 비틀었던 어려움, 불편함을 쉽고 간단하게 해결하는 진짜 솔루션으로 나의 상품이나 서비스를 제안하는 마지막 단계입니다.

상대의 주목을 끌 수 있는 4단계를 요약하자면 이렇습니다.

" 날씬한 몸매를 원하십니까? "

" 음식을 줄이고 매일 꾸준히 운동하면 됩니다. "

" 그런데 그건 너무 어렵습니다. "

" ㅇㅇ 다이어트로 쉽고 편하게 시작하세요. "

- 보험상품을 예로 들면

"아무도 예견할 수 없는 미래, 누구나 보험은 필수라고들 합니다."

"이것저것 다 보장받으실 수 있는 좋은 보험 가입하시면 싹 해결됩니다."

"그런데 다 보장되는 보험은 월 보험료가 너무 비쌉니다. 얼마 안 가 보험료가 부담되어 해지하실 수도 있겠죠."

"저희 상품은 보험료가 매우 합리적입니다. 그래서 오래 유지하실 수 있습니다."

- 웹캠을 예로 들면

"줌ZOOM과 같은 화상회의 플랫폼이 필수가 된 시대입니다. 카메라가 선명하지 않으면 상대도 답답해할 수 있겠죠?"

"화질이 최고로 좋은 방송용 카메라를 쓰시면 됩니다."

"그런데 부피도 크고 조작도 어렵다면 이 역시 부담됩니다."

"저희 웹캠은 초소형입니다. 게다가 USB에 연결하면 알아서 작동합니다. 화질이요? 이 정도면 충분합니다."

• 유아용 자연관찰 학습콘텐츠를 예로 들면

"자라나는 시기엔 눈으로 보고 손으로 만지는 직접 체험이 정말 중요합니다."

"시간 날 때마다 아이와 함께 이곳저곳 다니는 게 최고의 교육이죠?"

"그런데 쉽지 않습니다. 부모도 쉬어야죠."

"이젠 집에서 체험시켜 주세요. AR을 통해 만들어지는 우리집 생태 체험관을 만들어 주실 수 있습니다."

• 모션데스크를 예로 들면

"하루 종일 앉은 자세로 근무하면 허리는 아파오고, 배는 나오기 시작합니다."

"업무 중간에라도 짬을 내어 운동하시면 됩니다."

"그런데 업무 시간에 짬을 내는 건 불가능합니다."

"적어도 업무 중에 잠깐씩 일어나서 업무하시면 됩니다. 모션데스크가 당신의 건강과 업무 효율을 지켜 드립니다."

· 저당밥솥을 예로 들면

"탄수화물이야말로 다이어트의 주적입니다."

"하루 식단 중 탄수화물 함량이 가장 높은 밥만 끊어도 성공하실 수 있습니다."

"그런데 그게 가능한가요? 한국인은 밥심으로 산다는데."

"저당밥솥으로 밥해 드세요. 당 함량을 절반가량 줄여 드리니 다이어트와 밥심, 두 마리 토끼 다 잡으실 수 있습니다."

당신은 파는 사람입니다. 그렇기에 제안은 과감해야 합니다. 하지만 식상해서는 안 됩니다. 이번 장에서 설명한 4단계를 활용하면 뻔하다고 느껴지는 제안을 보다 매력적으로 변신시킬 수 있습니다. 아, 그렇다고 무조건 이 순서대로 제안하라는 건 아닙니다. 생각만큼 머릿속에서 잘 안 풀릴 때 활용할 수 있는 하나의 방법으로 기억해 주세요. 지금 잠깐 책을 덮고 4단계에 맞춰 상품의 제안 순서를 정리해 보세요.

쓰세요. 마구 끄적이세요. 읽기만 하면 남의 지식입니다. 쓰기 시작하는 순간 내 지식이 됩니다.

Q 앞서 설명한 4단계를 활용해 당신의 뻔한 제안을 좀 더 펀(FUN)하게 바꿔 보세요.

1단계: 고객의 문제를 이야기하세요.

2단계: 이상적이지만 현실적으로 쉽지 않은 해결책을 이야기하세요.

3단계: 그리고 그 해결책이 결코 쉽지 않다며 비틀어 주세요.

4단계: 당신이 준비한 솔루션을 당당히 소개하세요.

1단계: _____

2단계: _____

3단계: _____

4단계: _____

공백을 만들어야
귀 기울입니다

요즘 우리는 정보 과잉 시대에 살고 있다고 합니다. 파편적인 정보들이 바닷물처럼 흘러넘칩니다. 한 연구 결과에 따르면 현대인들이 고작 하루에 접하는 정보의 양이 18세기 영국 농민이 평생 접하는 정보의 양과 맞먹는다고 합니다. 그래서일까요? 상품 정보를 접하는 현대인의 집중력은 날로 떨어져 갑니다.

대한민국의 크고 작은 회사에서 하루에 새롭게 쏟아 내는 상품의 가짓수는 집계하기 힘들 정도입니다. 냉정하게 말하자면, 당신이 팔려는 상품이나 서비스는 무수히 많은 상품 중 하나일 뿐입니다. 내가 아무리 내 상품이 특별하다 목청을 높이고, 랜딩 페이지에 꾹꾹 눌러 글을 쓴다 해도 고객이, 소비자가 느끼기엔 그냥 똑같은 것일 수 있습니다. 보험은 그냥 보험이고, 화장품은 그냥 화장품입니다. 내가 아무리 차별화된 상품이라 목청을 높인다 한들, 누군가 그걸 알아줘야 할 의무는 없다는 뜻입니다.

영어 단어 중 'attention'(주의, 주목)은 유독 'pay'(지불하다)와 함께 쓰입니다. 그만큼 뭔가에 주목한다는 건 쉽지 않다는 뜻이겠죠. 그렇다면 상대가 당신의 상품이나 서비스, 그리고 특장점에 주목하고 관심을 갖도록 좋아 보이게 만들 수 있는 방법에 대해 알아보도록 하겠습니다.

일반 언어와 세일즈 언어는 다릅니다. 외국에 갈 때면 그 나라 인사말을 익히고 가듯, 판매를 시작할 땐 세일즈 언어를 배우고 익혀야 합니다. 일반 언어와 세일즈 언어의 가장 중요한 차이는 '초반에 얼마나 주목시킬 수 있느냐'입니다. 친구와 나누는 대화에서는 "이 탄력 크림 되게 좋아."라고만 말해도 됩니다. 그 정도만 얘기해도 친구는 "아, 그래? 어디 거야?"라고 반응해 줄 테니까요.

하지만 파는 사람이 "이 탄력 크림 되게 좋아요."라고 한다면 고객은 대꾸도 안 할 겁니다. 아니면 못내 관심을 보이는 척 "아, 네…."라고 미적지근하게 대답할 겁니다. 혹은 속으로 '알겠으니까 그냥 나 좀 내버려 두세요. 제가 알아서 살펴볼게요'라고 할지도 모르겠군요. 절대로 "아, 이게 바로 그거군요. 저 광고에서 본 것 같아요. 안 그래도 실물 꼭 보고 싶었는데 너무 반갑네요."라고 할 고객은 없습니다.

상품을 바라보는 판매자와 구매자의 온도 차를 어떻게 극복할 수 있을까요? 고객은 일단 무심합니다. 간혹 관심을 보이는 고객도 있지만 극소수에 불과합니다. 더 잘 팔고 싶다면 기본값을 '고객＝무심쟁이'로 설정하는 편이 속 편합니다.

> **" 세일즈 언어의 핵심은 관심입니다. 고객의 관심을 얻지 못하면**
> **이어지는 당신의 말에 절대 힘이 실릴 수 없습니다."**

글도 마찬가지입니다. 상품의 상세 페이지에 쓰는 글 역시 초반에 궁금하게 만들지 못하면 소비자가 끝까지 읽지 않습니다. 초반에 궁금하게 만들어야 끝까지 보게 만들 수 있습니다.

예를 들어 봅시다. 같은 목적(판매)이라 해도 A의 언어와 B의 언어는 사는 사람에게 다르게 다가옵니다. A의 언어엔 무심하게 반응합니다. 하지만 B의 언어엔 관심을 보이게 됩니다. A와 B의 말 뒤에 이어지는 고객의 반응까지 함께 보시죠.

1. 탄력 크림을 판매하는 상황

판매자 A: "탄력 크림만 잘 챙겨 바르셔도 너무 좋죠. 새로 출시된 제품인데요, 성분이 참 좋아요" (아, 네….)

판매자 B: "탄력 크림 보시나 봐요? 참, 얼굴에 손 안 대고도 피부 탄력 확인할 수 있다는 거 아세요?" (네? 어떻게요?)

2. CCTV 설치를 권유하는 상황

판매자 A: "세상이 흉흉하다 보니 여성분 혼자 거주하시면 CCTV 설치는 필수죠."(아, 네….)

판매자 B: "혼자 사는 여성 분들은 귀가하자마자 바로 불부터 켜면 안 되는 거 아시죠?"(네? 왜요?)

3. 두피 케어 제품을 판매하는 상황

판매자 A: "두피가 잘 관리되면 탄력도 유지돼요. 그래서 두피 케어 제품은 가급적 꼭 써 주시면 좋아요."(아, 네….)

판매자 B: "이마 주름이 하나둘씩 늘어나는 게 두피와도 관련 있다는 거 아시죠?"(네? 왜요?)

4. 교육 상품 판매를 위해 부모 역할 진단 검사를 권유하는 상황

판매자 A: "부모 역할 검사 받아 보신 적 없으시죠? 무료로 진단받으실 수 있어요. 한번 해보세요."(아, 네….)

판매자 B: "엄마 수능 본 적 없으시죠? 딱 5분만 투자하면 자녀의 문해력 성장을 위한 엄마의 점수를 확인하실 수 있어요."(엄마 수능? 엄마 점수요?)

5. 건강한 다이어트 솔루션을 권유하는 상황

판매자 A: "다이어트는 무리해서 하면 안 됩니다. 건강하게 하셔야 해요."(아, 네….)

판매자 B: "똑같이 5킬로그램을 빼도, 일주일 만에 빼는 것과 한 달에 걸쳐 빼는 건 주변 반응이 다르거든요."(네? 왜 달라요?)

6. 트레이너가 개인코칭PT을 권유하는 상황

판매자 A: "운동하겠다고 결심한 김에 시작하셔야 해요. 나중으로 미루면 제대로 운동하기 어려워져요." (아, 네….)

판매자 B: "건강을 위해 운동을 시작하는 날짜를 보면 신기하게도 전 국민이 다 같다고 하잖아요?" (네? 전 국민이 같다고요?)

7. 고성능 차량을 판매하는 상황

판매자 A: "저희 차는 배기음부터 다릅니다. 다른 브랜드에서 따라올 수 없는 귀의 만족을 선물해요." (아, 네….)

판매자 B: "저희는 배기음을 만든다고 하지 않고, 작곡한다고 표현합니다." (네? 작곡이요?)

8. 금융 상품(변액 보험)을 판매하는 상황

판매자 A: "재무설계는 공격적인 투자와 위험으로부터 지키는 보험의 비중을 잘 조절해서 설계하셔야 해요." (아, 네….)

판매자 B: "축구 좀 해보셨던 분들이 재무설계도 잘 한다는 거 아세요?" (네? 축구요?)

9. 암 보험을 판매하는 상황

판매자 A: "암 발병률만 봐도 다섯 명 중 두 명이 암에 걸리는 시대입니다. 암 보험은 필수죠." (아, 네….)

판매자 B: "일기 예보에서 강수 확률을 몇 퍼센트라고 얘기했을 때 우산을 챙겨야 가장 현명한 걸까요?" (네? 강수확률이요?)

10. 증권사 ETF상품을 소개하는 상황

판매자 A: "ETF 상품은 수익률도 좋고, 또 무엇보다 안정적으로 운용할 수 있다는 장점이 있습니다." (아, 네….)

판매자 B: "이 상품은요, 워런 버핏의 유언장에서도 언급된 상품입니다." (네? 제가 아는 그 워런 버핏이요?)

11. 엘리베이터 입찰 수주를 위해 프레젠테이션을 하는 상황

판매자 A: "엘리베이터는 사용자의 안전과 직결되는지라, 견적만 보고 선택하셔선 안 됩니다." (아, 네….)

판매자 B: "엘리베이터 사고는 보험사에서 일반사고로 볼까요, 아니면 교통사고로 볼까요?" (아, 그러게요. 궁금하네요.)

B의 질문들 뒤에 이어지는 내용이 궁금한가요? 그럼 하나씩 이어지는 답안을 공개합니다.

1. "탄력 크림 보시나 봐요? 참, 얼굴에 손 안 대고도 피부 탄력 확인할 수 있다는 거 아세요?" (네? 어떻게요?)

"스마트폰이나 손거울로 정면에서 얼굴을 비춰 보세요. 그 상태에서 그대로 허리 숙이고 보시면 아까 정면으로 보셨을 때에 비해 유독 달라 보이는 부위들이 있거든요. 그 부분이 현재 탄력이 많이 무너진 곳이라

보시면 돼요. ○○세 넘어가면 탄력 관리는 필수예요."

2. "혼자 사는 여성 분들은 귀가하자마자 바로 불부터 켜면 안 되는 거 아시
죠?" (네? 왜요?)

"나쁜 마음 먹은 사람이 범죄 대상을 물색할 때 주로 여성 혼자 거주
하는 집을 노린다고 하잖아요. 여성 혼자 건물에 들어가면 멀리서 가만
히 지켜보다가 잠시 뒤에 불이 딱 켜지는 집을 범죄 대상 후보 1순위에
올려 두거든요. 여성 분 혼자 거주하신다면, CCTV는 반드시 있어야 합
니다."

3. "이마 주름이 하나둘씩 늘어나는 게 두피와도 관련 있다는 거 아시죠?"
(네? 왜요?)

"두피가 탄력을 잃게 되면 서서히 늘어질 수 있거든요. 그래서 자연
스레 이마에도 영향을 주면서 한 줄 두 줄 금이 가기 시작하는 거죠. 두
피 케어라고 말씀드렸지만 사실은 얼굴 전체 케어의 역할도 톡톡히 해
주는 제품이에요."

4. "엄마 수능 본 적 없으시죠? 딱 5분만 투자하면 자녀의 문해력 성장을 위
한 엄마의 점수를 확인하실 수 있어요. (엄마 수능? 엄마 점수요?)

"요즘은 엄마가 자녀에게 물려줄 수 있는 가장 확실한 유산이 두 가
지라고 하잖아요. 금과 언어. 왜 모국어라는 말의 뜻이 엄마가 쓰는 말
이겠어요. 어머님께서는 지금 자녀에게 어떤 언어를 물려주고 계신지

잠깐이면 확인하실 수 있어요. 한번 해보시죠."

5. "똑같이 5킬로그램을 빼도, 일주일 만에 빼는 것과 한 달에 걸쳐 빼는 건 주변 반응이 다르거든요." (네? 왜 달라요?)

"일주일 만에 빼면 주변 분들이 걱정부터 해요. '왜 그러느냐', '무슨 일 생긴 거냐'라고 말이죠. 그런데 한 달에 걸쳐 빼면 너나없이 다들 부러워하겠죠. 도대체 비결이 뭐냐고 막 물어볼걸요? 차이는 간단해요. 얼마나 건강하게 뺐느냐거든요. 건강한 다이어트를 해야 오래 유지하실 수 있어요."

6. "건강을 위해 운동을 시작하는 날짜를 보면 신기하게도 전 국민이 다 같다고 하잖아요." (네? 전 국민이 같다고요?)

"'내일'이라고 합니다. '오늘'은 아니라는 거죠. 누구나 '내일부터'라고 말은 하지만 정작 실행에 옮기는 분들은 소수라고 해요. 운동을 해야겠다고 마음먹으셨다면 그 결심이라는 녀석이 나중에 딴소리 못 하게 지금 바로 시작해야 해요. 결심을 했다는 자체가 정말 대단한 일이거든요. 더 늦추시면 안 됩니다."

7. "저희는 배기음을 만든다고 하지 않고, 작곡한다고 표현합니다." (네? 작곡이요?)

"실제로 작곡가를 초빙해서 엔진 사운드를 만들거든요. 잘 아시겠지만 음악이 우리 기분을 우울하게도, 설레게도 만들잖아요. 승차하는 내

내 심장이 쿵쾅거리는 설렘을 느끼실 수 있는 저희 브랜드차가 정답입니다."

8. "축구 좀 해보셨던 분들이 재무설계도 잘 한다는 거 아세요?" (네? 축구요?)

"축구 경기에서 이기려면 공격, 미드필드, 수비, 이렇게 세 가지를 신경 쓰잖아요? 재무 설계도 마찬가지입니다. 때로는 공격적인 투자로, 때로는 최전방 수비수 같은 보험으로 준비하시면 됩니다. 고객님의 경우 공격과 수비는 이미 잘 준비하셨어요. 다만 허리 역할을 하는 미드필드 진영이 조금 약해 보입니다. 변액 보험이 미드필드 역할을 해드릴 겁니다."

9. "일기 예보에서 강수 확률을 몇 퍼센트라고 얘기했을 때 우산을 챙겨야 가장 현명한 걸까요?" (네? 강수확률이요?)

"보통 40~50퍼센트 정도만 돼도 비 맞을까 봐 꼭 챙기시죠? 암 예보도 똑같습니다. 남자 다섯 명 중 두 명이 걸린다는 건, 암 확률이 40퍼센트라는 뜻입니다. 심지어 너나암, '너 아니면 나 암에 걸린다'라고까지 이야기하는 시대에 암으로부터 지켜 줄 우산 같은 보험은 필수입니다. 일기 예보는 틀리기라도 하죠, 암 예보는 틀릴 일도 없이 정확합니다. 암 보험은 반드시 크게 준비하셔야 합니다."

10. "이 상품은요, 워런 버핏의 유언장에서도 언급된 상품입니다." (네? 제가 아는 그 워런 버핏이요?)

"본인이 언젠가 죽으면 남은 자산의 90퍼센트 이상을 ETF에 넣어 달라고 했거든요. 그만큼 수익률, 안정성이라는 두 마리 토끼를 잡을 수 있는 상품입니다."

11. "엘리베이터 사고는 보험사에서 일반사고로 볼까요, 아니면 교통사고로 볼까요? (아, 그러게요. 궁금하네요.)

"교통사고로 봅니다. 마치 이동 수단인 차와 같다고 보는 거죠. 엘리베이터를 건물의 일부라고만 생각하시면 안 됩니다. 최고급 차량을 선택한다는 생각으로 결정하셔야 합니다. 혼자 타는 차도 가격이 싼 대신 AS가 어렵다고 한다면 구입을 망설이실 겁니다. 여럿이 타는 엘리베이터도 마찬가지입니다. 가격보다 사후 관리가 얼마나 잘 되는지 보고 선택하셔야 합니다."

A의 질문 뒤에 이어지는 대화는 누구도 궁금해하지 않습니다. 그다지 듣고 싶어 하지도 않습니다. 하지만 B의 질문이라면 궁금해합니다. 그래서 이어지는 내용을 꼭 확인하고 싶어집니다. 그래서 세일즈 언어의 도입부는 늘 궁금증을 유발해야 합니다. 그래야 상대의 관심을 끌어내어 끝까지 나의 메시지에 집중시킬 수 있습니다.

실제 연구 결과를 봐도 이런 현상은 극명하게 나타납니다.[1] 한 보험 설계사를 섭외해 진행한 실험입니다. 다른 모든 상황은 동일하다는 가정하에서 상품을 제안할 때 첫 문장만 다르게 운을 띄웠습니다.

A: 지금이야 건강하시지만 미래는 모르는 겁니다. 암 보험 하나쯤은 꼭 준비하세요.

B: 아무 준비 없던 제 친구가 위암에 걸렸습니다. 가장 먼저 무엇을 후회했을까요?

결과는 당연히 B의 압승이었습니다. B의 경우 더 많은 계약을 체결할 수 있었습니다. 이유는 역시 고객을 더 궁금하게 만들었기 때문입니다. 당신이 온갖 지식을 동원해 채우려 할수록 고객은 도망갑니다. 오히려 공백을 만들어 비우려 할수록 고객은 다가옵니다.

'지식의 공백'은 내 언어에 힘을 실어 주는 강력한 무기가 됩니다. 사람은 자신이 아는 정보의 양이 많을수록 모르는 사실에 더 집착하게 됩니다. 미국에 있는 50개 주 가운데 17개만 아는 사람이라면 자신의 지식을 자랑스러워할 겁니다. 하지만 50개 주 중 47개를 아는 사람이라면 자랑스러워하기보다 자신이 모르는 세 개 주에 집착할 것입니다. 지식의 공백은 어떤 식으로든 흥미를 불러일으킵니다. 그리고 그 흥미는 관심을 지속시키는 원동력이 됩니다.

시나리오계의 대가 로버트 맥키 Robert McKee 는 이렇게 말했습니다.

"호기심은 질문에 대답하고 열려 있는 패턴을 닫는 데 필요한 지적 능력이다. 스토리는 그와 정반대의 것, 즉 질문을 제기함으로써 이 보편적 욕구를 충족시켜 준다."

결국 호기심 유발은 고객의 사고에 불을 지피는 행위입니다. 행동경제학자 조지 로웬스타인George Loewenstein은 이렇게 말했습니다.

"호기심은 지식의 공백을 느낄 때 발생한다."

즉 지식의 공백이 나의 뇌에 가려움을 선사할 때, 가려운 곳을 긁어야만 직성이 풀리는 우리는 그 공백을 채우기 위해 관심을 갖게 됩니다.

" 당신의 말, 당신의 글을 다시 한번 점검해 보세요.
궁금하게 만드는 언어인가요? "

만약 그렇지 않다면 바꾸세요. 듣는 이가, 그리고 보는 이가 '응?' 하고 반응할 수 있도록 말이죠. 다음 주제부터는 상대가 당신의 상품에 관심을 보이게 만들고, 나아가 상품을 좋아 보이게 만드는 몇 가지 방법들에 대해 알아보겠습니다.

쓰세요. 마구 끄적이세요. 읽기만 하면 남의 지식입니다. 쓰기 시작하는 순간 내 지식이 됩니다.

Q　구매자가 '응?' 하고 반응하게 만드는 말을 완성해 보세요. 상대가 "응?",
"왜?", "뭔데?"와 같이 반응하게 만들 수 있다면 당신의 파는 역량은 한
뼘 더 성장할 겁니다.

1) "_____ 라는 것 아세요?"

2) "_____ 라는 것 알고 계시죠?"

3) "_____ 라는 이야기, 혹시 들어

보셨어요?"

언어를 낯설게 붙이면
주목을 끕니다

내 상품을 좋아 보이게 만드는 언어의 기본 조건은 예상된 패턴을 파괴하는 것에서부터 출발합니다. 우리의 두뇌는 유독 변화에 민감하도록 설계돼 있습니다. 놀라움은 흥미를 불러일으키고, 흥미는 관심을 지속시키는 힘이 있습니다. 따라서 상대의 추측 기제를 무너뜨려 놀라움을 선사해야 합니다.

단, 놀라움을 선사하는 데서 끝내면 아무 의미가 없습니다. 그걸 핵심 메시지로 연결시킬 수 있어야 합니다.

'큰 거인'은 눈길을 끌지 못합니다. 하지만 '작은 거인'은 눈길을 끕니다. '돈 쓰는 카드'는 눈길을 끌지 못합니다. 하지만 '돈 버는 카드'는 눈길을 끕니다. 이처럼 낯선 조합은 그 조합만으로도 궁금증을 자아냅니다. 순간적으로 상대의 뇌리엔 지식의 공백이 생깁니다. 그 공간을 채우기 위해 이어지는 말과 글에 귀를 기울이게 됩니다. 낯선 조합의 언어는 겉으로 볼 땐 모순투성이일 뿐입니다. 하지만 깊이 음미할수록 특별한 의미를 담고 있기에 상대가 무릎을 치며 '아!' 하고 반응하게 만드는 힘이 있습니다.

" 낯설게 조합해 보세요."

낯선 조합이 만드는 엉성함은 놀라움을 불러일으킵니다. '어? 뭐지?' 라고 말이죠. 그리고 나서 상대의 뇌리에 강력한 카운터펀치(아!)를 날리는 겁니다.

몇 가지 예시들을 보며 당신의 언어에도 당장 써먹을 수 있는 영감을 얻어 보세요.

• **쿨샴푸의 경우**

"두피 온난화 현상이라고 들어 보셨어요?" (응? 두피가 온난화?)

"지구도 조금만 온도가 올라가면 별의별 문제가 발생되죠. 나무는 사라지고 사막이 생기죠. 두피도 똑같아요. 두피에 열이 많으면 탈모와 같은 문제도 더 빨리 생깁니다. 그래서 적어도 샴푸할 때만이라도 두피의 열을 식혀 주면 두피와 모발 건강에 참 좋아요."

• 헤어에센스의 경우

"인체에서 IQ가 가장 낮은 부위가 모발인 거 아시죠?" (응? 모발에도 IQ가?)

"머리카락은 잘라도 안 아파요. 바꿔 말해 이 아이들은 생각이 없다는 거죠. 손상되고 상처 나도 이야기 안 해요. 시간 지나면 자랄 줄만 알았지 그걸 피부처럼 재생시키지도 회복시키지도 않아요. 결국 모발 관리만큼은 고객님께서 신경 써 주시는 방법밖에는 없습니다."

• 알칼리 이온수기의 경우

"인생은 결국 '알'에서 태어나, '산'으로 간다는 이야기, 들어 보셨어요?" (네? 알? 산?)

"갓 태어난 아가들 몸은 '알'칼리성인데, 나이 먹으면서 서서히 '산'성으로 바뀐다고 해요. 알칼리 이온수를 챙겨 드신다는 건, 내 몸을 '바꾼다'기보다 원래 내 몸의 모습으로 '찾아간다'는 표현이 더 맞습니다. 알칼리 이온수로 본래의 건강함을 되찾아 보세요."

• 건강 보험의 경우

"고객님, 몸을 위한 장기 수선 충당금을 매월 준비하고 계신가요?" (네? 몸도 장기 수선 충당금이 필요해요?)

"절대 무너질 리 없어 보이는 아파트도 건물 노후를 대비해 장기 수선 충당금을 비축합니다. 고객님의 몸은 지금보다 건강해질 가능성이 높을까요, 아니면 안 좋아질 가능성이 높을까요? 경제 활동 기간에 몸에 대한 장기 수선 충당금을 준비하셔야 미래에 목돈 때문에 가계 경제가 휘청거릴 일이 없어집니다."

• 종신 보험의 경우

"사람은 누구나 태어나자마자 사망 선고를 받는다는 거 아시죠?" (네? 태어나자마자 사망 선고를 받는다고요?)

"다만 그 기한이 길고 짧음의 차이만 존재할 뿐입니다. 점쟁이도 자기 미래를 정확히 예측하기 어렵다고 합니다만, 저는 제 미래를 정확하게 예측할 수 있습니다. 전 미래에 반드시 아플 거고요, 또 언젠가 반드시 죽을 겁니다. 고객님께서 예상하는 미래는 어떨까요? 아마 저랑 크게 차이 나지 않을 수 있습니다. 실제로 가까운 미래에 사망 선고를 받는 분들의 가장 큰 고민은 결국 가족이라는 거 아시죠? 언젠가 사망 선고를 앞둔 내가 가족에게 줄 수 있는 최고의 선물은 보험입니다."

아래 예시는 실제 국내 모 교육 콘텐츠 회사의 영업사원들을 위해 만든 세일즈 언어 중 일부입니다. 낯선 연결의 힘을 느껴 보세요.

• 외국어 학습 교재의 경우

"혹시 '언어 풍선'이라고 들어 보셨어요?" (응? 언어? 풍선?)

"이맘때 아이들의 뇌에 자리 잡은 언어의 방은 벽으로 둘러싸여 딱 정해져 있는 게 아니라, 풍선처럼 커질 수 있다는 뜻이거든요. 실제 앵글리아 러스킨 대학의 연구 결과를 봐도 이중 언어를 사용하는 사람이 단일 언어만을 사용하는 사람보다 문제 해결 능력이 더 뛰어났다고 해요. 아이의 언어 풍선을 이중 언어 교재로 키워 주셔야 해요."

• 외국어 회화 콘텐츠의 경우

"6세 이전에 외국어 교육을 시작해야 언어 스위치가 만들어져요."
(언어 스위치? 그건 뭘까?)

"새로운 언어를 습득한 성인의 경우, 모국어와 새로운 언어가 각각 뇌의 다른 영역에서 작동해요. 그런데 6세 이전에 새로운 언어를 습득하면, 두 언어를 관장하는 영역이 한곳에서 나타나요. 성인의 경우 언어가 나오는 관이 두 군데다 보니 아무래도 버퍼링이 생기죠. 그런데 아이의 경우 같은 관에서 쭉 나오다 보니 표현 직전에 스위치만 딸깍 바꿔 주면 되거든요. 그래서 이중 언어는 최소한 6세 이전에 배우게 해줘야 언어 스위치를 자연스레 만들 수 있어요."

• 인문학 전집의 경우

"초등학교 고학년 대다수가 '공중부양족'이라는 이야기, 들어 보셨어요?" (네? 초등학생이 공중부양을요?)

"이 학원 저 학원 차 타고 이동하는 바람에 아파트 단지를 제외하고는 모르는 곳을 탐험해 본 경험조차 많지 않다고 하더라고요. 경험이 생각을 만들고, 생각이 인생을 만든다고 하잖아요. 초등학생에게 인문학은 성인이 돼 인생을 잘 꾸려 가기 위해서도 물론이고, 뚜렷한 목적을 갖고 공부하게 만들기 위해서라도 지금 반드시 필요한 경험이에요."

• 예비 중학생을 위한 독서 전집의 경우

"독서절벽이라고 들어 보셨어요?" (독서절벽이요?)

"문화체육관광부에서 실시한 청소년 독서 실태 조사를 보면, 초등학교 때 1년에 100권 이상 책을 읽던 아이들도 중학교만 가면 독서량이 반의 반 정도로 뚝 떨어진다고 해요. 물론 공부에 치여서 그럴 수 있겠다고 이해는 되지만 너무 안타깝잖아요. ○○이 인생에서 어찌 보면 가장 많은 책을 읽을 수 있는 시기가 지금이거든요. 그리고 특히 지금 읽어 놓은 문학들은 ○○이가 성인이 될 때까지 교과 학습뿐만 아니라 인성 교육에도 자양분이 되고요. 중학생 되기까지 딱 ○년 남았으니까요, 지금부터 독서에 힘 바짝 실어 주셔야 해요."

이와 같이 낯선 연결이 만드는 '지식의 공백'은 당신의 메시지를 더 선명하게 만들어 줄 것입니다.

● 백 세 노 트 ●   이 책의 가치를 백 배 높이는 세일즈 노트

쓰세요. 마구 끄적이세요. 읽기만 하면 남의 지식입니다. 쓰기 시작하는 순간 내 지식이 됩니다.

Q 나의 상품에 주목시킬 수 있도록 단어나 문구를 낯설게 연결해 보세요. 상품 소개할 때 활용할 수 있다면, 어떤 조합이든 환영입니다. 의미 부여는 이 책을 읽고 난 뒤 다시 고민해도 됩니다. 지금은 낯설게만 연결해도 좋습니다.

(   ) + (   )

은유로 표현하면
임팩트가 생깁니다

'A는 B이다'처럼 은유로 표현하면 더 좋아 보이게 만들 수 있습니다. 'A가 B라고? 왜? 무슨 공통점이 있기에?'라고 생각하는 순간, '지식의 공백'은 만들어집니다. 이어서 'A와 B 사이에는 이런 공통점이 있습니다'라고 그 이유를 설명하면 메시지의 힘은 더 강렬해집니다. 당신의 상품과 서비스를 은유적으로 표현해 보세요.

· "주방에서 수전은 하이힐입니다." (왜?)

"옷을 갖춰 입고 외출하실 때에도 하이힐로 마지막 마무리를 하시죠. 입고 있는 옷의 격을 한 단계 끌어올려 주니까요. 수전은 주방의 하이힐

같은 역할을 합니다. 고급 자재로 신경 쓴 만큼 수전으로 주방의 격을 한층 더 높일 수 있거든요." (아!)

- "저희 가구의 도어는 조각입니다." (왜?)

"가죽 소재의 옷이나 가방도 자투리를 모아 짜깁기한 것과 통가죽 하나로 만든 것은 견고함에서 차이가 날 수밖에 없습니다. 하물며 가구는 어떨까요? 저희는 여러 프레임을 이리저리 붙여서 조립하지 않습니다. 말 그대로 조각한 도어입니다. 오염물이 낄 염려도 없을뿐더러 훨씬 더 견고할 수밖에 없습니다." (아!)

- "수분 케어 제품은 화초에 주는 물입니다." (왜?)

"화초에 영양제를 꽂기 전에 물을 먼저 주는 이유도, 이어지는 영양제가 넓게 퍼질 수분길을 만들어 주기 위해서거든요. 이 제품이 피부에 수분길을 활짝 열어 줘야 다음 단계에서 쓰시는 고기능성 제품의 효과가 극대화되거든요." (아!)

- "공유 오피스는 소프트웨어가 쫙 깔린 노트북입니다." (왜?)

"같은 가격이면 소프트웨어까지 쫙 깔려 있는 노트북을 구매하는 게 훨씬 더 이득이잖아요. 저희 공유 오피스는 눈에 보이는 시설도 물론 훌륭하지만, 저희가 제공해 드리는 다양하고 편리한 서비스야말로 진정한 강점입니다." (아!)

- "암 보험은 양산입니다." (왜?)

"많은 설계사가 보험은 소나기를 막아 주는 우산이라고들 이야기합니다. 하지만 보험을 우산처럼 준비하면 이미 늦은 겁니다. 화창한 날 '쓸 일이 있으려나?'라는 생각으로 들고 나가는 양산처럼 준비해야 됩니다. 큰 기대 없이 준비한 양산이지만 갑자기 내리는 소나기에 우산이 돼 줄 수 있거든요. 보험도 마찬가지입니다. 아직은 내 인생이 화창하고 경제 상황도 맑음일 때 '이걸 쓸 일이 있으려나?'라는 생각으로 준비하는 게 가장 현명한 방법입니다." (아!)

- "종신 보험은 방파제입니다." (왜?)

"만약 바닷가에서 농사를 짓는다면 물을 가두는 둑을 쌓는 게 먼저일까요, 아니면 방파제를 쌓는 게 먼저일까요? 맞습니다. 당연히 방파제부터 쌓고 둑을 쌓는 게 현명한 방법입니다. 저축과 보험도 마찬가지입니다. 둑을 쌓아 모으는 것도 물론 중요합니다. 하지만 그보다 먼저 방파제를 쌓아 위험을 피하는 게 먼저입니다. 이 보험이 고객님의 인생에서 방파제 역할을 할 겁니다." (아!)

이처럼 'A는 B입니다'의 구조는 '강렬한 임팩트'를 만들어 냅니다. 상대로 하여금 '아, 그래서 A가 B구나'라며 무릎을 치게 만듭니다. 단조로운 서술은 강한 힘을 갖기 어렵습니다. 하지만 무릎을 치게 만드는 은유적 표현은 강한 메시지를 완성시킵니다.

" 당신의 상품은 무엇에 빗대어 표현할 수 있나요."

은유를 활용해 표현해 보세요. 당신의 상품과 서비스는 더 좋아 보일 겁니다.

● 백 세 노 트 ● **이 책의 가치를 백 배 높이는 세일즈 노트**

쓰세요. 마구 끄적이세요. 읽기만 하면 남의 지식입니다. 쓰기 시작하는 순간 내 지식이 됩니다.

Q 당신의 상품이나 서비스를 딱 한 단어로 설명하는 은유적 표현은 무엇인 가요? 끄적여 보세요. 단, 은유의 예는 반드시 눈에 보이는 사물이나 대상이어야 합니다. 제발 "이 상품은 '혁신'입니다."와 같은 표현은 쓰지 말아 주세요.

고객을 특정할수록
힘이 실립니다

인간은 누구보다 자신과 유사한 사람의 행동과 취향에 더욱 민감하게 관심을 보입니다. 여기서 유사하다는 것은 같은 지역, 동네, 직종, 연령대, 성별, 경제력, 자녀 연령, 고향, 취미 등을 말합니다. '유사성 편승 효과'만 잘 이용해도 당신의 상품이나 서비스를 좋아 보이게 만들 수 있습니다.

단, 명확하게 금을 긋고 제한할수록 더 좋아 보입니다. "이 상품은 다른 사람들이 좋아하는 겁니다."만으로는 좋아 보이게 만들기 어렵습니다. 특정 타깃층을 뾰족하게 겨냥해 정확하게 언급해야 합니다.

"요즘 가장 선호하는 스마트폰 기종입니다." (×)

"20대 여성분들이 가장 선호하는 스마트폰 기종입니다." (○)

"외식 메뉴로 인기가 많습니다." (×)

"부산 출신 사람들은 외식 때 이걸 가장 많이 먹습니다." (○)

"운전하는 분들은 대다수 이걸 사용합니다." (×)

"경기도 택시 기사님들께서는 대다수 이걸 사용합니다." (○)

"가장 트렌디한 컬러입니다." (×)

"30대로 보이는 40대 여성들이 가장 많이 선택하는 컬러입니다." (○)

무작정 '다들 좋아합니다', '많이들 좋아합니다'라는 말로는 부족합니다. '당신과 같은 사람들이 좋아합니다'로 고객의 범위를 제한해야 합니다.

" '누구나'가 아닌 '당신과 같은'이 만들어 내는 힘을 느껴 보세요. "

• 스마트 팔찌의 경우

"자녀가 8세 미만인 어린 고객들께는 스마트폰보다는 스마트팔찌를 권해 드려요." (아, 저희 아이가 6세예요.)

"이맘때는 부모님들께서 목걸이나 팔찌에 연락처도 새겨 주곤 하잖아요? 이건 요즘 많이 활용하는 키즈워치라는 스마트팔찌예요. 간단한 통화는 물론 위치 확인까지 가능해요. 예쁘기만 한 목걸이, 팔찌보다 더 의미 있는 선물이죠."

• 블루라이트가 차단되는 IPTV의 경우

"6세 미만 자녀가 있으시면, 시력 완성 시기가 언제인지 꼭 알고 계셔야 해요." (아, 그래요? 제 아이가 5세인데….)

"시력은 아이가 태어날 때 완성돼 있지 않아요. 아이가 커 가면서 서서히 완성되거든요. 6세 정도 되면 1.0 정도이고, 7세 정도에 비로소 완성된다고 해요. 그 전에 눈에 자극을 많이 주면 결국 최종 시력을 결정 짓는 데 치명적일 수밖에 없습니다."

• 영어 콘텐츠의 경우

"현재 3~5세 아이들의 언어 발달 속도가 현저하게 느려졌다는 이야기, 들어 보셨어요?" (아, 저희 아이가 딱 4세입니다.)

"안타깝게도 언어 습득의 골든타임을 마스크와 함께 보낸 연령대라서 그렇답니다. 언어를 익힐 때는 입 모양과 표정을 함께 봐야 하는데, 그렇지 못하다 보니 상대적으로 느릴 수밖에 없다고 해요. 참 속상한 이야기죠. 언어 습득의 공백을 댁에서만큼은 해결할 수 있습니다. 아이들이 원어민의 입 모양을 보고 배우며 익힐 수 있는 영어 콘텐츠가 무궁무진합니다."

- 홈 CCTV의 경우

"사춘기가 아닌 삼춘기는 초등학교 3학년부터 시작된다는 거 아시죠?" (아, 저희 아이가 2학년이거든요. 곧 3학년이 돼요.)

"3학년 정도 되면 말도 안 듣고, 자꾸 부모님 시선에서 벗어나려고만 하죠. 특히 맞벌이 가정에서는 자녀가 집에 혼자 있는 시간이 길든 짧든 늘 불안하다고 하시더라고요. CCTV를 설치하세요. 외출 중에도 스마트폰만 열면 아이가 뭘 하는지 마음 편하게 확인하실 수 있어요. 마이크랑 스피커도 달려 있어서 대화도 가능하고요."

- 데이터 공유 요금제의 경우

"중고생 자녀가 있는 고객들께서는 데이터를 상속해 주는 재미가 쏠쏠하다고 하세요." (아, 저희 아이가 고1 올라가요.)

"월초만 되면 애들끼리 나누는 인사가 '야, 이번 달엔 데이터 많이 받았냐?'라고 해요. 아빠(엄마)가 좋은 요금제 쓰시면 매달 아이들한테 티팍팍 내면서 데이터를 상속해 주실 수 있어요."

이상은 제가 국내 모 통신사 컨설팅 당시 만들었던 세일즈 언어 중 일부였습니다.

무언가를 선택하는 문제는 늘 쉽지 않습니다. 재미있는 사실을 알려드릴까요? 우리의 선택 중 대다수는 자신이 정말로 원하는 것보다 자신과 비슷한 남들이 원하는 것으로 결정된다는 겁니다.

판매도 마찬가지입니다. 무작정 "이거 인기 많아요. 많이들 사요."라는 평범한 말보다 분명한 메시지가 먹힙니다.

> " '고객님 같은 분들이 뭘 좋아하는지 알고 계신가요? 바로 이겁니다.
> 고객님도 이걸 선택해야 합니다.' 라고 말하세요. "

이렇게 범위를 제한하면 제한할수록 당신의 상품이나 서비스는 더 좋아 보일 수 있습니다. 기억하세요. 사람은 타인의 열망을 열망한다는 것을.

● 백 세 노 트 ● 이 책의 가치를 백 배 높이는 세일즈 노트

쓰세요. 마구 끄적이세요. 읽기만 하면 남의 지식입니다. 쓰기 시작하는 순간 내 지식이 됩니다.

Q 당신의 상품이 더 좋아 보일 수 있게끔 구매자의 범위를 제한해 보세요.
제한하면 제한할수록 구매자는 당신의 상품을 더 열망할 겁니다.

"내 상품(서비스)의 고객은

_____ 입니다."

숫자만 넣어도
눈길이 갑니다

숫자는 존재 자체만으로도 관심을 불러일으킵니다. 아, 물론 '죽기 전에 꼭 먹어 봐야 할 음식 1만 852가지'와 같이 지독하게 큰 숫자는 관심을 갖기도 전에 질려 버리게 만들지만요. 아래의 제목들을 한번 살펴봐 주세요.

비만이 무서운 5가지 이유

이달 새로 출시된 ○○○○ 모델 대박이 예상되는 3가지 이유

○○○의 인생을 바꾼 7가지 문장

죽기 전에 꼭 먹어 봐야 할 음식 8가지

이런 문구들에 사람들의 시선이 멈추는 것은 모두 숫자 덕분입니다. 만약 미용실 입구에 아래와 같은 문구들이 붙어 있다면 고객들의 눈길을 한 번 더 사로잡지 않을까요?

> 샴푸 회사에서는 알려 주지 않는 두피 관리 3가지 비밀
>
> 딱 3가지만 알면, 연애 필살기 1가지는 생긴다.
>
> 미용실에서 나올 때 후회하지 않는 4가지 노하우
>
> 50퍼센트 싸게 머리 하는 꿀팁 대방출
>
> 탈모 고민 해결에 직방인 4가지 제품
>
> 헤어디자이너가 알면서도 말해 주지 않는 2가지 비밀

이렇듯 숫자를 적재적소에 넣는 것만으로도 당신의 상품이나 서비스를 더 좋아 보이게 만들 수 있습니다.

• 종묘 회사의 경우

"○○농사는 잘 지으면 **1개월** 만에 수확하고, 못 지으면 **30일** 만에 수확한다고 하잖아요."

"그만큼 종자 자체가 원래 잘 크는 품종이다 보니 원하시는 수량을 제 날짜에 맞춰서 공급받을 수 있을지만 고민하면 됩니다. 저희 회사와 거래할 이유는 분명합니다."

• 모발 케어 제품의 경우

"몸에서 고통을 느끼지 못하는 부위가 딱 **3군데**잖아요?"

"손톱, 발톱, 그리고 머리카락. 모발은 내가 신경 쓰지 않으면 절대 먼저 신호를 보내지 않거든요. 손발톱이야 눈에 띄기라도 하죠. 그래서 모발은 손상되기 전에 미리 관리해 주는 수밖에 없어요."

• 반려동물 전용 CCTV의 경우

"강아지(고양이)가 살아가는 속도가 사람보다 **4배** 더 빠르다는 거 아시죠?"

"아가들의 평균 수명(15~20년)을 봐도 사람 수명의 4분의 1도 안 되잖아요. 그래서 성인의 하루가 아가들한테는 4일 정도로 느껴진대요. 하루 12시간만 집을 비워도 아가들 입장에선 꼬박 48시간, 즉 이틀을 혼자 지내는 것과 마찬가지라는 말이에요. 그렇다고 외출을 줄일 수는 없잖아요? 반려동물 케어 서비스는 반드시 설치하셔야 합니다."

• 영어 교육 콘텐츠의 경우

"아이가 태어나 엄마라고 처음 입 떼기 전까지 부모가 평균 **600번** 정도 '엄마'라는 단어를 지속적으로 들려 줘야 한다는 거 아세요?"

"그만큼 언어는 반복이 중요합니다. 특히 영어의 경우 '자연 발화'가 되려면, '지속 노출'이 핵심이거든요. 단지 영어를 접하는 것보다 영어에 '지속 노출'되는 과정이 더 중요해요."

• 유아 교육 콘텐츠의 경우

"맘카페에서 엄마들이 가장 많이 하는 고해성사가 결국 **2가지**더라고요."

"'아이한테 화냈어요'와 '아이한테 TV 많이 보여 줬어요'라고 해요. 요즘 아이들을 미디어 세대라고 하잖아요. 그래서 예전과는 다르게 미디어 노출을 막을 수도, 또 막아서도 안 되는 세대라고 하죠. 그러니 이왕이면 교육적이고 정서 발달에 도움이 되는 걸로 골라서 보여 주세요. 어머님께서 골라 주는 것도 좋지만, 전문가들이 고른 콘텐츠들로 보여 주세요."

• 어학용 독서 프로그램의 경우

"전 세계 국가 중 **90퍼센트**는 다중 언어 국가라는 거 아시죠? 280여 개국 중 단일 언어 국가는 고작 28개 정도래요."

"바이올린(기타)도 줄 하나로 내는 소리와 두 개로 내는 소리는 울림의 깊이가 다르죠. 언어도 똑같아요. 우리나라는 단일 언어 국가지만, 아이가 어릴 때부터 여러 언어를 접하게 된다면 생각의 깊이는 달라질 수밖에 없어요."

• 리조트 회원권의 경우

"사람이 힘들다고 느끼면 본능적으로 찾게 되는 곳이 딱 **2군데**인 거 아세요?"

"산, 아니면 바다입니다. 이번에 새로 분양 중인 저희 리조트는 뒤쪽이 산으로 둘러싸여 있습니다. 앞쪽으로는 바다도 내려다볼 수 있습니다. 산과 바다의 조망을 모두 갖춘 리조트는 많지 않습니다."

• 보험 상품의 경우

"한창 나이에 크게 다치신 분들(장애)을 뵙다 보면 대부분 소원이 **3가지**라고 하세요."

"첫 번째는 몸이 다시 복구되는 것. 두 번째는 수족이 돼 줄 간병인을 구하는 것. 그리고 세 번째는 부모님께 못 다한 효도를 하는 것이라고 합니다. 저도 참 공감이 되더라고요. 아시죠? 3가지 소원의 공통점은 결국 '돈'이 필요하다는 겁니다. 지금 건강하고, 또 효도할 수 있는 부모님이 있으시다면 보험 가입은 절대 미뤄선 안 됩니다."

평범한 멘트, 평범한 문장에 숫자만 넣어도 고객은 주목합니다.

" 비만이 무서운 이유는 궁금하지 않습니다.
하지만 비만이 무서운 '5가지' 이유는 듣고 싶습니다."

이렇듯 숫자를 넣어 상대의 관심을 끄는 것만으로도 당신의 상품이나 서비스를 더 좋아 보이게 만들 수 있습니다.

쓰세요. 마구 끄적이세요. 읽기만 하면 남의 지식입니다. 쓰기 시작하는 순간 내 지식이 됩니다.

Q 당신의 상품을 소개하는 첫 문장을 써 보세요. 단, 숫자를 꼭 넣어 보세요. 숫자만으로도 구매자의 눈길을 사로잡을 수 있습니다.

통념을 깨면
신선해집니다

기존에 가지고 있을 법한 통념을 뒤집으며 일침을 가하는 것 역시 당신의 상품이나 서비스를 좋아 보이게 만드는 방법입니다.

통념: 일반적으로 널리 통하는 개념

"북한산입니다. 통일 되면 국내산입니다."

"중국산입니다. 옛 고구려 땅에서 났습니다. 삼국 시대였다면 국내산입니다."

'북한에서 났으면 북한산이고, 중국에서 났으면 중국산이지'라는 통념을 새로운 관점으로 뒤집을 수 있어야 합니다 .

"침대는 가구가 아닙니다."

"행복은 성적순이 아닙니다."

"자유는 무료가 아닙니다."

"친한 친구일수록 가르쳐 주지 않을 겁니다."

"영어 공부? 절대로 하면 안 됩니다."

**" 기존의 통념에 일격을 가하는 순간,
당신의 상품과 서비스는 더 신선하게 와 닿습니다."**

• 두피 케어 전용 샴푸의 경우

"샴푸의 목적은 애당초 모발 세정이 아닌 거 아세요?" (통념 깨기)

"샴푸의 진짜 목적은 두피 보호입니다. 두피는 모발의 뿌리가 자라는 곳이다 보니 노화되거나 이상이 생기면 당연히 모발에도 영향을 주게됩니다. 그러다 보니 샴푸만 소홀히 해도 문제가 생길 수 있거든요."

• 의류 관리기의 경우

"세탁만 한다고 해서 옷이 깨끗해졌다고 할 수 있을까요?" (통념 깨기)

"물론 눈에 보이는 때와 얼룩은 지워질지 모릅니다. 하지만 세탁 세제에 반드시 들어갈 수밖에 없는 성분은 그대로 남습니다. 옷을 입고 생활하는 매순간 당신의 호흡기로 들락거릴 겁니다. 세탁만 한다고 해서 옷이 반드시 깨끗해지는 건 아닐 수 있습니다. 의류 관리기를 쓰셔야 할 이유입니다."

- 반려동물 전용 CCTV의 경우

"15년을 키운 강아지는 정말 열다섯 살일까요?" (통념 깨기)

"아닙니다. 강아지는 20년을 키워도 늘 세 살이라는 이야기, 들어 보셨을 겁니다. 세 살 아이들처럼 늘 신경 써서 돌봐 줘야 하니, 늘 세 살이라는 말이 맞죠. 아마 세 살짜리 아이를 그냥 집에 두고 외출하지는 않으실 겁니다. 이번에 새로 출시된 반려동물 전용 CCTV인데요, 외출 중에 아가들이 뭐 하는지 지켜보실 수 있습니다. 또 중간중간 주인의 목소리도 CCTV에 내장된 스피커로 들려주실 수 있습니다."

- 부동산 거래의 경우

"사실 땅을 '산다'라는 말은 잘못된 표현이라는 거 아시죠?" (통념 깨기)

"땅은 공산품처럼 누군가가 만들고, 누군가가 팔고, 누군가가 사는 대상이 아니거든요. 아시겠지만 실물 자산 중 추가 공급이 되지 않는 유일한 자산이 땅입니다. 그래서 '산다'라는 표현보다 '갖는다'라는 표현이 더 어울립니다. 더 늦기 전에 ○○님도 내 땅 ○○평쯤 가져 보시는 게 어떨까요?"

- 칼슘 보충제의 경우

"곰탕 먹으면 칼슘을 보충할 수 있다는 이야기가 실은 거짓말인 거

아세요?" (통념 깨기)

"곰탕의 칼슘 함량은 매우 적을 뿐만 아니라 뼈 안에 있는 칼슘은 수용성도 아닙니다. 뼈 10킬로그램을 끓여 봐야 고작 칼슘 150밀리그램 정도가 추출된다고 합니다. 곰탕으로 하루 칼슘 섭취 권장량을 채우려면 400그릇을 드셔야 합니다. 그러니 칼슘 보충제는 필수입니다."

• 볼륨업 브래지어의 경우

"타 브래지어 브랜드는 늘 저희 브랜드를 경쟁자로 꼽습니다. 하지만 저희는 단 한 번도 그 브랜드와 싸운다고 생각한 적이 없습니다." (통념 깨기)

"저희는 늘 중력과 싸운다는 생각으로 제품 하나하나를 만들어 냅니다. 당신의 아름다움이 중력에 백기를 들지 않게끔 끌어올려 드리겠습니다."

당신 스스로 당신 상품에 대해 갖고 있는 통념은 없나요? '이 상품은 이런 거야', '이 상품은 이런 이유로 사는 거지' 또는 '아, 내 상품은 이래서 안 돼. 이게 흠이야'라는 식의 모든 통념을 오늘부터 의심해 보세요. 당장 상품을 바꿀 수는 없지만 사는 사람의 관점을 바꿀 수는 있습니다. 더 늦기 전에 당신부터 딱딱하게 굳어 있는 통념을 깨야 합니다.

똑같은 오늘을 살면서 다른 내일을 기대하는 건 말도 안 된다고들 말합니다. 맞습니다. 똑같은 생각을 하면서 다른 매출을 기대하는 것 역시 말도 안 됩니다. 새로운 시각으로 통념을 뒤집어 보세요.

쓰세요. 마구 끄적이세요. 읽기만 하면 남의 지식입니다. 쓰기 시작하는 순간 내 지식이 됩니다.

 당신의 상품이 깨고자 하는 통념은 무엇인가요? 적어 보세요.

"내 상품이 깨고자 하는 통념은

_____입니다."

기준을 제시하면
유리해집니다

상품이나 서비스를 선택하는 기준은 누가 정하는 걸까요? 고객일까요? 소비자일까요? 아닙니다. 당신이 기준을 정하고 그 기준대로 선택해야 한다고 지속적으로 강조해야 합니다. 당신이 고객에게 제시한 바로 그 기준이 고객의 선택 기준으로 자리 잡을 수 있게끔 말입니다.

> " 당신의 제안을 돋보이게 만드는 기준을 제시하면
> 상품이나 서비스를 좋아 보이게 할 수 있습니다."

대한민국 마케팅 역사상 가장 치열한 전쟁을 꼽으라면 맥주 시장이 빠지지 않고 등장합니다. OB가 오래도록 승승장구할 줄로만 알았던 시절인 1996년 7월에 하이트는 단 하나의 키워드로 시장의 판도를 뒤집었습니다.

'천연암반수'

당시 혼란스럽던 맥주 시장을 평정하는 단 한마디였습니다. 하이트는 "맥주를 선택할 때 어떤 '물'을 썼느냐를 보셔야 합니다."라는 명쾌한 기준을 제시했습니다. 사실 소비자 입장에선 맥주에 사용한 물이 정말 천연암반수인지 아니면 그냥 샘물인지 알 방법이 없습니다. (물론 그들의 말처럼 천연암반수를 썼겠지만요.)

하지만 애주가들께 묻겠습니다. 맥주에 쓰인 물이 정말 그렇게 중요합니까? 맥주의 맛을 좌우할 정도일까요? 혹여라도 "천연암반수가 더 건강한 물이니까!"라고 반박한다면, 그리고 정말 그렇게 건강을 생각한다면 맥주를 드시기보다 미네랄 가득한 생수를 마시는 게 더 좋지 않겠습니까? 더군다나 요즘은 물 타지 않았다고 광고하는 맥주도 나오는 세상입니다.

하이트가 맥주 시장에서 마케팅으로 승리할 수 있었던 가장 큰 이유는 먼저 기준을 제시했다는 것입니다. "맥주는 물맛이 좌우합니다."라고 기준을 제시하는 순간, 직접 언급하진 않았지만 경쟁자는 마치 안 좋은 물을 쓰는 것처럼 인식됩니다.

당신의 상품이나 서비스도 마찬가지입니다. 내가 먼저 고객에게 기준점을 제시하는 순간, 더 유리한 위치를 선점할 수 있습니다. 예를 들어 보겠습니다.

• 침대의 경우

"침대를 고르실 땐, '관리'가 쉬운지를 꼭 보셔야 합니다."

"하루 중 맨살이 가장 많이 닿는 가구이기도 하거니와, 특히 요즘 같은 계절엔 늘 위생적으로 관리해 줘야 합니다. 그렇다고 매번 세탁할 수도 없기에, 토퍼가 있는 모델을 선택해야 더 위생적으로 오래 쓸 수 있습니다."

• 의류 관리기의 경우

"의류 관리기를 보실 땐, 눈이 아니라 반드시 '귀로 보셔야' 합니다."

"평상시에는 들리지 않던 시계소리도 자려고 누우면 유독 크게 들립니다. 그만큼 침실과 가까이에 두고 쓰는 가전은 소리의 크기가 무엇보다 중요합니다."

• 공기 청정기의 경우

"공기 청정기를 고를 땐, 반드시 '흡입구의 위치'를 보셔야 합니다."

"먼지존이라고 들어 보셨죠? 집에서 먼지가 가장 많이 떠다니는 공간은 바닥에서부터 위로 30~40센티미터 정도거든요. 우리가 걸어 다니는 바닥에는 늘 먼지가 떠다닐 수밖에 없습니다. 공기 청정기의 흡입구가 먼지존을 얼마나 커버할 수 있는지를 보고 선택하셔야 합니다."

• 인덕션의 경우

"인덕션은 다른 것보다 '열 조절'이 얼마나 쉬운지를 보고 선택하셔야 합니다."

"잘 아시겠지만 튀기거나 굽는 요리의 맛은 결국 열 조절이 좌우합니다. 아무리 재료가 좋아도 열 조절에 실패하는 순간 맛도 실패합니다. 저희 제품은 열을 9단계가 아닌, 18단계로 미세하게 조절할 수 있습니다."

• 보험사의 경우

"보험사를 선택할 땐, 다른 것보다 그 회사의 '돈주머니의 크기'를 보셔야 합니다."

"돈주머니가 큰지, 그리고 얼마나 잘 열리는지, 이 두 가지만 확인해도 나중에 속 썩을 일이 생기지 않습니다. 저희 회사는 보험금지급여력 비율이 200퍼센트가 넘습니다. 쉽게 말해 가입 고객들에게 보험금을 싹 내주고도 돈이 남아 한 번 더 내줄 수 있는 회사입니다."

• 다이어트 프로그램의 경우

"건강한 다이어트인지 아닌지를 보시려면 '볼살'을 보면 바로 확인할 수 있습니다."

"몸무게는 줄었지만 볼살만 쏙 빠지면 건강한 다이어트라고 보긴 어렵거든요. 저희 다이어트 프로그램은 특정 부위만이 아닌, 몸 전체를 관리할 수 있는 프로그램이기에 더 건강한 다이어트를 하실 수 있습니다."

• 부동산 투자의 경우

"투자 가치가 있는 땅은 반드시 '오후 5시경에 방문'해 보셔야 합니다."

"사람 모이고 차 모이는 곳이 땅의 가치도 올라간다고 하죠. 퇴근 무렵인 오후 5시경에 가서 인근에 차가 막히는지를 보면 땅의 가치도 어림짐작하실 수 있습니다."

• 와인의 경우

"가성비가 뛰어난 와인을 선택하시려면 '적도'를 기준으로 판단하면 됩니다."

"적도 기준 위쪽의 산지에서 온 와인보다 칠레처럼 적도 기준 아래쪽 산지에서 온 와인이 가성비가 뛰어난 편이거든요."

경쟁자와 비교할 때 자신의 상품이나 서비스가 갖는 장점은 분명 있습니다. 그 장점을 상품 선택의 기준으로 내세우세요. 그리고 고객에게 반복해 강조하세요. 더 좋아 보이게 만들 수 있을 뿐만 아니라 경쟁자를 한 방에 제압할 수도 있습니다.

● 백세노트 ●　이 책의 가치를 백 배 높이는 세일즈 노트

쓰세요. 마구 끄적이세요. 읽기만 하면 남의 지식입니다. 쓰기 시작하는 순간 내 지식이 됩니다.

Q　밑줄 안에 당신의 상품이나 서비스를 선택해야 하는 기준을 적어 보세요.
그리고 그것이 고객이 거부할 수 없는 혜택임을 강조하면 됩니다.

"_____을 선택할 땐 반드시 _____을 보세요."

상식을 짚어주면
손쉽게 팔립니다

상대가 이미 알고 있거나 알면 좋을 법한 상식을 되짚어 주면서 내 생각을 살짝 보태면 더 좋아 보이게 만들 수 있습니다. 교육 상품군을 예로 들어 보겠습니다.

• 초등용 시사 학습 콘텐츠의 경우

"100미터 달리기와 마라톤의 주법은 확연히 다르다는 걸 아실 겁니다."(상식 짚기)

"학습도 똑같아요. 결승선을 어디에 두느냐에 따라 방법도 달라져야 하거든요. 답을 찍는 방법을 알면 단기 레이스에선 유리할 수 있죠. 하지만 핵심을 짚는 방법을 모르면 장기 레이스에선 금세 포기할 수 있어요. 저희 콘텐츠는 공부의 방향을 꽉 잡게끔 장기 학습에 꼭 필요한 배경지식부터 재미있게 심어 줘요. 쪽지 시험에서 웃는 ○○이가 아닌, 수능에서 웃는 ○○이가 돼야 합니다."

• 초등용 영어 학습 콘텐츠의 경우

"요즘은 연예기획사에서 아이돌 그룹을 만들 때 영어가 되는 멤버를 꼭 한 명씩 넣어서 구성한다고 해요."(상식 짚기)

"해외 진출을 염두에 둬서 그렇다더라고요. BTS도 RM이 영어가 되니까 세계 어디서든 인터뷰도 하고 다른 나라 프로그램에도 출연하잖아요. 축구를 해도 손흥민처럼 영어를 해야 성공하는 시대예요. 아이의 꿈을 더 크게 키워 주는 발판을 마련해 주세요."

• 유아용 외국어 학습 콘텐츠의 경우

"요즘 아이들이 '우체부'는 몰라도 '택배'는 안다는 조사 결과 들어 보셨어요?"(상식 짚기)

"그만큼 언어 습득은 자연스러운 노출의 힘이 중요하다는 뜻이거든요. 이중 언어 학습도 마찬가지입니다. 학습보다 자연스러운 노출을 통해 언어를 가장 빠르게 익힐 수 있습니다. 노력하지 않아도 편안하게, 언어를 편식하지 않게 만드는 양손잡이 언어 학습 콘텐츠가 그래서 중요한 겁니다."

- 태교용 동화 전집의 경우

"태아 때 이미 성인의 70퍼센트에 달하는 뇌세포(성인은 약 140억 개, 신생아는 약 100억 개)가 만들어진다는 거 들어 보셨죠?"(상식 짚기)

"배 속에 있는 아기한테 엄마(아빠)의 나지막한 목소리로 동화책을 읽어 주세요. 정서적으로 안정된 환경을 만들어 주면 아기의 뇌세포에 행복한 기억을 각인시킬 수 있습니다."

- 초등용 사회/과학 교과 탐구 전집의 경우

"수능에서 국영수는 그냥 국어, 영어, 수학인데 유독 사회(과학)과목은 왜 '탐구'라는 말이 붙는지 아시죠?"(상식 짚기)

"탐구探究, 즉 깊이 연구하기 때문이죠. 사실 교과서는 개념과 용어가 정의된 정도일 뿐, 아이들이 더 생각할 거리를 풍성하게 던져 주지는 않아요. 그래서 사회(과학) 교과는 교과서 외에 추가로 읽을거리를 꼭 쥐어 줘야 하는 과목이에요."

다른 분야의 세일즈 언어에도 적용해 볼까요?

- 리조트 회원권의 경우

"금고매장이 유독 강남에서 더 잘된다는 이야기, 들어 보셨죠?"(상식 짚기)

"경제적으로 여유 있는 분들께서 요즘 투자할 만한 곳이 마땅치 않으니 자산을 현금으로 보유하는 경우도 적잖다고 하더라고요. 지금 제안해 드리는 이 회원권이 장기적으로 사장님께 큰 부를 가져다 드릴 거라고 말씀드리면 그건 제가 거짓말하는 겁니다. 단, 사장님뿐만 아니라 장차 가족에게 물려주실 수 있다는 가치로만 본다면 무조건 현금 이상의 가치가 있습니다. 실제로 상속 재원으로 회원권을 준비하는 분들도 많습니다."

• 침대의 경우

"밤 12시가 되면 날짜가 바뀌죠. 사실 여기에 정말 큰 의미가 있다는 거 아세요?"(상식 짚기)

"그만큼 하루의 시작은 아침이 아니라 잠자는 순간입니다. 잠은 하루의 마무리가 아닙니다. 새로운 하루의 시작을 의미합니다. 잠자리에 드는 그 시작을 저희 침대와 함께한다면 하루 종일 상쾌하고, 또 활기찬 하루를 보내실 겁니다."

• 보험 상품의 경우

"부자들은 자산을 관리할 때 사칙연산법을 적용한다고 해요."(상식 짚기)

"'수입을 더하고(+), 소비는 줄이고(−), 투자로 불리고(×), 보험으로 위험을 나눈다(÷)' 거든요. 대부분 곱하기까지는 생각하시더군요. 하지만 나누기까지 고민하지 않으면 말 그대로 '행복한' 부자가 되기엔 아쉬움이 남습니다. 물론 고객님 같은 분들은 이미 다른 준비를 잘 실천하고 계시니, 제가 오늘은 나누기(보험)에 대해서만 좋은 정보를 드리고 가겠습니다. 한번 들어 보시고 괜찮다고 느껴지시면 부자의 사칙연산을 완성해 보세요."

• 보험설계사의 경우

"한 사람이 죽으면 유족들이 받게 될 청구서가 몇 개나 되는지 아시죠?"(상식 짚기)

"병원비 청구서, 은행 청구서, 신용카드 청구서, 장례비용 청구서. 돈 달라고 손 벌리는 곳들이 하나둘이 아닙니다. 하지만 유일하게 돈을 들고 방문하는 사람은 누굴까요? 바로 저 같은 설계사일 겁니다. 저는 고객님들이 건강할 때 환영받는 사람은 아닙니다. 저는 고객님들이 지독하게 힘들 때 환영받을 수 있는 사람이기에 ○○년째 이 일을 하고 있습니다."

무에서 유를 창조하는 건 신의 영역입니다. 당신은 상대가 알 법한 상식에 기대어 슬쩍 숟가락만 얹으면 됩니다. 그거면 충분합니다.

단, 상식을 제시할 때 "~라는 것 아시죠?" 정도로 부드럽게 던져야 합니다. "그것도 모르셨어요?"처럼 상대를 무시하는 듯한 뉘앙스는 금물, 절대 금물입니다.

" 상대가 알 법한 상식을 먼저 꺼내 드세요.
거기에 숟가락 얹듯 내 상품과 서비스를 살짝 얹어 주면 됩니다."

쓰세요. 마구 끄적이세요. 읽기만 하면 남의 지식입니다. 쓰기 시작하는 순간 내 지식이 됩니다.

당신이 숟가락 얹을 만한 상식에는 어떤 것이 있을까요? 거창한 지식이 아니어도 됩니다. 그저 구매자가 알고 있으면 좋을 법한 꿀팁이어도 좋습니다.

예를 들어 등산화를 판다면, "산 이름에 '악(嶽)' 자가 들어간 설악산, 치악산, 관악산 등과 같은 산들이 비교적 험한 편이라고 합니다." 와 같은 상식이면 충분합니다. 그리고 이렇게 숟가락 얹으면 됩니다.

"이런 험한 산에서 발생하는 사고 중 미끄럼 사고가 많은 이유도 결국 돌때문이라고 해요. 유독 화강암이 많은 우리나라 지형의 특성상 바닥 미끄럼 방지는 필수입니다. 이 등산화로 선택하세요."라고 말이죠.

일단 많이 적어 보는 겁니다. 내 상품과의 연결 고리를 찾는 건 그 다음 문제입니다.

겁주고 약 주면
감사 인사를 받습니다

겁을 주는 것도 당신의 상품을 좋아 보이게 만드는 한 방법입니다. 그렇다고 단지 겁만 줘서는 안 됩니다. 그건 협박에 불과하니까요.

**" 상대에게 겁을 주되, 그에 대한 명쾌한 해결책으로
당신의 상품이나 서비스를 소개해야 합니다."**

그리고 약을 주며 달래 줘야 합니다. "이렇게 끔찍할 수도 있지만 저희 상품으로 해결할 수 있습니다."라고 말이죠.

- 매트리스 케어 서비스 중 프레임 교체를 권유하는 상황

"고객님, 혹시 매트리스 아래쪽에 노란색 가루가 많이 쌓여 있는 거 알고 계셨어요?" (겁주기)

"왜냐하면, 프레임이 오래되다 보면 합판에서 나오는 가루가 아래쪽 바닥에 쌓이면서 자연스레 날릴 수밖에 없거든요. 주무시는 방에 별도로 공기청정기를 하나 들이시거나, 아니면 침대 프레임을 바꾸시면 더 좋을 것 같아요. 일단 제가 더 살펴보고 이따가 다시 한번 설명 드리겠습니다." (약 주기)

- 수면 관련 상품을 권유하는 상황

"만약 남은 인생의 3분의 1을 누군가에게 팔아야 한다면, 과연 얼마 정도면 흔쾌히 파실 수 있을까요? 아마 수십억을 줘도 안 파실 겁니다. 누구나 인생의 3분의 1을 잠자는 데 씁니다. 하지만 이 귀한 시간을 돈으로 생각해 보면 그간 우리가 얼마나 소홀했는지 반성이 되더라고요." (겁주기)

"수십억과도 바꾸지 않을 인생의 3분의 1을 위한 최선의 투자라고 생각하신다면 이 상품의 비용은 그 어떤 투자보다 값어치 있는 투자입니다." (약 주기)

- 주방 조리기구 구입을 권유하는 상황

"마트에서 구매하신 채소의 가격은 마트 계산대가 아닌, 주방에서 결정된다는 거 알고 계셨어요? 1만 원짜리 채소를 사도 조리하는 과정에

서 영양분이 절반 이상 파괴되면 그건 5천 원짜리에 불과합니다."(겁주기)

"1만 원짜리 채소가 온전히 1만 원의 값어치를 하려면 영양분 손실을 최소화할 수 있는 주방 조리 기구가 필수입니다."(약 주기)

• 알칼리 이온수기 구입을 권유하는 상황
"맛있게 드시는 음식 대다수가 산화를 촉진하는 산성인 거 아시죠?"(겁주기)

"그렇다고 음식까지 알칼리성만 골라 드신다면 사는 낙이 없겠죠. (미소) 음식이라도 맛있는 거 드시자고요. 다만 같이 마시는 물만이라도 알칼리성으로 바꾼다면 건강 밸런스를 되찾는 데 도움이 될 수 있어요."(약 주기)

• 암 보험 가입을 권유하는 상황
"암 보험 가입률이 90퍼센트를 웃도는데, 정작 암 병동에 가 보면 암 보험 가입자가 열 명 중 네 명밖에 안 된다는 이야기, 들어 보셨어요?"(겁주기)

"그만큼 가입은 많이 하지만 중간에 해지하는 경우가 많아서입니다. 저희 암 보험은요, 보험료도 ○만 원대이니 유지하시기에도 너무 좋죠. 좋은 상품에 가입하신 만큼 중간에 어떤 유혹이 있더라도 절대 해지하시면 안 됩니다. 아셨죠?"(약 주기)

- 종신 보험 가입을 권유하는 상황

"자녀가 있는 분들께 '자녀를 위해 목숨도 기꺼이 내어 주실 수 있습니까?'라고 여쭤 보면 열이면 열 분 다 그렇다고 하시더라고요. 그런데 '자녀를 위해 큰돈을 남겨 주실 수 있습니까?'라고 여쭤 보면 대다수 머뭇머뭇하시더라고요." (겁주기)

"목숨조차 기꺼이 내어 주실 수 있는 아버님(어머님)께 큰 부담을 드리려는 게 아닙니다. 매달 O만 원 정도로 자녀를 위한 최고의 유산을 준비하시라는 겁니다." (약 주기)

- 토지 구매를 권유하는 상황

"홍수와 같은 자연재해가 나도 떠내려가지 않는 유일한 실물 자산은 땅밖에 없다는 거 아시죠?" (겁주기)

"땅에 투자하는 분들을 뵈면 대부분 지금 현재 가치만을 보고 선택하시지는 않습니다. 훗날을 위해, 그리고 자녀를 위해 준비하시는 분들이 더 많습니다. 물론 그런 일이 벌어지면 안 되겠지만 세월이 지나 언제 어떤 일이 일어날지 아무도 장담할 수 없는 게 인생이잖아요? 가장 확실한 자산, 확실한 유산을 고민하신다면 땅이 답입니다." (약 주기)

- 키 성장 영양제를 권유하는 상황

"코로나 이후 성장 격차가 심해졌다는 이야기, 들어 보셨어요?" (겁주기)

"아무래도 아이들이 많이 움직이지 못해 성장판을 자극하는 시간 자체가 줄어들다 보니, 타고난 성장 인자의 한계에 갇혀 있을 수밖에 없거든요. 아시죠? 키는 절대 평가의 영역이 아니라 어디까지나 상대 평가의 영역이라는 것을요. 성장 격차가 심화된다는 요즈음 큰 쪽과 작은 쪽, 어느 쪽에 자녀 분이 서 있을지는 어머님께서 어떻게 챙겨주시느냐에 달려 있습니다. 성장을 돕는 영양제는 꼭 필요합니다." (약 주기)

• 타이어 렌털서비스 신청을 권유하는 상황

"타이어 펑크 사고가 일반 교통사고에 비해 치사율이 11배 높다는 결과 보신 적 있으세요?" (겁주기)

"아무리 좋은 차라도 타이어 관리를 소홀히 하면 큰일 납니다. 타이어 렌털 서비스를 이용하면서 주기적으로 관리를 받는 게 가장 안전하고 알뜰한 방법입니다." (약 주기)

• 유아용 동화책 전집 구입을 권유하는 상황

"○○이 요즘 한창 말 많이 하죠? 언어가 폭발적으로 느는 시기거든요. 그런데 단지 말수가 많은 거랑 사용하는 단어의 수가 많은 건 전혀 다른 거 아시죠?" (겁주기)

"단지 말의 양이 아니라 얼마나 다양한 어휘를 구사할 수 있느냐가 중요해요. 그리고 그 어휘의 양을 결정짓는 게 독서고요. ○○이랑 대화하실 때마다 '오, 얘가 이런 단어도 알아?'라며 기특하단 생각이 드실 거예요." (약 주기)

- 초등학생용 인문학 전집을 권유하는 상황

"어머님, ○○이 생각수업은 따로 시키지 않으시나 봐요?" (겁주기)

"잘 아시겠지만 인문학은 느낌표(!)가 아닌 물음표(?)를 배우는 학문이잖아요. 많은 정보와 지식을 접해야 '이건 이렇구나!'를 깨닫는 수준을 넘어 새로운 관점으로 새로운 생각을 하며 '이건 왜일까?'를 고민하게 되거든요. ○○이가 끊임없이 스스로 질문을 던질 수 있게끔 도와줄 수 있는 방법을 소개해 드리고 싶어요. 어릴 때부터 인문학 도서를 많이 접하게 해주시면 됩니다." (약 주기)

모든 동물이 그렇지만 평온한 시간을 보낼 땐 누가 불러도 꿈쩍하지 않습니다. 하지만 외부로부터 위협을 느끼는 순간에 불안을 느낍니다. 탈출구도 찾게 됩니다. 고객이 당신에게 도움을 청할 수 있도록 '불안함'과 '탈출구'를 제공하세요.

> **" 병 주고 약 주는 사람은 얄밉다는 소리를 듣지만,**
> **겁주고 약 주는 사람은 고맙다는 소리를 듣습니다."**

쓰세요. 마구 끄적이세요. 읽기만 하면 남의 지식입니다. 쓰기 시작하는 순간 내 지식이 됩니다.

Q 당신의 상품이나 서비스를 선택하지 않은 고객이 겁먹을 만한 사실, 또는 의견을 제시해 주세요.

"이 상품을 선택하지 않으면 당신은

_____ 될지도 모릅니다."

고개가 끄덕여져야
고객이 결심합니다

공감하는 사람이 잘 팝니다. 너무 당연한 이야기입니다. 대관절 공감이
란 뭘까요? 사전을 찾아봤습니다.

공감: 남의 감정, 의견, 주장 따위에 대해 자기도 그렇다고 느끼는 것

남의 감정, 의견, 주장 따위에 대해 자기도 정말 그렇다고 느낀다는
게 과연 말처럼 쉬울까요? 정말 그 사람이 되어 그 입장에 처하지 않는
이상, 완전한 공감은 불가능하지 않을까요?

그럼에도 우리는 공감이라는 단어를 별 고민 없이 너무 남발하는 것

같습니다.

그렇다고 '공감은 불가능한 거구나'라고 지레 겁먹지 않으면 좋겠습니다. 파는 행위에 필요한 공감은 그저 상대가 '맞아, 맞아'라며 고개를 끄덕일 수 있는 정도면 충분하기 때문입니다.

"상대가 처한 환경과 입장, 생각과 느낌을 알기란 쉽지 않기에
"이렇지 않으세요?", "이런 적 있으시죠?" 정도로 물어보세요."

상대가 내 이야기에 고개를 끄덕여 준다면 충분합니다. 자연스레 내 상품과 서비스를 더 좋아 보이게 만들 수 있습니다. 예를 들어 보겠습니다.

"최고의 반찬, 김!"은 어색합니다.

"반찬이 얼마나 많은데, 김이 최고라고? 에이." 할 겁니다.

"김만 있으면 밥 한 그릇 뚝딱하지 않습니까?"는 어떤가요?

"음, 맞네. 그러고 보니 그러네."라고 고개를 끄덕일 겁니다.

어깨에 힘을 쫙 빼고 상대의 환경과 입장과 생각과 느낌을 조심스레 묻는 것. 그게 상품이나 서비스를 파는 사람이 고민해야 할 진짜 공감입니다. 당신의 말과 글에 상대가 끄덕였다면 좋아 보이게 만드는 건 너무나 쉬워집니다. 조금 더 예를 들어 볼까요?

• 포장이사 서비스의 경우

"저희 회사만의 독자적 포장이사 시스템은 정말 빠르고 믿을 만합니다."보다

"당장 이번 주가 이사인데, 포장부터 정리까지 막막하지 않으신가요?" (끄덕끄덕)

• IPTV VOD 서비스의 경우

"최신 개봉작을 가장 많이 보유한 저희 회사의 IPTV를 선택하셔야 합니다."보다

"너무 보고 싶었던 개봉작, 영화관에서는 벌써 내렸습니다. 어떻게 해야 할까요? 집에서 보시면 됩니다." (끄덕끄덕)

• 신발 판매의 경우

"예쁘면서도 발이 아주 편한 스니커즈입니다."보다

"발 아프면 짜증 납니다. 편한 신발인데 안 예쁘면 더 짜증 납니다. 그렇지 않나요?" (끄덕끄덕)

• 헬스클럽 회원권 판매의 경우

"저희 헬스클럽은 편하면서도 즐겁게, 그리고 언제나 자유롭게 운동할 수 있는 곳입니다."보다

"살쪘다. 운동해야 되는데 헬스클럽엔 날씬한 사람들만 그득해서 창피하다… 이런 생각한 적 있으시죠?" (끄덕끄덕)

• 운전면허 학원 수강 권유의 경우

"저희 운전면허 학원은 90퍼센트 합격을 보장합니다. 가격도 저렴합

니다."보다

"운전면허 쉽게 따고 싶지 않으신가요?" (끄덕끄덕)

이상의 예시문에서 위의 문장은 파는 사람의 입장, 아래 문장은 사는 사람의 입장에서 생각한 말입니다. 유능한 낚시꾼이 되려면 물고기처럼 생각하라 했습니다. 잘 팔려면 상대의 생각을 읽고 고개를 끄덕이게 만들어야 합니다. 고개를 끄덕이게 만드는 세일즈 언어를 활용한 판매 화법을 조금 더 살펴보겠습니다.

• 미세 열 조절이 가능한 인덕션의 경우

"요리 프로그램을 보면 제일 어려운 표현이 강불, 중불, 약불이더라고요. (끄덕끄덕) 요리하는 사람마다 생각하는 불의 크기는 다르거든요. 그래서 쉬울 것 같지만 해보면 가장 어려운 요리가 계란 프라이라는 말도 공감하실 것 같아요. 열 조절을 조금만 잘못해도 내가 딱 원하는 정도로 노른자를 익히는 게 쉽지 않잖아요. 저희 제품은 열 조절이 쉽다 보니 주방에 똑똑한 보조 셰프를 하나 더 두는 거나 마찬가집니다."

• 대형 TV의 경우

"대한민국이 거실 크기에 비해 TV크기가 가장 크다는 거 아시죠? (끄덕끄덕) 그만큼 TV는 냉장고와 함께 가장 상징적인 가전이거든요. 이왕 구매를 결심하셨다면 가장 큰 모델을 고르는 게 장기적으로 볼 때 최선의 선택이 될 겁니다."

끝으로 고개가 끄덕여지는 공감 언어를 만드는 팁을 드립니다.

" '모순 욕망'을 자극하면 됩니다."

저도 그렇고 당신도 그렇고 우리는 늘 모순된 생각을 합니다. 그리고 자신의 모순된 생각을 누군가 알아주는 순간 자동으로 고개가 끄덕여집니다.

'먹고는 싶지만, 살찌는 건 싫습니다.'

'나가서 맛있는 걸 먹고 싶지만, 나가기는 싫습니다.'

'아는 건 없지만, 아는 척은 하고 싶습니다.'

'깨끗한 집에서 살고 싶지만, 청소하기는 귀찮습니다.'

'아이에게 책 읽어 주기는 귀찮지만, 아이가 읽게 만들곤 싶습니다.'

'최고 성능 노트북을 갖고 싶지만, 무거운 건 싫습니다.'

'건강해지고 싶지만, 입에 쓴 보약은 싫습니다.'

'잘 팔고 싶지만, 고객을 만나는 건 부담스럽습니다.'

'옷을 잘 입고 싶지만, 쇼핑은 싫습니다.'

'피드백이 좋다는 건 알지만, 지적받는 건 싫습니다.'

'유산을 많이 받는 건 좋지만, 세금을 많이 내기는 싫습니다.'

'내 배에 새겨지는 선명한 복근은 좋지만, 운동은 싫습니다.'

'가족과 함께 모여 식사하는 것은 좋지만, 설거지를 한꺼번에 많이 하기는 싫습니다.'

'깨끗하게 관리된 옷은 좋지만, 매번 세탁소에 가긴 번거롭습니다.'

'깨끗한 잠자리는 너무 좋지만, 매번 청소하고 관리하는 건 싫습니다.'

'편리한 제품이 집에 있는 건 좋지만, 집이 좁아지는 건 싫습니다.'

이와 같은 모순 욕망을 공감 포인트로 활용해 보세요. 상대가 쉽게 고개를 끄덕일 겁니다. 기억하세요. 상대가 고개를 끄덕이는 순간이 바로 결심의 순간이 될 수 있다는 사실을.

● 백 세 노 트 ● 이 책의 가치를 백 배 높이는 세일즈 노트

쓰세요. 마구 끄적이세요. 읽기만 하면 남의 지식입니다. 쓰기 시작하는 순간 내 지식이 됩니다.

Q 구매자가 당신의 상품이나 서비스에 대해 고개를 끄덕일 만한 공감 문장을 한 줄 적어 보세요. "혹시 이런 적 있지 않으세요?" 내지는 "혹시 이런 생각해 본 적 없으세요?"라며 조심스레 건넨다면 고객이 고개를 끄덕일 겁니다.

쉬운 말만이
가슴에 남습니다

잘 파는 사람들은 어려운 언어를 쓸까요, 아니면 쉬운 언어를 쓸까요?
맞습니다. 1초의 고민도 없이 쉬운 언어라고 답했다면, 딩동댕! 정답입
니다! 쉬운 언어가 정답이라는 건 누구나 압니다. 하지만 막상 내가 상
품이나 서비스를 파는 사람의 입장이 되면 나의 언어는 한없이 어려워
집니다.

> " 복잡한 정보가 난무하는 시대, 쉬운 언어만이 살아남습니다.
> 무조건 쉬워야 합니다. "

모 증권사 최우수 실적 PB Private Banker들을 대상으로 강의할 때에도 가장 강조했던 부분입니다. PB는 직종의 특성상 대놓고 팔면 안 되는 분들입니다. 누구도 결과를 장담할 수 없는 시장임에도 나의 감만 믿고 강하게 권한다면 어떻게 될까요? 만에 하나 그 예상이 조금이라도 어긋날 경우 그 책임의 무게는 상상도 못 할 정도입니다. 결국 정확한 정보를 알기 쉽게 잘 전달해 고객이 잘 판단할 수 있게 만드는 것이 가장 중요합니다.

그럼 당신은 아래의 용어들 중 몇 가지나 알고 계신가요?

ETF, ISA, 테이퍼링, 미수동결계좌제도, 신주인수권증서, 주주채권청약, 주식매수청구권, 물적분할/인적분할, 하락배리어, 헤지….

분명 내가 아는 알파벳과 한글의 조합임에도 갑자기 까막눈이 된 것 같나요? 저도 그랬습니다. 강의는 수락했지만 주린이인 제 입장에선 강의를 준비하느라 1년은 더 늙은 것 같았습니다. 어려운 걸 어렵게 말하는 건 누구나 할 수 있습니다. 하지만 어려운 걸 쉽게 말하는 건 아무나 못합니다. 그래서 어려운 걸 쉽게 말할 수 있는 사람을 우리는 전문가라고 부릅니다.

"아닌데요. 요즘은 고객들이 워낙 똑똑해져서 어려운 업계 용어를 이야기해도 아무렇지 않게 알아듣던데요?"

아닙니다. 아무렇지 않은 게 아니라 아무렇지 않은 '척'한 겁니다. 자신에게 상품이나 서비스를 파는 사람 앞에서는 누구라도 그렇게 하기 쉽습니다. 모르는 티를 내어 무시당하고 싶지 않습니다. 어떻게든 아는 척 연기해야 호갱이 되지 않을 것 같으니까요. '아는 척' 뒤에 가린 진짜 생각은 이렇지 않았을까요?

'아, 뭐라는지 하나도 모르겠네. 그렇다고 괜히 모른다고 말해 봐야 좋을 일 없지. 그냥 아는 척이라도 하자. 그래서 가격은 얼마라는 거야? 외국어도 아닌데 순 모르는 말 뿐이니 뭘 산다는 게 이렇게 고역일 줄이야.'

비단 전문 분야에서만 일어나는 일이 아닙니다. 일상에서 당신이 지인과 나누는 대화, 직장에서 나누는 대화도 어려운 용어투성이입니다. 심지어 우리가 일상에서 접하는 안내 문구 언어들도 심각합니다.

"당일 우천으로 인한 기상 악화를 사유로 잠정 연기합니다."라고 말할 필요 없습니다. 그저 "비가 와서 다음으로 미루겠습니다."라고 하면 됩니다.

"입점하시면"이 아닙니다. "들어오시면"이라고 표현해야 합니다.

"내방하시면"이 아닙니다. "들르시면"이라고 표현해야 합니다.

"종료합니다."보다 "끝났습니다."가 뇌리에 남습니다.

"재발 방지를 위해 만전을 기하겠습니다."라고 말할 필요 없습니다. 그저 "다시는 이런 일이 없을 겁니다."라고 표현하면 됩니다.

아래는 제가 한 국내은행에 매달 2회씩 기고하는 칼럼 중 일부입니다.

〈당신의 고객은 몇 학년인가요?〉

전문가인 당신에겐 읽자마자 바로 이해되는 말이지만 고객에겐 외국어로 들릴 수도 있습니다. 왜냐하면 고객어語가 아닌, 은행어語이기 때문입니다.

"일부해지도 가능합니다."는 은행어입니다. "해지하지 않고 일부만 빼실 수도 있어요."가 고객어입니다.

'타행환'은 은행어입니다. '다른 은행으로 송금'이 고객어입니다.

'세제 적격 상품'은 은행어입니다. '소득 공제 혜택을 받을 수 있는 상품'이 고객어입니다.

'기명 날인'은 은행어입니다. '이름 적고 도장 찍기'가 고객어입니다.

'소요 자금'은 은행어입니다. '필요한 돈'이 고객어입니다.

'우대 금리'는 은행어입니다. '이자 더 드려요'가 고객어입니다.

'변제하다'는 은행어입니다. '빚을 갚다'가 고객어입니다.

은행을 찾는 고객을 초등학교 5학년이라고 생각해 보세요. 초등학교 5학년 아이가 고객이라면 당신은 어떤 언어를 쓸까요? 아마 평소보다 더 쉽고 더 친절하게 설명하시겠죠? 그게 고객어입니다. 오늘 하루 내가 무심코 쓰는 언어 중에 고객이 알아듣기 쉽지 않은 은행어가 있는지 확인해 보세요. 그리고 그걸 고객어로 바꿔 보는 건 어떨까요? 고객은 어려운 걸 쉽게 설명해 주는 당신을 전문가로 인식할 겁니다. 그리고 얼마 안 가 분명 당신을 다시 찾아와 도움을 요청할 겁니다.

"기억하세요. 당신의 고객은 5학년입니다."

소설가 이외수의 말을 인용합니다.

"작가들이 지적 허영의 외투를 입고 머리로 글을 쓰곤 하는데, 그런 글은 불편하다. 독자의 머리가 아니라, 가슴에 남겨야 진짜 작가다!"

이 말을 상품이나 서비스를 파는 사람에 적용해 봅시다.

" 파는 사람들이 지적 허영의 외투를 입고 머리로 말하고

글을 쓰곤 하는데, 그런 말과 글은 불편하다.

사는 사람의 머리가 아니라, 가슴에 남겨야 진짜 파는 사람이다! **"**

● 백세노트 ● 　이 책의 가치를 백 배 높이는 세일즈 노트

쓰세요. 마구 끄적이세요. 읽기만 하면 남의 지식입니다. 쓰기 시작하는 순간 내 지식이 됩니다.

Q　당신이 속해 있는 분야에서 자주 사용하는 표현 중 초등학교 5학년 학생
이 들었을 때 어려워할 만한 용어들을 아래에 세 가지만 적어 보세요.

1) ＿＿＿＿＿＿＿＿＿＿＿＿＿＿＿＿＿＿＿＿＿＿＿＿＿＿＿＿＿

2) ＿＿＿＿＿＿＿＿＿＿＿＿＿＿＿＿＿＿＿＿＿＿＿＿＿＿＿＿＿

3) ＿＿＿＿＿＿＿＿＿＿＿＿＿＿＿＿＿＿＿＿＿＿＿＿＿＿＿＿＿

자, 이제 어떻게 부연 설명을 해야 5학년 학생이 알아들을 수 있을지를 고민해 보
고 적어 보세요.

1) ＿＿＿＿＿＿＿＿＿＿＿＿＿＿＿＿＿＿＿＿＿＿＿＿＿＿＿＿＿

2) ＿＿＿＿＿＿＿＿＿＿＿＿＿＿＿＿＿＿＿＿＿＿＿＿＿＿＿＿＿

3) ＿＿＿＿＿＿＿＿＿＿＿＿＿＿＿＿＿＿＿＿＿＿＿＿＿＿＿＿＿

비유로 말하면
수월해집니다

앞서 쉬워야 좋아 보인다고 말씀드렸습니다. 이번에는 당신의 언어가 한없이 쉬워질 수 있는 꿀팁을 알려 드립니다. 바로 비유입니다. 비유라는 단어를 모를 리 없습니다. 학창 시절에도 지긋지긋하게 들었을 테니까요. 하지만 정작 성인이 돼 비유를 적재적소에 쓰는 사람은 많지 않습니다.

비유: 어떤 현상이나 사물을 직접 설명하지 아니하고 다른 비슷한 현상이나 사물에 빗대어 설명하는 일

더 쉽게 표현하자면 이렇게 정리할 수 있습니다.

" 상대가 이미 알고 있는 사실로
내가 설명하려는 정보를 전달하세요."

상대가 이미 알고 있는 사실과 내가 설명하려는 정보를 연결해 말하는 것이 비유입니다. 단, 조건이 딱 하나 있습니다. 상대가 이미 알고 있는 것과 내가 설명하려는 건 반드시 닮아 있어야 합니다. 그래서 비유를 다른 말로 '닮은꼴 찾기'라고도 할 수 있습니다.

아래의 '금융전문가'와 '고객'의 대화를 한번 보세요. 단, 당신이 고객이 돼 어떤 언어가 더 와닿는지 느껴 보길 바랍니다.

고객: 대출을 좀 받고 싶은데요. 요즘 같은 땐 고정 금리와 변동 금리 중 어떤 게 더 나을까요?

금융어로 말하는 금융전문가: 고정 금리가 더 낫다, 변동 금리가 더 낫다라고 무작정 단정할 수는 없습니다. 고정 금리는 변동 금리보다 다소 높지만 금리 인상기에 올라가는 금리를 반영하지 않으니까 유리할 수 있습니다. 반면 변동 금리는 금리 하락기에 내려가는 금리를 반영하니까 유리할 수 있습니다. 고정 금리와 변동 금리 중 선택하셔야 한다면 무엇보다 외부 상황을 감안해 선택하시길 추천드립니다.

고객어로 말하는 금융전문가: 등산하실 때 등산스틱은 짧아야 할까요, 길어야 할까요? 정답은 없습니다. 올라갈 때는 짧은 스틱이, 내려올 때는 긴 스틱이 더 편하기 때문입니다. 금리 선택도 마찬가지라고 보시면 돼요. 금리가 올라가는 시기인지, 내려가는 시기인지를 보면 고정 금리와 변동 금리 중 어떤 게 더 유리한지 알 수 있습니다. 다만 당분간은 금리의 변화가 (이렇게) 예상되니, (이렇게) 선택하는 게 더 유리할 수 있습니다.

고객: 주택담보대출 기준 중 LTV는 대충 알겠더라고요. 그런데 DTI나 DSR 은 뭐죠? 다른 건가요?

금융어로 말하는 금융전문가: 주택담보대출 시 적용되는 LTV, DTI, DSR을 설명드리겠습니다. 일단 LTV는 주택을 담보로 대출해 줄 때, 주택의 가격만을 기준으로 삼아 대출가능금액을 산정하는 방식입니다. DTI와 DSR의 경우는 이와는 조금 다르게 주택의 가격만 기준으로 삼는 것이 아니라 고객님의 연간 소득과 더불어 다른 대출금까지 함께 고려해 대출가능금액을 산정하는 방식입니다.

고객어로 말하는 금융전문가: 알 듯 말 듯 헷갈리시죠? (미소) LTV는 주택 가격만을 보고 대출가능금액을 정하는 방식이고요, DTI와 DSR은 고객님의 다른 대출의 원금과 이자까지 보고 정하는 방식입니다. 쉽게 말씀드리면 헬스 트레이너가 바벨의 무게를 결정해 주는 거랑 비슷해요. LTV는 단순히 고객의 몸무게만 고려해서 '(50)퍼센트만 들어 보세요'라고 기준을 세워 주는 거라면 DTI, DSR은 몸무게뿐만 아니라 현재까지 운동을 얼마나 했으며 남은 체력은 얼마나 되는지까지 함께 고려해서 기준을 세워 주는 거라고 생각하시면 돼요.

금융어보다 고객어가 더 와닿을 겁니다. 처음 듣는 사람도 감을 잡기 쉽습니다. 쉽게 이해가 되니 납득이 됩니다. 금융어를 쓰는 전문가는 '내겐 너무 먼 당신'처럼 느껴집니다. 반면 고객어를 쓰는 전문가는 '내 옆에 두고 싶은 당신'이 됩니다.

상품이나 서비스를 파는 것도 마찬가지입니다. 잘 파는 사람은 비유를 잘 활용합니다. 고객이 이미 아는 걸 끌어 와서 상품의 개념과 특징을 친절하게 설명해 줍니다. 고객이 상품을 더 잘 이해하게 되면 자연스레 상품이 더 좋아 보일 수밖에 없습니다. 좀 더 예를 들어 봅니다.

• 일반 멘트

"저희 브랜드가 국내 시장 점유율 1등은 아니지만 전 세계로 놓고 봤을 땐 시장점유율 1등입니다."

• 비유 멘트

"축구로 치면 저희 브랜드는 K리그 MVP가 아닙니다. 프리미어리그 MVP입니다."

• 일반 멘트

"경화현상이란 오래된 매트리스 내부가 딱딱하게 굳는 겁니다."

• 비유 멘트

"처음엔 촉촉했던 식빵도 시간이 지나면 굳고 가루가 떨어지죠? 매트리스도 같습니다. 그걸 경화현상이라고 합니다."

- 일반 멘트

"노트북 램은 고사양일수록 좋은 겁니다. 사양이 좋다 보니 업무 효율도 올라갈 겁니다."

- 비유 멘트

"노트북 램은 업무용 책상의 크기라고 보시면 됩니다. 책상이 커야 여러 책을 펼쳐 놓고 빠르게 찾을 수 있겠죠."

- 일반 멘트

"정기 보험은 말 그대로 기간을 정해 놓고 보장을 받는 것이고요, 종신 보험은 죽을 때까지 보장을 받는 보험입니다."

- 비유 멘트

"정기 보험은 계약 연애를 약속한 연인이에요. 정해진 기간만 만나고 깔끔하게 헤어지는 그런 연애요. 반면 종신 보험은 때론 귀찮을 수 있지만 늘 내 편이 돼 주는 배우자라고 이해하시면 됩니다."

- 일반 멘트

"이 약은요, 이중 방출 시스템으로 약효의 반감기를 늘려 야간 시간대의 위산 분비 억제에 탁월한 효과가 있습니다."

- 비유 멘트

"로켓이 발사되면 처음에 '팡' 하고 올라가죠? 그리고 중간에 한 번 더 '팡' 하면서 추진력을 받고 죽 올라가잖아요? 이 약의 이중 방출 시스템이 그런 겁니다."

- 일반 멘트

"들기름의 순도가 100퍼센트라는 건 다른 걸 섞지 않고 오직 들깨에서 뽑아낸 원료로 구성돼 있다는 뜻입니다."

- 비유 멘트

"같은 금도 14K, 24K와 같이 금의 함량을 조절할 수 있잖아요? 들기름 순도 100퍼센트라는 건 24K짜리 들기름이라고 생각하시면 됩니다."

- 일반 멘트

"냉장고에 탑재된 '수분 케어 기능'은 채소의 신선도를 보다 오래 유지시켜 주는 역할을 합니다."

- 비유 멘트

"사우나도 건식보다는 습식이 더 숨 쉬기 편하죠. 수분 케어 기능이 채소의 호흡을 더 편하게 만들어 신선도가 더 오래 갑니다."

- 일반 멘트

"여닫는 일이 많은 수납장의 경우 힌지가 매우 중요한 부속품입니다. 여닫는 서랍의 수명은 결국 힌지에서 결정되거든요."

- 비유 멘트

"수납장의 힌지는 사람으로 치면 관절에 해당해요. 관절이 튼튼해야 오래 쓰실 수 있겠죠."

- 일반 멘트

"스마트 섬유는 이불 속 온도에 반응하는 기능이 있어요. 더우면 열을 흡수하고, 추우면 열을 내보냅니다."

- 비유 멘트

"스마트 섬유는 물을 가두었다 내보내는 '댐' 같은 역할을 해요. 더우면 열을 가두고, 추우면 열을 내보냅니다."

- 일반 멘트

"저희 차량은 주행 중에 앞쪽과 뒤쪽에 실리는 무게를 정확히 50:50으로 배분했습니다. 그래서 더 안정적인 주행 성능을 확인하실 수 있습니다."

- 비유 멘트

"손에 무거운 짐을 드실 때에도 몸과 최대한 가깝게 들어야 넘어지지 않습니다. 저희 차량의 장점인 50:50의 무게 배분이 그런 역할을 합니다."

잘 파는 사람들은 비유를 습관적으로 활용합니다. 상대가 모르는 걸 쉽게 설명할 때는 물론, 상대가 이미 알고 있는 걸 설명할 때에도 비유를 활용해 상대의 뇌리에 선명한 이미지를 남깁니다. 당신이 물건을 팔든, 서비스를 소개하든, 강의를 하든, 회의에 참석하든, 프레젠테이션을 하든, 가족과 대화를 하든, 설교를 하든, 상담을 하든, 그 밖에 당신이 어느 분야에 있든 비유는 가장 매력적인 언어 포장 기술입니다. 비유를 잘할 수 있는 방법이 있냐고요? 네, 있습니다. 지금부터 소개하는 두 가지 방법만 기억하세요. 당신이 말하는 족족 상대는 '아!'라고 작은 탄성을 지르며 고개를 끄덕이게 될 겁니다.

첫 번째, 비유의 대상은 무조건 눈에 보여야 합니다

비유의 대상은 눈에 보여야 합니다. '사랑은 희생이다'라는 비유를 예로 들어 보죠. 희생은 눈에 보이지 않습니다. 만약 내가 말하고자 하는 바가 '사랑은 희생하는 거야'라면 희생의 닮은꼴 중 눈에 보이는 것을 넣으면 됩니다.

"사랑은 촛불입니다.", "사랑은 연탄입니다."가 적절한 비유가 될 수 있겠죠. 그렇다고 반드시 물건을 넣으라는 뜻은 아닙니다. 눈에 보이기만 하면 됩니다.

"사랑은 재채기입니다." 숨길 수 없으니까요. "사랑은 하품입니다." 하품을 하고 나면 눈물이 나기 때문이죠. 재채기나 하품은 물건은 아니지만 듣는 순간, 머릿속에서 '에취!', '아함~'과 같은 소리나 행위의 생생한 이미지가 그려지기 때문입니다. 이처럼 눈에 보이는 것을 찾아 연결시키는 것이 탁월한 비유입니다.

두 번째, 비유의 대상은 가까운 일상에서 찾아야 합니다

첫 번째 조건이 눈에 보이는 것이라면, 두 번째 조건은 일상에서 발견하는 '사소한 것'입니다. 제아무리 눈에 보이고 선명한 이미지로 연상된다 해도 거창하면 와닿지 않습니다. 쉽게 말해 감흥이 떨어집니다.

"사랑은 히말라야산맥이다. 왜냐하면 그 끝을 보기 어렵기 때문이다."라고 비유했다면 어떨까요? 히말라야산맥은 분명 눈에 보이는 대상입니다. 하지만 실제로 가 본 사람은 많지 않습니다. 그래서 맞는 말이긴 한데 쉽게 '감'이 오지는 않습니다. 그래서 '아!'라는 탄성이 바로 나오긴 어렵습니다. 힘이 너무 들어간 비유였던 거죠.

좋은 비유의 대상이란 주변에서 쉽게 찾을 수 있는 사소한 것일수록 좋습니다. 이 책을 보고 있는 당신의 공간이 사무실인지, 서재인지, 커피숍인지, 지하철인지, 침실인지, 거실인지 제가 알 수 없습니다. 하지만 당신이 있는 공간만 둘러봐도 사랑에 대한 비유거리는 무궁무진할 것입니다. 저는 지금 제 사무실 책상에 앉아 키보드를 두드리며 이 글을 쓰고 있습니다. 사무실을 둘러보니 여러 가지가 보입니다. 커피, 노트북, 화분, 화이트보드 등등….

"사랑은 커피입니다. 처음 기대했던 달달한 맛과 달리 끝에는 쓸쓸함이 남더라고요."

"사랑은 노트북입니다. 그냥 두면 방전됩니다. 그래서 끊임없이 충전해 줘야 합니다."

"사랑은 화분입니다. 관심을 주지 않는 순간, 얼마 안 가 시들어 버릴 수 있습니다."

"사랑은 화이트보드입니다. 내 마음대로 썼다 지웠다 할 수 있습니다. 그런데요, 지우고 지워도 그 흔적은 남더군요."

어떤가요? 히말라야산맥보다 사소하고 소소한 비유지만 이 말들에서 느껴지는 감흥은 히말라야산맥보다 높습니다.

자, 잠시 읽기를 멈추고 당신이 있는 공간을 다시 한번 둘러보세요. 당신이 발을 딛고 있는 그곳에서 찾은 것이 가장 좋은 비유의 대상입니다. 결코 당신의 언어가 당신보다 거창해서는 안 됩니다.

다시 말하지만 비유란 언뜻 보기엔 완전히 다른 두 가지를 공통점으로 연결 짓는 것입니다. 전혀 상관없을 것 같던 두 가지가 본질적으로 같다는 사실을 발견하는 순간, 머릿속에서 강력한 스파크가 '파지직!' 하고 일어납니다. '아, 맞네. 결국 이것과 그것의 본질이 같은 거구나!' 라고 느끼는 순간 뇌리에 강렬하게 자리하게 됩니다.

우리는 눈에 보이는 것을 믿기보다 자신이 믿는 것을 보는 경향이 강합니다. 상품이나 서비스를 파는 사람인 당신이 상대를 대할 때에도 마찬가지라고 생각합니다. 자신이 말하고 보여 주는 대로 상대가 믿고 판단할 거라고 착각하면 안 됩니다. 상대가 이미 만들어 놓은 퍼즐에 "이것 역시 당신이 알고 있는 그것입니다."라면서 퍼즐 조각 하나를 끼워 준다는 생각으로 팔아야 합니다. 이것이 바로 세일즈 언어의 설득력을 살리는 진짜 비유입니다.

쓰세요. 마구 끄적이세요. 읽기만 하면 남의 지식입니다. 쓰기 시작하는 순간 내 지식이 됩니다.

 당신의 상품이나 서비스의 원리, 또는 강점을 비유로 표현해 보세요.

1) 먼저 상품, 서비스의 원리 또는 강점을 적어 보세요.

_____

2) 자, 이제 이걸 어디에 비유하면 좋을지 적어 보세요. 그저 상대가 이미 알고 있는 사실이면 됩니다.

_____

3) 그리고 아래와 같이 당신만의 비유 멘트를 한 줄 만들어 보세요.
"그거(상대가 이미 알고 있는 사실) 아시죠? 제가 말씀드리려는 것(원리, 강점 등)이 바로 그런 겁니다."

_____

고객이 유추하도록
말하면 고수입니다

이번에는 세일즈 언어의 설득력을 높일 수 있는 또 하나의 팁을 설명하고자 합니다. 바로 유추입니다.

  유추: 두 개의 사물이나 현상에 공통점이 있을 경우 한쪽이 이러하니, 다른

  한쪽도 이러할 것이라고 추리하는 일

옥스퍼드사전에서는 유추를 다음과 같이 정의합니다.

  인용하려는 것과 부합, 대등, 혹은 관계의 공통점이 있거나 형식과 기능이 비

숫하거나, 사건 간 모순이 없고 거의 비슷한 경우, 그리고 같은 조건하에서 사물 간의 공통점을 이용해 다른 비슷한 특징을 찾아내는 것

하…. 어렵습니다. 쉽게 말해 "얘(A)랑 얘(B)는 비슷한 특성이 있어요. 그래서 얘(A)가 그러니 얘(B)도 그럴 겁니다."라며 나의 논리를 펼치는 겁니다. 비유와 매우 비슷합니다. 다만 미묘한 차이가 있습니다.

" 비유는 특장점, 원리를 쉽게 이해시키기 위한 '설명'이 목적이고 유추는 상대를 납득시키기 위한 '설득'이 목적입니다."

예를 들어 보겠습니다. 미용실에 갔다고 생각해 보죠. 디자이너가 고객의 모발 상태를 확인 후 이렇게 이야기합니다.

"고객님, 이전보다 모발이 많이 손상됐어요. 모표피가 거칠어져 있다 보니 모피질이랑 모수질까지 영향을 미친 것 같아요. 기왕 오신 김에 케어 시술도 받고 가세요."

글쎄요. 이렇게 설명하면 고객이 케어 시술을 받을 가능성은 매우 낮습니다. 이해도 안 되고 납득도 되지 않기 때문입니다. 명심해야 합니다. 이해가 돼야 납득이 되고, 납득이 돼야 설득이 된다는 것을 말이죠.

자, 그럼 먼저 비유를 활용해 고객을 이해시켜 보겠습니다.

"고객님, 이전보다 모발이 많이 손상됐어요. 모발을 현미경으로 보면 마치 김밥처럼 생겼어요. 김(모표피)이 있고, 그 속에 밥(모피질)이 있고, 그 안에 맛있는 재료들(모수질)이 들어가 있죠? 고객님의 경우 겉면을

싸고 있는 김이 일부 뜯어져 있는 상태라고 보시면 돼요."

여기까지가 비유입니다. 고객이 잘 모르는 개념을 설명하기 위해 고객이 이미 잘 알고 있는 개념을 끌고 와 이해시킨 겁니다.

그럼 이번에는 유추를 활용해 납득시켜 보겠습니다.

"고객님, 김밥도 그래요. 김이 뜯어져서 덜렁덜렁 붙어 있다 보면 그 사이사이로 밥도 삐져나오고 속재료도 빠져나올 수 있잖아요? 모발도 마찬가지입니다. 결국 속을 잘 보호해서 건강한 모발을 만들려면 김처럼 겉을 둘러싸고 있는 모표피층을 다시 보강해 주셔야 해요. 이번에 오신 김에 케어 시술만 받으셔도 더 탄탄한 모발로 가꾸실 수 있어요."

이건 유추입니다. 단지 설명에서 끝나지 않고 "A라는 현상(김이 뜯어져 있으면 속도 금세 터지니 김을 다시 싸야겠죠?)으로 추리하건대, B라는 현상(모표피가 상했으니 시술이 필요합니다.)도 곧 일어날 겁니다. 따라서 조치가 필요합니다."라고 논리를 펼치며 납득시키는 과정이 바로 유추입니다.

다른 예를 들어 보겠습니다.

• 비유

"고객님, 수분 크림은 피부라는 밭을 촉촉하게 적시는 물과 같아요."

• 유추

"고객님, 밭을 일구실 때에도 일단 물을 촉촉하게 적셔 줘야 수분길이 만들어지죠. 그래야 좋은 영양제를 넣어 줬을 때 구석구석 전달될 수 있어요. 피부도 마찬가지예요. 수분 크림으로 촉촉하게 적셔서 피부 수

분길을 쫙 만들어 줘야 고기능성 제품을 썼을 때 피부 구석구석까지 제대로 효과를 보실 수 있어요."

- 비유

"이 약은요, 이중 방출 시스템으로 약의 반감기를 늘려 야간 시간대의 위산 분비를 억제합니다. 쉽게 말씀드리면 약 효능에 절전 모드가 있는 거죠. 약이 에너지를 쓸 때는 확실히 쓰고, 안 써도 될 때는 아껴 준다고 보시면 됩니다."

- 유추

"같은 가전제품도 절전 모드가 있는 걸 선택하실 겁니다. 약도 마찬가지입니다. 이중 방출 시스템이 있다는 건 약효를 발휘해야 할 때와 그렇지 않을 때를 안다는 겁니다. 더 효과적일 수밖에 없습니다. 저희 약을 선택하셔야 합니다."

비유와 유추, 같은 듯 조금 다릅니다. 헷갈린다고요? 괜찮습니다. 분명한 건 제아무리 납득시키기 쉽지 않은 상황에서도 유추란 녀석이 당신의 설득을 도와줄 거라는 사실입니다. 고객도 당신의 말에 납득이 돼야 설득됩니다. 제가 실제로 여러 기업에 컨설팅했던 설득 세일즈 언어들을 일부 소개하겠습니다. 유추의 힘을 조금 더 느껴 보세요.

- 공유 오피스 세일즈매니저가 공유 오피스 입점을 권유하는 상황

고객: 매달 내는 비용에 비하면 공간이 너무 좁은 것 같은데요.

매니저: 네, 맞습니다. 일반 사무실을 임대하는 것에 비하면 그렇게 느끼실 수 있어요. 그런데 대표님, 차도 그렇지만 실내 공간의 크기가 곧 차의 가치를 말하지는 않습니다. 실내 공간이 넓은 승합차보다 실내 공간이 좁은 포르쉐의 가격이 더 비싸도 선택하는 건 구매의 목적이 달라서죠. 운전에 집중해 빨리 달리길 원하신다면 포르쉐 같은 고성능카가 정답이거든요. 업무에 집중해 회사를 더 빨리 키우시는 것이 목적이라면 공유 오피스가 정답입니다.

• 트레이너가 잔병치레를 예방할 정기 운동을 권유하는 상황

고객: 크지 않은 잔병이야 뭐 그때그때 약 먹고 그러면 되는 거라….

트레이너: 네, 그렇게 생각하실 수도 있습니다. 그런데 회원님, 차계기판에 주유 경고등에 불이 켜졌을 때 당장 보기 싫다고 꺼 버리는 분은 없을 겁니다. '아, 기름이 없어서 경고등이 뜨는구나'라고 생각해 기름을 넣으시겠죠. 건강도 마찬가지입니다. 잔병들은 결국 몸에서 면역력을 키워 달라는 경고등이거든요. 물론 그때그때 치료해야 하지만 근본적인 몸의 힘을 채워 주는 게 무엇보다 중요합니다.

• 재무관리사가 상속세 절감 목적의 금융 상품을 권하는 상황

고객: 세금이야 뭐 나중에 생각해 봐도 될 문제 같아서요.

재무관리사: 사장님 같은 자산가들께는 누구나 숨겨 놓은 막내아들 하나쯤 있다는 거 아시죠? (위트 있게) 그 아들의 이름이 바로 '국세청'입니다. 살아생전 있는 줄도 몰랐는데 아버지가 돌아가셨다니 쪼르르

달려와 자기 몫의 유산을 요구하는 아들 같은 존재예요. 남은 자녀들 입장에서는 환장할 노릇이죠. 어쩌면 아버지를 원망할지도 모릅니다. 상속세 문제가 똑같습니다. 그때 가서 생각지도 못한 큰돈을 세금으로 내야 한다면 남은 가족 입장에서는 속상할 겁니다. 그럴 일 없게끔 미리 준비하셔야 합니다.

- 보험설계사가 보험상품의 장점을 설명하는 상황

고객: 아, 그렇군요. 그게 다른 보험에 비해 특별한 장점인가요?

보험설계사: 고객님, 할부로 산 차를 도중에 안 타겠다고 하니, 자동차 판매 회사에서 그간 낸 할부금을 돌려준다고 하네요. 심지어 남아 있는 할부금까지 내준답니다. 차도 계속 타던 것이니 그냥 타라고 합니다. 이런 일이 가능할까요? 자동차 회사는 몰라도 보험사에서는 가능합니다. 병에 걸려 보험료를 낼 수 없게 되면, 그동안 납입했던 보험료에 앞으로 납입해야 할 보험료까지 줍니다. 게다가 보장도 그대로 지속되고요. 바로 이 보험상품이 그런 장점을 갖고 있습니다.

- 보험설계사가 운전자 보험 가입을 권하는 상황

고객: 운전자 보험이 꼭 필요할까요? 자동차 보험만 있으면 되는 거 아니에요?

보험설계사: 고객님, 자기 배우자 생일은 챙기지도 않으면서 이웃들 생일은 발 벗고 나서서 챙기는 남편(아내) 어떠세요? 남들이 손가락질할지도 몰라요. 그런데요, 운전자 보험 없이 자동차 보험만 가입한 상황

이 딱 그럴 수 있거든요. 자동차 보험은 어디까지나 남을 지켜 주기 위해 가입하는 보험입니다. 반면 운전자 보험은 운전자, 말 그대로 나와 내 가족이 큰 어려움에 빠지지 않게 지켜 주는 보험이에요. 자동차 보험이 1순위 보험이라면 운전자 보험은 0순위 보험입니다.

- 경쟁사와 자사의 제품이 원재료상으로 차이가 없는 상황

고객: 어차피 다른 회사 상품이나 이 회사 상품이나 재료는 같은 거네요? 별 차이가 없는 거 아닌가요?

판매직원: 같은 원석도 가공법에 따라 석탄이 되기도 하고 다이아몬드가 되기도 합니다. 같은 재료를 쓴다 해도 어떻게 가공하느냐가 품질을 좌우합니다. 저희는 다이아몬드를 만드는 방법을 알고 있습니다.

- 새로운 기술(서큘레이터 급속 냉방 방식)이 적용된 에어컨을 소개하는 상황

고객: 에어컨 바람이야 어느 회사 제품이든 다 시원하지 않아요?

판매직원: 네, 맞습니다. 다만 저희 서큘레이터 급속 냉방 방식은 조금 더 특별합니다. 노래도 복식 호흡이 돼야 좋은 소리가 멀리 퍼지잖아요? 에어컨도 마찬가지입니다. 속부터 끌어올려 내뱉는 서큘레이터 급속 냉방 방식이라 더 시원할 수밖에 없습니다.

- 새로운 기술(수분 케어 기능)이 적용된 냉장고를 소개하는 상황

고객: 수분 케어 기능이요? 꼭 필요한 건가요?

판매직원: 네, 고객님. 수분 케어 기능은 채소를 더 오래, 그리고 더

신선하게 보관할 수 있게 해주는 기능입니다. 사우나도 건식보다 습식이 더 숨쉬기 편하죠. 채소도 마찬가지입니다. 수분 케어 기능이 채소의 호흡을 더 편하고 건강하게 만듭니다. 같은 채소도 더 오래도록 싱싱하게 보관할 수 있는 거죠.

• 독서 교육 프로그램을 소개하는 상황

고객: 요즘처럼 스마트기기들이 잘 나와 있는 상황에서 굳이 종이책까지 읽혀야 하는 걸까요?

영업사원: 어머님, 운전하실 때 지도가 편할까요, 내비게이션이 편할까요? 당연히 내비게이션이겠죠. 그런데요, 지도를 볼 줄 모른 채 내비를 보는 것과 지도를 볼 줄 알고 내비를 보는 것은 전혀 다른 문제입니다. 책도 똑같아요. 오리지널을 모르고 스마트기기로만 책을 읽고 학습한 정보보다는 오리지널을 알고 습득한 정보들이 더 오래 많이 남아요. 종이책도 꼭 같이 읽게 해주세요.

• 동물 생태 체험 프로그램(콘텐츠)을 소개하는 상황

고객: 아이가 진짜 동물보다는 동물 캐릭터들을 더 좋아해서요. 진짜 동물은 좀 더 천천히 보여 줘도 되지 않을까요?

영업사원: 네, 어떤 고민이신지 충분히 이해가 됩니다. 제 지인도 얼마 전에 아이랑 동물원에 가서 펭귄을 보여 주며 "쟤가 뽀로로야."라고 알려 줬더니 아이가 "아니야!" 하더래요. 그 이유를 물으니 안경을 쓰지 않아서라고 했답니다. 또 에디가 벌레를 먹고, 루피는 너무 시커멓고,

포비는 바지도 입지 않고 있다는 사실이 아이 입장에서는 충격이었겠죠. 애들이 무슨 죄예요. 진짜 동물을 못 봐서 그렇죠. 캐릭터로만 동물을 접한다면 상대의 캐리커처만 보고 소개팅을 나가는 거랑 다를 바가 없어요. 간접 경험도 물론 좋지만 직접 경험을 따라갈 수는 없습니다.

• 아이가 독서 교육 콘텐츠를 꾸준히 활용할 수 있을지 의심하는 상황

고객: 시작하고 나서 한동안은 열심히 하는 것 같더니 요즘은 또 잘 안 하더라고요. 괜히 시작했나 싶어요.

영업사원: 어머님, ○○이가 중간에 잠깐 흥미를 잃는다고 해도 너무 걱정 마세요. 대나무도 중간에 마디가 생겨야 더 곧고 탄탄하게 자라는 거 아시죠? 독서도 중간중간 잠시 다지는 시간이 필요하더라고요. 조금만 더 여유를 갖고 기다려 주세요. 얼마 지나지 않아 독서 역량이 쑥 성장할 겁니다.

유추는 당신의 설득을 돕는 강력한 지원군이 돼 줄 겁니다. 상대가 모르는 걸 구구절절 설명하며 설득하는 것은 매우 어렵습니다. 아니, 어쩌면 불가능할지도 모릅니다.

" 유추의 힘을 빌려 상대가 이미 알고 있는 사실을 나의 의견과
연결시키면 상대의 마음에 자연스레 와닿을 것입니다."

그러면 상대가 '하긴, 나도 그렇게 생각해. 이것도 그런 거로군'이라

고 느낄 수 있습니다.

상품이나 서비스를 잘 파는 사람은 해당 분야의 전문가가 돼야 합니다. 하지만 상품만 잘 안다고 해서 좋은 성과를 기대하긴 어렵습니다. 일상에서 유추의 소재를 발견할 수 있는 '눈'을 가진 사람이 잘 팝니다.

당신이 늘 상대에게 강조하는 메시지들이 있을 겁니다. 그냥 자신의 생각과 의견만 말하면 하수의 '주장'일 뿐입니다. 하지만 유추를 등에 업고 말하면 고수의 '조언'이 됩니다.

● 백 세 노 트 ●   **이 책의 가치를 백 배 높이는 세일즈 노트**

쓰세요. 마구 끄적이세요. 읽기만 하면 남의 지식입니다. 쓰기 시작하는 순간 내 지식이 됩니다.

Q 자주 접하는 상대의 거절 사유, 또는 반박 중 대표적인 유형 3가지만 써 보세요. 그리고 어떻게 유추해야 납득시킬 수 있을지 고민해 보세요.

1) _____

2) _____

3) _____

그림이 그려지게 말하면
즉각 반응합니다

지인과 함께 술자리를 가지는 상황을 상상해 보세요. 어느 정도 시간이 흘러 자리를 옮겨 한잔 더 하려고 합니다. 지인은 잠시 뒤 남편(남자친구, 이하 '남친')이 이따 데리러 온다고 합니다. 부럽습니다. 나도 남편(남친)에게 데리러 오라고 부탁해야 할 것만 같은 분위기입니다. 그래서 메시지를 보내 봅니다.

자기야, 나 수경이랑 한잔 더 할 건데, 이따 데리러 올 수 있어?

물론 너무 사랑하는 아내(여친)이지만, 남편(남친)의 입장에서는 조금 귀찮다 느껴질 수 있습니다. 스마트폰에 터치 몇 번만 하면 자신이 있는 곳까지 택시가 달려와 주는 시대잖아요. 게다가 잠옷 입고 누워 있는 시간에 데리러 오라니요. 그래도 대놓고 싫다곤 할 수 없기에 역시 답장을 보냅니다.

어딘데? 혼자 오기 좀 그런 상황이야?

'바로 달려갈게'라는 말을 기대하진 않았지만 그래도 귀찮아하는 티를 팍팍 내는 답장을 받으니 못내 서운합니다. 멋지게 단장하고 나오라는 것도 아니고, 그저 잠옷 바람이어도 괜찮으니 잠깐 나와 주길 바랐던 것뿐인데요.

다시 메시지를 바꿔서 보내 보기로 합니다. '아' 다르고 '어' 다른 법, 너무 뻔한 내용이었던 것 같습니다. 내용을 조금만 바꿔 보내도 남편(남친)의 반응은 바뀔 수 있을 것 같습니다. 만약 당신이 이런 상황에 있다면 메시지를 어떻게 보낼 것인가요?

강의 중에 이 과제(?)를 제시하면 평상시 본인의 커뮤니케이션 스타일, 나아가 판매 스킬까지도 드러납니다.

데리러 오면 10만 원 줄게.
친구는 남편이 데리러 온다는데…
자기야, 오늘따라 더 보고 싶다.
자기야, 수경이도 오랜만에 자기 얼굴 보고 싶대.

글쎄요…. 메시지를 이렇게 바꿔 보낸다 해도 즉각적인 반응을 보이지는 않을 것 같습니다. 정답(?)을 공개합니다.

작ㄱ갸지ㅣ 끔델리러나어여ㅓㅏ

오타로 가득한 메시지를 보는 순간, 남편(남친)의 머릿속엔 선명한 한 장의 그림이 그려집니다. 길거리 어디에선가 취한 채 휘청거리고 있을 아내(여친)의 모습입니다. 남편(남친) 입장에선 고민할 시간 따윈 없습니다. 지체해서도 안 됩니다. 잠옷 바람으로 차키만 챙겨 바로 뛰쳐 나갑니다. '아' 다르고, '어' 다르다는 말이 맞나 봅니다. 표현만 살짝(?) 바꿨을 뿐인데 상대의 반응은 극명하게 달라지니까요.

> A: 자기야, 나 수경이랑 한잔 더 할 건데 이따 데리러 올 수 있지?
>
> B: 작ㄱ갸지ㅣ 끔델리러나어여ㅓㅏ

두 표현의 차이가 느껴지나요? A는 글자입니다. 하지만 B는 그림입니다. 글자(A)는 이성적으로 생각하게 만듭니다. '지금 데리러 오라고? 더 효율적인 방법은 없을까?' 그림(B)은 감정적으로 반응하게 만듭니다. '이런! 가자!'라고 말입니다.

세일즈 언어도 마찬가지입니다. 이성적으로 생각하고 고심하게 만드는 글자보다 감정적으로 반응하고 결심하게 만드는 그림이 더 강력합니다. 그렇다고 무언가를 팔기 위해 매번 볼펜으로 A4 용지에 그림을 그려 보여 주라는 이야기가 아닙니다.

> " 당신이 사용하는 세일즈 언어를 조금만 바꿔도
> 고객의 뇌리에 그림이 그려질 겁니다."

그리고 그림이 그려지면 즉각 반응할 가능성이 높아집니다. 그림이 그려지는 언어를 일상에서도 쉽게 발견할 수 있습니다.

A: 화장실을 깨끗하게!

B: 반 발짝만 앞으로!

A: 저는 꼼꼼한 사람입니다.

B: 손톱 깎는 데만 15분 걸립니다.

A: 서울보다 훨씬 저렴한 파격 분양가로 모십니다.

B: ○○에 집 사세요. 남는 돈으로 아내에게 벤츠 S클래스 뽑아 주실 수 있어요.

A: 사랑이란 작은 것도 기꺼이 나누는 것입니다.

B: 사랑이란 닭다리 두 개를 기꺼이 내주는 것입니다.

A: 소득 주도 성장 실현!

B: 당신의 지갑이 채워지는 성장!

A: 내가 나중에 전화할게.

B: 내일 오전 11시에 전화할게.

A: 최적화된 결과를 도출하겠습니다.

B: 세 가지 항목 모두 A등급 받겠습니다.

A: 언제나 고객의 의견에 귀 기울이며 함께하겠습니다.

B: 고객님의 의견을 이번 달 31일까지 적용하겠습니다.

A: AI 분야의 역량을 쌓고자 무던히 노력했습니다.

B: 대학 시절 AI 관련 동아리만 여섯 군데 가입했습니다.

A: 실무 감각을 키우기 위해 각고의 노력을 했습니다.

B: ○○년도에 ○○앱을 출시했고 현재 ○○○○명이 이용 중입니다.

    A의 표현보다 B의 표현이 더 와닿습니다. 즉 듣거나 보는 순간 그 언어가 머릿속에 그림을 그려 준다는 뜻입니다. 이처럼 같은 의미를 전하지만 구체적인 언어를 사용할수록 그림이 그려지고 뇌리에 강렬한 인상을 남기는 이유는 무엇 때문일까요?

    바로 언패킹 이펙트Unpacking Effect 때문입니다.[2] 어떤 사건에 대한 판단이 어떻게 묘사되느냐에 따라 판단이 달라지는 현상을 뜻합니다. 이와 관련된 연구 중 일부를 소개해 볼까 합니다.

한 정유공장 단지에서 유해물질 유출사고가 발생했습니다. 각 공장에서는 개별적으로 이 사태에 대한 공식 사과문을 내놓았습니다. 다만 A 공장과 B 공장이 내놓은 사과문의 표현이 조금 달랐습니다.

> **A 정유공장:** 이번 사태로 인해 지역 주민들의 호흡기질환의 발병 가능성이 10퍼센트 증가했습니다. 죄송합니다.
>
> **B 정유공장:** 이번 사태로 인해 지역 주민들의 천식, 폐암, 인후암 등 발병 가능성이 10퍼센트 증가했습니다. 죄송합니다.

두 사과문에서 달랐던 표현은 딱 하나였습니다. '호흡질환' 대 '천식, 폐암, 인후암 등'. 그럼 결과는 어땠을까요? 실제 접수된 피해보상 요청금액을 봐도 B 공장에 접수된 보상 요청금액이 A 공장보다 두 배 이상 많았습니다. 두 정유공장에서는 똑같은 내용을 이야기했으나 지역 주민 입장에서는 B 사과문의 표현을 A 사과문의 표현보다 두 배 더 강렬하게 받아들였다는 뜻입니다.

이성적으로 생각해 보면 호흡기질환이라는 말이 더 무서운 말입니다. 호흡기질환에는 수십, 수백 가지의 질환이 포함돼 있거든요. 하지만 수많은 호흡기질환 중 고작 세 가지인 천식, 폐암, 인후암만을 언급하자 지역 주민들에게는 더 와닿았습니다. 사건을 구체적으로 풀어낸 설명이 사건의 발생 가능성과 파급력을 지지해 주는 요소로 작용했기 때문입니다.

인간의 상상력은 뇌 신경 중 하나인 거울 뉴런에서 만들어집니다. 타인의 행동을 보거나 타인의 말을 들으면 해당 장면이 뇌에 투영돼 마치 자신이 그 행동과 말의 주인공이 된 것처럼 반응하게 되는데 이는 모두 거울 뉴런 때문입니다. 그런데 만약 눈앞에서 펼쳐진 장면이 막연해 뿌옇다면 거울 뉴런의 도움을 받지 못합니다. 그래서 아무런 느낌도 들지 않습니다. 하지만 장면이 생생하게 그려지는 묘사라면 거울 뉴런이 활발하게 작동합니다. 간접적 경험이 가능해진다는 얘깁니다.

세일즈 언어도 마찬가지입니다. 메시지가 구성될 때 상품의 특장점 등 모든 정보를 다 담으려 욕심내는 순간 메시지는 언패킹이 아닌 패킹이 됩니다. 그리고 메시지가 패킹되면 그 힘은 반감됩니다. 하지만 욕심을 버리고 언패킹해 단 하나의 특장점을 가지고 묘사하면 메시지의 힘은 배가됩니다.

예를 들어 보겠습니다. 수십 가지 기능이 들어간 최신형 스마트폰이 있습니다. 파는 입장에서는 어느 기능 하나 빼먹지 않고 설명하고 싶을 겁니다. 그러나 고객의 인내심에 한계가 있다는 것도 알고 있습니다. 모든 정보를 다 말하기에는 시간이 턱없이 부족하다는 것도 압니다. 결국 직원은 모든 기능을 다 설명해 내고자 하는 욕심에 최대한 간결한 언어로 정제해 말합니다.

"고객님, 이 폰이요. 최신형인데 정말 좋아요."

하지만 '정말 좋아요'라고 패킹된 언어에는 아무런 힘이 없습니다. 고객에게 와닿는 것도 없습니다. 이렇게 말하면 안 됩니다. 수십 가지 특장점 중 하나만 제대로 언패킹해 집중 묘사해야 합니다.

"최신폰입니다. 반응 속도 딱 하나만 보여 드릴게요. 전원 버튼을 따닥 누르면 카메라 실행되는 거 아시죠? 지금 가지고 계신 스마트폰이랑 한번 비교해 보세요. 제가 보여드릴게요. (따닥) 바로 이전 모델도 빨랐지만 훨씬 더 빨라졌어요."

이렇게 반응 속도 하나만 강조하는 편이 훨씬 낫습니다. 아니면 배터리 용량 하나만 가지고 집중 묘사해도 좋습니다.

"아침에 외출해서 잠자리에 들기 전까지 최소 한두 번 정도는 충전하시죠? 이 스마트폰의 사용자 중에는 하루 종일 게임을 돌리지 않는 이상 잠자리에 들기 전까지 충전을 한 번도 안 하고 쓰시는 분들이 대다수예요."

옛말에 이런 말이 있습니다. 하나를 보면 열을 안다. 세일즈 언어에도 물론 적용되는 원리입니다. 반드시 기억해야 합니다.

"하나를 말해 주는 것이 아닙니다. 하나를 보여 주는 것입니다."

당신의 언어로 고객에게 딱 한 가지만이라도 좋으니 그림을 그려 줘야 합니다. 그래야 내가 말하지 않은 것들도 자연스레 알게 됩니다.

'오, 반응속도 빠르네. 역시 ○○에서 만든 최신형이니 뭐 다른 기능이야 안 봐도 좋겠지 뭐.'

'이야, 배터리 충전 한 번으로 하루 종일? 대박인데? 안 그래도 배터리 때문에 늘 신경 쓰였는데. 배터리 용량 하나만 보면 다른 편의성이야 좋겠지 뭐.'

거듭 당부합니다.

" 하나라도 제대로 보여 줘야 합니다. 제대로."

그럼 상대는 내가 굳이 입 아프게 말하지 않은 나머지 아홉 개의 특장점도 스스로 확대 해석해 받아들입니다.

상품이나 서비스를 판다는 것은 나의 언어를 언패킹하는 것입니다. 당신 역시 지금은 제 이야기에 동의하고 공감하지만 막상 실전에서는 그놈의 욕심("다 말하고 싶어.")을 버리기가 정말 어렵습니다.

'하, 그래도 이것만큼은 꼭 전달하고 싶은데, 이걸 빼고 말하면 뭔가 부족해 보이는데?'라며 누군가 당신의 귀에 속삭일 겁니다.

그럼에도 내면으로부터 들려오는 유혹의 목소리를 과감하게 거부해야 합니다. 눈을 딱 감고 귀를 막아야 합니다. 그래야 실전에서 통하는 세일즈 언어가 완성될 수 있습니다. 당신의 언어를 언패킹하세요. 어렵지 않습니다. 일상에서 사용하는 언어부터 하나씩 바꿔 가면 됩니다.

당신이 최근에 가 본 맛집을 지인에게 소개한다고 가정해 보겠습니다. 평상시 당신은 어떻게 소개했나요?

"지난번에 서서갈비집 갔었는데 맛있더라고."

"자주 가는 곰탕집이 있는데 국물이 진해."

보통 이 정도로 설명하고 말 겁니다. 그럼 이제 그림이 그려지는 언어로 언패킹해 표현해 보겠습니다.

"지난번에 갔던 서서갈비집인데, 재미있는 게 공깃밥을 안 팔아. 다들 바로 옆 편의점에서 즉석밥 사다 먹어야 해. 그래서 그 편의점이 즉석밥만 팔아서 전국 매출 1등이래."

"자주 가는 곰탕집인데, 입구 한쪽 벽에 도시가스 영수증을 딱 붙여 놓았더라고. 한 달 가스비만 600만 원 넘게 나오는 집이야."

그림이 그려지지 않나요? 단지 '맛있다', '국물이 진하다' 정도로 설명하면 안 됩니다. 당신이 본 장면을 마치 한 장의 그림처럼 그려 주면 됩니다.

• 당신이 부동산 중개업자라면

"정말 좋은 집이 마침 잘 나왔어요. 다른 데 가서도 이런 집 찾기 쉽지 않아요. 통풍 잘되고요, 해도 잘 들어요. 자연 친화적인 집이죠."라고 하면 안 됩니다.

"여름에 창문 활짝 열고 TV를 보시면 바람이 솔솔 불어 옵니다. 계수나무 향이 바람을 타고 살랑살랑 들어와요. 겨울에는 거실부터 주방까지 길게 내리쬐는 햇볕도 만끽할 수 있고요."라고 말해야 합니다.

• 당신이 화장품을 판다면

"매끈한 피부 만들어 보세요."라고 하면 안 됩니다.

"앞으론 셀카 찍으실 때 셀카 어플 뽀샤시 효과 안 쓰셔도 돼요."라고 말해야 합니다.

• 당신이 참기름을 판다면

"깊은 맛과 깊은 향이 입맛을 돋워 드립니다."라고 하면 안 됩니다.

"딱 다섯 방울이면 비빔밥 한 그릇 뚝딱입니다."라고 말해야 합니다.

- 당신이 책을 판다면

"자녀의 독서 습관을 잡아 줄 수 있는 콘텐츠, 그리고 확장시켜 줄 수 있는 구성의 책입니다."라고 하면 안 됩니다.

"공룡 이름만 외우던 민후가 어느 날 지질학 관련 책을 펼쳐 놓고 읽는 모습을 보시게 됩니다."라고 말해야 합니다.

- 당신이 보험설계사라면

"건강의 악화로 인해 경제적 어려움에 처해선 안 되기에 미리 준비하셔야 합니다."라고 하면 안 됩니다.

"적어도 병원 복도에서 통장 들여다보시며 한숨 짓는 일은 없어야 합니다."라고 말해야 합니다.

- 당신이 헤어디자이너라면

"이 시술을 받고 나면 모발의 윤기가 살아날 겁니다. 더 매력적인 이미지로 연출하실 수 있어요."라고 하면 안 됩니다.

"이 시술을 받고 나면 바로 천사링 생겨요. 인스타에 셀카 하나 바로 올리세요. 팔로어 신청 늘 거 같은데요?"라고 말해야 합니다.

- 당신이 옷을 판다면

"이 바지의 경우 무난한 컬러 덕분에 어떤 옷과도 잘 어울립니다."라고 하면 안 됩니다.

"외출하실 때 거울 앞에서 '다른 거 입을까?'라는 고민 안 하셔도 돼요. 외출 준비 시간 5분 더 줄이실 수 있어요."라고 말해야 합니다.

• 당신이 신발을 판다면

"이 제품은 구두와 운동화의 중간 형태로 제작된 제품이라 어느 옷에도 잘 어울리는 디자인입니다."라고 하면 안 됩니다.

"여행 가실 때 구두 따로, 운동화 따로 안 챙기셔도 돼요. 신발 하나만 줄어도 한 사이즈 더 작은 캐리어를 가지고 가실 수 있죠."라고 말해야 합니다.

그림을 그릴 때 욕심을 부려 여러 가지 색깔을 덧칠하다 보면 결국 아무 색도 아닌 검정색이 되고 맙니다. 세일즈 언어에서도 마찬가지입니다. 그저 한 장의 그림이면 충분합니다. 많은 말을 하지 않아도 됩니다. 한 장의 그림은 오히려 내가 말하고자 하는 바를 더 선명하게 전합니다. 다시 한번 강조합니다.

" 내가 하나를 보여 주면 상대는 열을 알게 됩니다."

세일즈 화법에서 '화'는 더 이상 '말씀 화'話여서는 안 됩니다. '그림 화'畵가 돼야 합니다. 당신의 세일즈 언어가 과연 그림을 그리고 있는지 고민하고 또 고민해야 합니다. 내가 팔고 싶은 제품은 전동 드릴이지만, 상대가 사려는 것은 액자를 걸 수 있는 구멍일 수 있습니다. 그 구멍에 못을 박아 예쁜 액자를 걸어 놓고 바라볼 때 느끼는 만족감을 사는 것일 수도 있습니다.

설득은 나의 힘으로 누군가를 움직이려는 행위입니다. 반면 유혹은 그(녀)를 스스로 움직이게 만드는 행위입니다. 고객을 설득하지 말고 유혹해 보세요. 내 상품과 서비스가 선사할 수 있는 한 장의 그림으로 고객의 기대감을 키우세요. 그리고 선명하게 그려 주세요. 고객은 즉각 반응할 겁니다.

배를 만들고 싶으면 북을 쳐서 사람을 모으지 말라 했습니다. 그 대신 바다를 향한 강렬한 그리움을 일깨워 주라고 했습니다. 당신의 상품을 향한 고객의 강렬한 욕구를 일깨워 주는 그림 언어는 당신의 말과 글에 반드시 반영돼야 할 세일즈 언어입니다.

● 백 세 노 트 ● **이 책의 가치를 백 배 높이는 세일즈 노트**

쓰세요. 마구 끄적이세요. 읽기만 하면 남의 지식입니다. 쓰기 시작하는 순간 내 지식이 됩니다.

Q 당신의 상품이나 서비스의 장점을 딱 하나만 골라 보세요. 그리고 그 장점으로 인해 변화될 고객의 모습을 생생하게 표현해 보세요.

"저희 제안(상품,서비스)을 선택하시면,

_____ 하실 수 있습니다."

제안의 순서만 바꿔도
매출이 달라집니다

보험설계사가 당신에게 매달 내야 할 보험료를 안내합니다. 과연 어떤 보험설계사가 계약서에 고객의 서명을 받아 낼 수 있을까요?

A: 이만큼 보장을 탄탄하게 준비하시는데, 한 달에 내야 할 보험료가 50만 원 정도입니다. 괜찮죠?

B: 제가 매달 200만 원씩 내야 한다고 말씀드리면 저를 내쫓으시겠죠? 한 달에 50만 원 정도면 가능합니다.

두 사람의 차이가 느껴지나요? 둘 중 어떤 보험설계사의 제안이 더 매력적으로 느껴지나요? 상품이나 서비스를 파는 사람인 당신에게 질문하고 싶습니다.

"당신의 상품이나 서비스의 가격은 싼가요, 아니면 비싼가요?"

강의 중 교육생들에게 물어보면 1초의 고민도 없이 덜컥 "비싸죠."라고 답변하는 경우를 종종 봅니다. 그럼 제가 되묻습니다.

"그럼 당신은 당신이 생각하기에도 비싼 상품이나 서비스를 고객에게 소개하시는 건가요?"

"…."

" 내가 먼저 비싸다고 생각하는 순간, 절대 팔 수 없습니다."

아무리 표정을 감춘다 한들 당신의 태도("내 상품은 비싸다.")는 고스란히 상대에게 전해질 수밖에 없기 때문입니다. 혹여라도 나의 상품, 나의 서비스가 비싸다고 생각하는 당신을 위한 희망의 메시지 하나.

" 세상에 절대적으로 싸거나 비싼 건 없습니다."

가격은 어디까지나 상대적인 지각 대상이기 때문입니다. 미지근한 물이 있다고 가정해 보겠습니다. 차가운 물에 담갔던 손을 미지근한 물에 담그면 따뜻합니다. 하지만 뜨거운 물에 담갔던 손을 넣으면 차다고 느껴집니다. 물의 온도는 변하지 않았습니다. 당신이 이전에 어떤 물에 손을 담갔는지에 따라 더 따뜻하게도 더 차갑게도 느낄 뿐입니다.

가격도 마찬가지입니다. 20만 원짜리 재킷이 있습니다. 예산을 10만 원으로 잡고 있는 상황에서 보면 비싸다고 느껴집니다. 그런데 30만 원을 예산으로 잡고 있는 상황에서 보면 쌉니다. 20만 원짜리 재킷은 아무것도 달라진 게 없습니다. 다만 그 재킷을 접하기 전에 각인된 정보를 기준으로 지각됐을 뿐입니다.

저와 가깝게 지내는 한 한정식집 사장님이 하루는 저에게 고민을 토로했습니다. 코로나가 무색하리만큼 이미 잘되고 있는 집이었기에 의아했습니다. 내용인즉, "규모도 꽤나 키웠고 직원도 많이 늘었다. 코로나 이전만큼은 아니어도 고객은 많다. 가게 유지에도 큰 어려움은 없다. 욕심일 수 있겠지만 예전만큼의 순익을 기대하고 싶다. 그렇다고 순익을 올리기 위해 재료의 품질을 떨어뜨릴 수도, 직원 수를 줄일 수도 없는 상황이기에 고민이다."라고 하셨습니다.

실제로 이 집은 음식 맛이 좋습니다. 직원들의 서비스 마인드도 훌륭합니다. 인테리어 역시 크게 흠잡을 것 없이 깔끔합니다. 단지 지금보다 매출을 더 높이고 싶다는 지극히 당연한 바람이었습니다.

어떻게 해야 할까요? 물론 여러 방법이 있습니다만 제가 조언한 가장 손쉬운 방법은 바로 객단가를 올리는 것이었습니다. 고객을 갑자기 늘리는 것은 시기적 여건상 쉽지 않아 보였습니다. 그렇다면 한 분 한 분의 고객이 조금 더 기분 좋게 드시고, 조금 더 쓰게 하면 됩니다.

"메뉴판을 조금만 손보시죠."

이 집의 메뉴와 가격 구성은 다음와 같았습니다.

정식 A코스 3만 원 / 정식 B코스 4만 원

이 중 어떤 메뉴가 많이 팔릴까요? 맞습니다. 3만 원짜리입니다. 평소 3만 원 메뉴를 선택하는 고객 중 일부만이라도 4만 원짜리 메뉴를 선택할 수 있게 한다면 객단가와 매출이 자연스레 올라갑니다. 사장님은 당장 메뉴 구성을 변경하기에는 부담스럽다며 난색을 표하는 상황입니다. 그래서 처음엔 부담스럽지 않은 선에서 변경해 보시라 조언해 드렸습니다. 'A코스 3만 원 / B코스 4만 원'의 메뉴 노출 순서만 바꿔 보는 것이었습니다. 그래서 1차로 바뀐 메뉴 구성은 아래와 같았습니다.

정식 A코스 4만 원 / 정식 B코스 3만 원

아무런 부담 없이 적용할 수 있는 방법이었습니다. 메뉴판 종이만 갈아 끼우면 되니까요. 그리고 말씀드렸습니다.

"사장님, 일단 이렇게만 바꿔 보시고 매출 차이가 조금이라도 확인되면 그다음에는 조금 더 파격적(?)으로 바꿔 보시죠."

사장님은 반신반의했지만 한 달 뒤 약간의 변화를 준 메뉴판 덕분에 작게나마 매출 상승의 효과를 확인할 수 있었다고 합니다. 그래서 용기를 내어 메뉴판의 구성을 과감하게 바꾸기로 했습니다.

정식 A코스 5만 원 / 정식 B코스 3만 9,000원 / 정식 C코스 3만 원

결과는 어땠을까요? 매우 만족이었습니다. 무엇보다 평소 가장 많은 선택을 받았던 3만 원짜리 메뉴의 선택 비율이 확연히 줄었다고 합니다. 가장 많이 팔고 싶었던 4만 원대 메뉴(B코스)의 선택 비율은 확연하게 늘었고요. 심지어 가장 비싼 5만 원짜리 메뉴를 선택하는 비율도 꽤나 높았다고 합니다. 결과적으로 총매출 면에서 사장님이 기대했던 수준까지 끌어올릴 수 있었습니다.

사장님이 변화를 준 건 딱 세 가지였습니다.

1. 기존에 없었던 A코스 5만 원짜리 메뉴 추가
2. B코스와 A코스의 차별화를 위해 A코스용 음식 두 가지 개발
3. 기존 4만 원짜리 코스의 가격을 1,000원 인하(3만 9,000원)

" 무언가를 판다는 것은 때론 심리전이기도 합니다."

상품과 서비스를 당장 바꾸기는 쉽지 않습니다. 하지만 가격 제시 순서에 변화를 주는 것은 그보다 훨씬 쉽습니다. 당신도 꼭 적용해 보길 추천합니다. 그에 앞서 왜 이런 선택의 차이가 생기는지를 안다면 훨씬 더 유연하게 활용할 수 있겠죠?

감히 설득의 법칙이라고 할 만한 것들은 몇 가지 안 됩니다. 서문에서도 밝혔듯 설득의 최종 목적지인 감정은 유기체입니다. 오늘 다르고 내일 다릅니다. 심지어 오전 다르고 오후 다릅니다. 시시각각 변하는 감정이라는 녀석에게 '법칙'이라는 단어는 잘 어울리지 않습니다. 그럼에도

불구하고 이것만큼은 법칙이라고 확언할 수 있는 것 중 하나가 바로 '기준점 효과'입니다.

사전에 어떤 정보를 기준으로 삼느냐에 따라 이후 들어오는 정보에 대한 판단은 달라집니다. 3만 원짜리 메뉴를 보고 4만 원짜리 메뉴를 보면 비쌉니다. 기준점이 3만 원으로 잡혔기 때문이죠. 그런데 단순히 순서만 바꿔도(4만 원을 먼저 보고 3만 원을 본다면) 똑같은 3만 원이지만, 비싸다고 느껴지지 않습니다.

기준점을 더 높게 잡는다면(5만 원짜리 메뉴 추가) 심지어 4만 원짜리 메뉴도 싸 보일 수 있습니다. 게다가 4만 원이 아닌 3만 9,000원으로 바꾸는 순간 가장 저가의 메뉴인 3만 원짜리와의 가격 차이도 극복할 수 있습니다. 결론입니다.

" 당신이 상대에게 보여 줄 수 있는 선택지 중 가장 비싼 것, 가장 좋은 것부터 '먼저' 보여 주세요."

그리고 그것으로 기준점을 잡아 놓고 시작해야 가격 흥정 때문에 생길 수 있는 스트레스를 절반으로 줄일 수 있습니다.

일단 비싼 것부터 보여 주면 상대가 놀라 고민도 없이 도망갈 것 같다고요? 그럴 수도 있겠네요. 그럼 이렇게 해보세요. 내 상품에 관심이 전혀 없는 상대에겐 일단 낮은 가격을 소개해 경계를 풀어 보세요.

"고객님, 이 상품의 모델은 다양한데요, 3만 원부터 선택하실 수 있습니다."

상대가 관심을 보이면 일단 가장 비싼 걸 기준으로 놓고 설명하면 됩니다.

"최고가 모델은 이것입니다. 이 모델에는 이런 특장점이 있습니다."

그 순간 가장 비싼 모델이 상대의 기준점이 됩니다. 만약 상대가 비싼 가격 때문에 구매를 망설이는 게 느껴진다면 이 말 한마디만 덧붙이면 됩니다.

"물론 최고가 라인이 가장 좋긴 합니다. 하지만 가성비로 보면 그보다 낮은 모델인 이 모델도 좋아요. 제가 고객님의 상황이라면 최고가 모델만을 고집하지는 않을 것 같습니다. 이 정도면 충분합니다!"

● 백세노트 ●   이 책의 가치를 백 배 높이는 세일즈 노트

쓰세요. 마구 끄적이세요. 읽기만 하면 남의 지식입니다. 쓰기 시작하는 순간 내 지식이 됩니다.

 당신의 상품과 서비스의 가격표가 있다면, 순서만 다시 배치해 보세요. 중요한 것은 자칫 부담된다고 느낄 수 있는 (더 비싼) 선택지가 먼저 제시되어야 한다는 겁니다.

악역을 내세우면
돋보입니다

하루는 아침에 눈을 떠 보니 아내가 화장대 앞에서 면도기를 손에 쥐고 턱부터 볼까지 쓸어 올리고 있었습니다. '아내가 면도를?' 순간 잠이 확 깨더군요. 10년 넘게 같이 살았는데 면도하는 모습은 처음 봤거든요. 놀란 가슴을 쓸어안고 물어보니 다행히도(?) 면도기는 아니었습니다. 피부 탄력을 끌어올리는 미용기기였습니다. 새로 산 기념으로 아침부터 턱밑 살을 끌어올리고 있던 중이었습니다.

저는 조심스레 아내에게 물어봤습니다. "비싼 거야?" 아내는 잠깐 흠칫하더군요. 다음에 이어지는 아내의 대답으로 지금부터 이야기할 주제를 추측해 보세요.

172

"이거 프○○보다 싼 거야. 프○○가 ○○만 원인데, 이게 ○○만 원 더 싸. 마사지 받으러 가면 한 번에 최소 ○만 원인데 이 제품 ○번만 써도 본전 뽑아."

앞에서도 설득의 기본이라 할 수 있는 기준점 효과에 대해 설명했습니다. 가격은 그 자체로 '좋다', '나쁘다', 즉 '싸다', '비싸다'의 개념이 없다고 말이죠. 오로지 앞서 나온 정보에 의해 지각될 뿐이라고요. 이번에는 그 기준점을 내가 가지고 있는 것들이 아닌, 외부에서 찾는 방법을 고민해 보겠습니다.

우리가 사물을 바라보고 평가하는 방식은 늘 상대적입니다. 다른 것과 비교했을 때 뜨겁거나 차거나, 길거나 짧거나, 싸거나 비싸거나 하는 기준을 두고 어디까지나 상대적으로 판단합니다.

같은 맥주에 대한 지불 용의 가격("얼마면 살 건가요?")을 측정했을 때에도 마찬가지였습니다. 맥주가 다른 맥주들과 같이 진열돼 있을 때 지불 용의 가격은 내려갔습니다. 하지만 고가의 와인과 함께 있을 때 지불 용의 가격은 올라갔습니다. 같은 원리로 캡슐 커피는 믹스 커피와 경쟁해서는 안 됩니다. 커피 전문점 커피와 같은 선상에 놓을 때 지불 용의 가격은 올라갑니다. 당신의 상품과 서비스의 가격을 당장 바꿀 수 없다면 기준점을 새로 설정해 보세요.

모 통신사에서 출시한 반려동물 전용 CCTV의 세일즈 컨설팅을 맡았을 때의 사례를 소개합니다. 통신사에서는 고객이 월 1만 원 정도의 이용료만 내면 외출 중에도 수시로 집에 있는 반려동물을 볼 수 있는 CCTV 서비스를 판매하고 있었습니다. 언제든 마이크를 열어 반려동물의 이름도 불러 줄 수 있습니다. 심지어 간식을 주는 간식 로봇이 반려동물과 놀아주게끔 밖에서도 조작할 수 있습니다. 이 모든 것들이 월 1만 원도 안 되는 비용으로 가능합니다.

하지만 고객은 월 1만 원조차 부담스럽다고 이야기합니다. 충분히 그럴 수 있습니다. 자신이 안 써도 되는 돈을 통신사에서 쓰게 만든다고 받아들일 수 있으니까요. 이때 판매자 입장에서는 상품을 돋보이게 만들 수 있는 '악역'이 필요합니다.

" 자신의 상품에 들어가는 비용 정도로 고객이 선택할 수 있는
다른 무언가를 찾아야 합니다. 그 맞수를 악역으로 규정하여
허튼 소비로 각인시키는 순간 내 상품은 가치 있는 선택지가 됩니다."

• 월 이용료 1만 원의 반려동물용 CCTV를 판매할 경우
"며칠 놀다 말 장난감도 만 원이 훌쩍 넘더라고요. 같은 비용이면 한 달 내내 신나게 놀아 주실 수 있어요."

"수제 간식 한 봉지도 1만 원짜리 한 장으로 사기 쉽지 않습니다. 같은 금액이라면 한번 먹고서 그만인 간식 말고, 아가들을 외로움으로부터 지켜 주실 수 있는 방법에 투자하세요."

"애견 미용실 가시면 수만 원 쓰는 건 순식간입니다. 털은 깎고 나면 금방 또 자라죠. 그 돈으로 아가들한테 오래 남을 따뜻한 기억을 만들어 주는 거예요."

"아가들 양육비 절반은 병원비인 거 아시죠? 외출 중에 간식 로봇이

아가랑 놀아 주면 외로움과 우울증이 말끔하게 사라지지 않을까요? 그럼 병원 갈 일도 줄 거고요. 병원비를 줄이는 대신 이 제품을 신청하시면 돼요. 병원비로 쓰는 돈의 일부만으로 이 서비스를 신청하시면 됩니다."

같은 금액으로 상대가 할 수 있는 소비의 가치를 떨어뜨리는 순간, 내 상품의 가치는 올라갑니다. 다른 예를 조금 더 들어 보겠습니다.

- 30만 원짜리 트래킹화를 판매할 경우

"평지에서 편한 운동화도 좋죠. 근데 뒷산만 가 봐도 바닥은 울퉁불퉁하고 경사는 가파릅니다. 혹여라도 발 삐끗하면 병원에 돈을 가져다 줘야 됩니다. 병원 왔다 갔다 하시느라 택시비도 써야 합니다. 차라리 한번 구매할 때 안전한 신발 구매하는 게 오히려 남는 겁니다. 지금 생각하셨던 가격에 딱 ○만 원만 더하면 됩니다."

- 200만 원짜리 의류 관리기를 판매할 경우

"의류 관리기 들인다고 세탁소 갈 일 없다고 말하면 거짓말이죠. 다만 한 주에 한 번 갈 걸 2주에 한 번, 3주에 한 번 가실 수 있어요. 의류 관리기 구매하면 최소 ○년 이상 쓰실 겁니다. ○년간 아낄 수 있는 총세탁 비용 생각하면 훨씬 현명한 선택입니다."

- 월 렌털료 3~4만 원의 공기 청정기를 판매할 경우

"하루에 마시는 양을 보면 물이 많을까요, 공기가 많을까요? 당연히

공기가 많습니다. 성인 남성 기준 1분에 8리터 정도의 공기를 마시니, 하루로 치면 물보다 1만 배 더 많이 마십니다. 정수기 월 렌털료 3~4만 원은 아깝다 느끼지 않으시죠. 1만 배 더 많이 마시는 공기를 정화해 주는 공기 청정기 월 렌털료가 비슷한 금액이라면 선택하지 않을 이유가 없습니다."

- 월 10만 원의 유아 교육 콘텐츠를 판매할 경우

"뽀통령이라 불리는 뽀로로도 팬클럽이 없는 이유 아시죠? 아이들 마음이 갈대 같아서 캐릭터 사랑의 유통 기한이 짧다고 해요. 지금 ○○이에게 사 주는 로봇 장난감이 한 개에 10만 원 정도 합니다. 1~2년만 지나면 ○○이는 그 장난감 쳐다보지도 않을 겁니다. 하지만 ○○ 콘텐츠는 10년, 20년이 지나도 ○○의 머릿속에 남아 생각의 자양분이 될 거예요."

- 월 10만 원의 홈 보안 시스템을 판매할 경우

"우리나라 스마트폰 교체 주기가 평균 2~3년 정도 된다는 거 아시죠? 고작 2, 3년 쓰고 말 스마트폰도 케이스 씌우지 않으면 큰일 나는 줄 아는 사람 많습니다. 비싼 스마트폰 케이스는 10만 원 훌쩍 넘는 경우도 있어요. 그런데 평생 가족들이 함께할 공간에 보호 케이스를 확실하게 씌워 주는 비용이 고작 월 10만 원입니다."

- 월 6만 원의 건강 기능 식품을 판매할 경우

"지금 타시는 차량이 SUV 맞죠? 한 달에 딱 한 번 손 세차 맡기면

6~7만 원 그냥 훅 나갑니다. 세차하고 나면 보기 좋습니다만 그 차도 결국 언젠가 고객님 곁을 떠날 겁니다. 하지만 100세 시대에 60년은 더 타셔야 할 몸에 저축하는 비용이 월 6만 원밖에 안 됩니다. 차량의 세차도 중요하지만 앞으로 60년간 더 좋은 것 많이 보시려면 지금은 몸에 투자하셔야 합니다."

• 월 6만 원의 매트리스 렌털 서비스를 판매할 경우

"6만 원짜리 젤 네일을 아무리 예쁘게 해도 그 기분은 3일 정도밖에 안 갑니다. 한 달이면 흔적도 없이 사라집니다. 한 달 지나면 사라질 돈을 인생의 시간 중 3분의 1을 차지하는 잠에 투자하면 어떨까요? 매일매일 숙면으로 건강 에너지 쌓는 게 훨씬 더 현명한 선택입니다."

• 100만 원짜리 책상을 판매할 경우

"한창 성장 중인 자녀에게 딱 한철 입히면 작아서 못 입을 겨울 패딩 하나도 수십만 원입니다. 아이가 수년 내내 앉아서 공부하며 꿈을 키울 책상의 가격과 비슷하죠. 겨울 패딩 두 개 값만 투자하시면 자녀가 보는 세상이 더 커질 겁니다."

• 월 4만 원의 교육 상품을 판매할 경우

"제가 '아버님, 술 한잔 드시지 말고 이거 시켜 주세요'라고 말씀드릴 순 없어요. 가끔은 술도 한잔 드셔야죠. 그런데 술 약속 자리에 가실 때 차 두고 대중교통 이용하면 대리 운전 비용이야 한 달에 한두 번 아낄 수 있잖아요? 그 돈으로 자녀를 위한 지식 유산을 남겨 주실 수 있어요."

- 월 10만 원의 자녀 보험을 판매할 경우

"매달 자녀에게 용돈 10만 원씩 쥐어 주면 고마워할까요? 물론 감사 인사야 꾸벅 하겠지만 그때뿐일 겁니다. 아이들에게 줄 용돈으로 준비하는 자녀 보험이에요. 10만 원을 용돈으로 주면 감사의 유통 기한은 고작 며칠입니다. 하지만 10만 원을 보험으로 선물해 주면 감사의 마음은 성인이 될 때까지 평생 갑니다."

- 약 2,000만 원의 주방 인테리어 시공을 제안할 경우

"지인들과 비싼 고깃집에 가면 서빙하는 아주머님께 고작 한 끼 서비스 잘 받았다고 1~2만 원 찔러 주는 분들 많습니다. 그런데 아내를 위해서는 왜 그렇게 안 하시나요? 한 끼당 2,000원씩만 투자하면 아내가 최고의 주방에서 즐거워하실 겁니다."

절대적으로 싸거나 비싸다는 개념은 없습니다. 자신이 판매하는 상품이나 서비스의 가격을 싸 보이게, 그래서 상대적으로 가치가 높아 보이게 느끼도록 다른 허튼 소비를 먼저 각인시키면 됩니다. 자연스레 내 상품과 서비스의 가치는 쭉 올라갑니다.

" 일상에서 허투루 쓰는 지출들을 끊임없이 고민해 보세요."

아, 그렇다고 술값, 담뱃값, 커피값처럼 상대가 누군가로부터 수백 번도 더 들었을 레퍼토리는 언급하지 않기로 하죠. 과속 딱지 비용, 주차 딱지 비용처럼 상대가 생각하지 못한 신선한 소재일수록 설득하기 쉬워집니다. 그간 우리가 찾지 않았던 것뿐입니다. 지금부터라도 찾으면 됩니다.

● 백 세 노 트 ● 이 책의 가치를 백 배 높이는 세일즈 노트

쓰세요. 마구 끄적이세요. 읽기만 하면 남의 지식입니다. 쓰기 시작하는 순간 내 지식이 됩니다.

Q 당신의 상품이나 서비스의 가격을 공개하기 전 고객의 뇌리에 각인시킬 수 있는 기준점으로는 어떤 것들이 있을지 고민해 보세요. 당신의 상품을 돋보이는 주인공으로 만들어 줄 악역이 필요합니다. 그리고 그 악역은 상대가 일상에서 쉽게 접할 수 있는 사소한 것들이면 더 좋습니다.

라임이 살면
설득력도 삽니다

기업에 세일즈 언어를 만들어 파는 저의 영업 노하우 중 하나는 '곧 죽
어도 라임!'입니다. 라임Rhyme 만들기, 즉 운율 살리기는 제가 세일즈 언
어를 개발할 때 신경 쓰는 부분 중 하나입니다. 동서고금을 막론하고 어
떤 언어든 라임, 즉 운율이 살면 좋아 보이는 언어가 됩니다. 라임을 넣
으면 정보 처리 용이성이 상승하기 때문입니다. 정보 처리 용이성? 괜
히 어렵게 느껴지나요?

  "그저 '리듬이 살면 설득력도 산다'로 기억하면 됩니다."

예를 들어보겠습니다. 종신 보험을 권유하는 상황입니다.

"가장에게도 가격을 매길 수 있다는 이야기, 들어 보셨죠? 가장의 가격은 단지 월급으로 매겨지는 게 아닙니다. 사망했을 때, 또는 아파서 경제적으로 사망했을 때 비로소 매겨진다고 하더라고요. 그때 매겨지는 가격이 1억 미만이면 사망, 5억 이상이면 서거라는 말이 단지 웃어넘길 말은 아닌 것 같습니다. 혹시 지금 사장님의 가격은 어느 정도인지 알고 계신가요? 가족들이 다른 것 신경 쓰지 않고 마음만 잘 추스르며 이겨 낼 수 있게끔 준비할 수 있습니다."

첫 문장에서 '가장'과 '가격'의 라임이 느껴지나요? 만약 "가장에게도 돈을 매길 수 있다는 이야기, 들어 보셨죠?"로 문장이 시작됐다면 끝까지 상대의 눈과 귀를 사로잡지 못했을 겁니다. 하지만 가장과 가격이 '가'라는 음절로 맞아떨어지는 순간, 왜인지 모르지만 귀를 기울이게 됩니다.

단어의 첫음절을 맞추든, 끝음절을 맞추든, 자음과 모음을 맞추든, 아니면 첫 단어와 끝 단어를 맞추든 일단 맞춰 보세요. 라임이 살아나는 순간 당신의 매출도 살아날 겁니다. 다른 예를 더 들어 보겠습니다. 어떤 부분에 라임을 살렸는지 찾으며 읽어 보세요.

• 제약 영업자가 신약을 권유하는 경우
"처방은 교수님께서 결정하지만, 효과는 환자가 결정한다고 합니다. 저희 약은 네 가지 약제의 조합이면서도 다양한 용량으로 출시됐습니다. 그래서 처방하기도 쉬울 뿐 아니라, 환자들 역시 적은 수의 알약으로 편하게 복용할 수 있어서 효과가 빛을 발할 수밖에 없습니다."

• 영어 교육 콘텐츠를 권유하는 경우

"영어 방치와 영어 노출은 전혀 다르다는 거 아실 거예요. 요즘 '흘려 듣기' 시켜 주는 엄마들 많이 계신데, 한번 의심해 보셔야 해요. 집중은 하지 않고 흘려 듣기만 하는 것은 반쪽짜리 180도 영어가 될 수도 있거든요. 아이가 집중할 수 있는 콘텐츠에 노출돼야 온전한 360도 영어가 되는 거고요. 영어 방치는 엄마 마음에만 위안이 되지만, 영어 노출은 아이의 실력을 제대로 키워 줘요."

• 독서 콘텐츠를 권유하는 경우

"이맘때 만들어지는 인성이 평생 인생을 좌우한다고 하죠? 4~6세의 경우, 인간성과 도덕성을 담당하는 전두엽이 주로 발달하는 시기이다 보니 예절 교육과 같은 인성 교육이 꼭 필요한 시기예요. 그리고 독서는 전두엽을 가장 쉽게 자극해 주는 활동이기도 하고요. 학습 습관은 조금 더 뒤에 만들어 줘도 되지만, 인성 습관은 더 미루면 늦어질 수 있어요."

• 부동산 투자를 권유하는 경우

"귀로만 하면 투기가 되지만, 눈으로 하면 투자가 된다는 거 아시죠? 특히나 부동산 투자는 이러쿵저러쿵하는 남의 이야기만 듣고 선택하면 안 됩니다. 직접 눈으로 확인하고 판단하는 편이 가장 좋습니다."

- 건강 기능 식품을 권유하는 경우

"인간은 산소 덕분에 살지만, 또 산소 때문에 죽는다는 이야기, 들어 보셨죠? 노화의 다른 말을 산화라고도 하잖아요. 사과를 깎아 두면 갈색으로 변하는 것도, 철에 녹이 스는 것도 모두 산화거든요. 건강 기능 식품이 당신의 몸이 산화되는 시간을 더디게 만드는 데 도움을 드릴 수 있습니다."

- 알칼리 이온수기를 권유하는 경우

"당장 식습관을 바꾸긴 어려워도 당장 식수관을 바꾸는 건 가능해요. 이 제품은 건강에 도움이 되는 알칼리수가 콸콸 쏟아져 나옵니다. 과일이나 채소도 알칼리수에 적시면 보관기간이 더 길어질 수 있다는 이야기, 들어 보셨을 겁니다. 우리 몸도 알칼리수로 꾸준히 적셔 주세요. 분명 건강에 도움 됩니다."

- 입원비 보험을 권유하는 경우

"고객님, 행복한 삶은 결국 병원에서 시작해 병원에서 끝난다는 이야기, 들어 보셨죠? 다리 밑에서 태어나지 않으셨고, 밖에서 객사하지 않으실 거잖아요. 그만큼 누구나 인생의 마지막 순간은 결국 병원에서 맞이할 가능성이 높죠. 그런데 만약 저축만 열심히 하면 언젠가 그 돈 결국 병원에 갖다주게 될지 모릅니다. 보험으로 준비하세요. 더 적은 돈으로 준비할 수 있습니다."

• 연금 보험을 권유하는 경우

"여러 고객님들을 뵙다 보면, 젊은 분들은 연금보다 목돈을 선호합니다. 연배가 있으신 분들은 목돈보다 연금을 선호하시고요. 이유를 여쭤 보니 나이 들면 목돈도 짐이라고 느껴지신대요. 오죽하면 노후 목돈은 근심거리이고, 노후 연금은 생명수라는 말까지 하겠습니까. 연금 보험은 자산이라는 무거운 짐을 노후에 바로 먹을 수 있는 연금이라는 생명수로 바꿔 주는 역할을 합니다."

• 종신 보험을 권유하는 경우

"사람이 살면서 절대 피할 수 없는 두 가지가 있다는 이야기, 들어 보셨죠? 바로 죽음[주금]과 세금이라고 합니다. 특히 고객님처럼 부동산 자산이 많은 분들은 두 가지가 한 번에 닥쳐오는 경우가 있어요. 바로 사망 후 상속세를 내야 할 때입니다. 자녀 입장에서는 상속세를 현금으로 준비하기도 어렵죠. 그렇다고 부동산을 헐값에 처분하기는 더 난감하니까요. 종신 보험으로 모두 준비하실 수 있습니다."

• 키 성장 영양제를 권유하는 경우

"쓰고 버리는 물건이야 가성비(가격 대비 성능)를 보는 게 맞지만, 몸에 고스란히 남는 키 영양제는 시성비(시간 대비 성장)를 보셔야 합니다."

유명 작사가나 래퍼들이 머리를 싸매고 라임에 목숨 거는 이유를 생각해야 합니다. 시간이 남아서 그럴까요? 아닐 겁니다. 세일즈 언어를 다루는 당신도 마찬가지입니다.

" 라임이 곧 매출로 이어집니다."

작사가의 마음으로, 래퍼의 마음으로 당신의 세일즈 언어를 점검해
보세요.

● 백 세 노 트 ● 이 책의 가치를 백 배 높이는 세일즈 노트

쓰세요. 마구 끄적이세요. 읽기만 하면 남의 지식입니다. 쓰기 시작하는 순간 내 지식이 됩니다.

Q 당신의 상품을 소개할 수 있는 문구를 한 줄 만들어 보세요. 단, 라임이
살아야 합니다. 작사가의 마음으로, 래퍼의 마음으로 가볍게 적어 보세
요. 쓰고 싶은 단어가 있는데 운율이 맞지 않는다면 포털 사이트 사전 검
색을 활용해 보세요. 당신이 쓰고 싶은 단어를 검색한 후 유사한 의미가
있는 단어로 어떤 것들이 있는지 보면 됩니다.

제 2 부 **잘 파는 사람은**

이렇게 팝니다

잘 파는 사람은
자신을 좋은 사람으로 보이게 합니다

코로나 이후 당신이 종사하는 분야에서도 많은 변화가 일어났나요? 이전에도 존재했던 변화이지만, 그 속도가 최근 급격하게 빨라졌습니다.

혹자는 "대면 세일즈의 시대는 끝났다. 이젠 비대면 세일즈가 답이다."라고 말합니다. 하지만 결론부터 말씀드리면 매우 위험한 생각입니다. 대면이냐 비대면이냐는 시장 변화의 핵심이 아니기 때문입니다. 이는 겉으로 보이는 형태의 변화일 뿐, 본질의 변화가 아닙니다.

만약 그것이 본질이라면 비대면 세일즈 분야에 뛰어든 사업자 누구나 코로나 이후 급격한 성장을 했어야 합니다. 대면 분야에 종사하는 사업자는 혹독한 결과를 맞이 했어야 합니다. 하지만 결과는 어땠을까요? 대면과 비대면에 큰 상관없이 잘 안되던 사업자는 계속 안됐습니다. 잘되던 사업자는 상황이

어떠한들 계속 잘됐습니다. 결국 대면이냐 비대면이냐가 시장 변화의 본질은 아니라는 뜻입니다.

그렇다면 변화의 본질은 무엇일까요? 바로 '정보 중심'에서 '신뢰 중심'으로의 변화입니다. 이 변화의 물결은 고작 수년 내에 나타난 미시적 흐름이 아닙니다. 세일즈의 역사와 함께한 거시적 흐름입니다.

과거엔 판매자가 구매자에 비해 압도적으로 '정보의 우위'를 점했습니다. 제아무리 부지런한 구매자라 해도 상품 관련 정보를 얻는 데에는 한계가 있었거든요. 그래서 판매자가 구매자에게 충분한 정보를 주지 않으면 구매자는 스스로 결정하기가 매우 어려웠습니다. 하지만 이제는 구매자 역시 판매자에 준하는 정보를 가질 수 있는 시대입니다. 결국 정보만을 줄 수 있는 판매자는 도태될 수밖에 없는 구조가 된 것입니다.

당신 역시 사업자이기 이전에 소비자입니다. 소비자인 당신에게 묻습니다. 뭔가를 살 때 정보가 부족해서 못 샀던 경험이 있나요? 아닐 겁니다. 이제는 검색창에 사고 싶은 키워드를 대충 입력하기만 해도, 심지어 오타를 내도 자동으로 자신이 찾고자 하는 키워드로 변환시켜 줍니다. 그만큼 정보 수집 과정이 쉬워졌고, 정보의 양도 차고 넘칠 정도로 많아졌습니다. 결국 그간 소비자가 선택을 망설였던 이유는 정보의 부족이 아니었습니다. 그저 '신뢰'를 줄만한 사업자, 세일즈맨, 플랫폼을 접하지 못했기 때문입니다.

그도 아니라면 아마 기겁할 정도로 넘쳐 나는 정보의 양에 질려 버렸을지도 모릅니다. 자신에게 도움이 되는 상품과 서비스를, 자신을 누구보다 잘 아는 사람, 회사, 플랫폼이 추천해 줄 때 믿음으로 사고 싶다는 열망이 존재하는 정보 과잉 시대입니다. 신기하고 신박한 걸로만 승부하는 시대는 지나갔습니다. 앞으로는 상품과 사업자, 그리고 회사와 플랫폼에 어떤 신념이 있는지, 그리고 그 신념이 얼마나 신뢰할 수 있는지를 기준으로 승부하는 시대입니다.

수십억을 들여 만든 기업의 광고에는 콧방귀도 안 뀌는 소비자들이 옆집 민수 엄마의 추천에는 귀를 쫑긋 세웁니다. 톱스타의 추천에는 콧방귀도 안 뀌던 소비자가 직장 옆자리 김대리의 간증에는 기꺼이 지갑을 여는 시대입니다.

국내 세일즈 시장에서 제가 요즘 유독 관심을 두고 지켜보는 분야는 세 군데입니다.

첫 번째, 인스타그램, 네이버 밴드, 카카오톡 등 SNS 채널을 필두로 한 공구(공동구매) 분야의 부활. 두 번째, 라이브 쇼핑. 끝으로 네트워크 마케팅 분야. 이 세 분야는 이미 성장을 했고 지금도 성장하고 있습니다만, 앞으로 더 두각을 나타낼 것이라 예상합니다. 그런데 이 세 분야의 공통점을 대면이냐 비대면이냐로 구분해 정의할 수 있을까요? 글쎄요. 앞서 말씀드렸듯 그건 현상에 불과합니다. 이 세 분야의 공통점 역시 바로 철저한 '신뢰' 기반의 플랫폼이라는 것이 본질입니다.

세일즈의 형태가 제아무리 변화한다 해도 본질은 쉽게 바뀌지 않을 것입니다. 그리고 그 중심엔 '신뢰'가 있습니다. 주변에서 들리는 '카더라' 통신에 귀가 팔랑거려 오로지 외형만 신경 쓰고 세일즈의 본질에 대해 깊이 생각하거나 고민하지 않는다면 그 끝은 뻔합니다. 그러니 국민 셀러님들이여, 무언가를 팔기 전에 세일즈의 본질에 대해 깊이 고민하고 접근하길 소망합니다.

앞서 제1부에서 당신의 상품을 좋아 보이게 만드는 방법에 대해 이야기했습니다. 하지만 아무리 좋아 보이게 만든다 해도 정작 당신이 고객에게 좋은 사람이라는 인상을 주지 못한다면 아무것도 팔리지 않을 겁니다. 자신의 상품을 더 좋아 보이게 만드는 방법들을 통해 상품을 좋아 보이게 변화시켰다면, 이젠 자신이 변화해야 할 차례입니다. 당신 역시 신뢰를 줄 수 있는 '좋은 사람'으로 각인돼야 합니다. 그래야 잘 팔립니다.

강의와 컨설팅을 병행하다 보면 파는 사람들의 넋두리를 자주 접합니다.

"저는 왜 안 되는 걸까요? 세일즈의 신이 있다면 그 신은 저를 버린 것 같아요."

"저 사람이나 저나 똑같은 걸 파는데, 왜 저 사람이 팔면 팔리고, 제가 팔면 안 되는 걸까요? 심지어 저 사람이랑 멘트도 똑같거든요."

"저는 유독 운이 없는 사람인 것 같아요. 열심히 한다고 해도 늘 그 자리이고, 뭐가 문제인지 모르겠습니다."

"이제는 누군가한테 굽신거리기도 싫고, 아쉬운 소리 하기도 싫습니다. 가만히 있어도 고객이 먼저 연락오게 만드는 방법이 있을까요? 없겠죠?"

혹여나 당신도 비슷한 고민을 해본 적이 있나요? 제2부에서 그 해답을 드리려 합니다. 제가 '만든' 해답이 아닌, 제가 '찾은' 해답입니다.

세일즈 분야에 종사하는 분들을 연간 수백 번 이상 코칭하다 보면 각 분야에서 최고의 성과를 내는 세일즈 전문가들을 많이 만납니다. 보험설계사만 수만 명에 달하는 보험사에서 실적으로 10년 가까이 전국 1등을 단 한 번도 놓치지 않았던 분을 비롯해 자동차 딜러, 백화점 샵 마스터, 네트워크 마케팅 분야 종사자, 부동산 중개업자, 변호사, 한의사 등 각 분야에서 최고의 성과를 내는 분들을 만나며 느낀 공통점이 있었습니다. 이제부터 그분들과의 인터뷰, 연간 300회 이상의 강연, 그리고 저명한 학자들이 쓴 논문 등을 토대로 정리한 '잘 파는 사람들의 공통점'들을 소개하려 합니다.

그 전에, 딱 한 문장만 당신의 가슴 속에 품고 읽어 보길 부탁드립니다.

'결국, 역시 감정이더라.'

감정을 3단계로
공략합니다

잘 파는 사람들은 하나같이 3단계를 밟으며 상대의 이성과 감정을 공략합니다.

1단계: 이성의 가면 벗기기

우리는 무언가를 팝니다. 그리고 누군가는 그 무언가를 삽니다. 그런데 그 누군가는 그 무언가를 '아무에게나' 사고 싶어 하지는 않는 것 같습니다. 적어도 분야의 최고 전문가에게 사기를 원합니다. 내가 쓰고 있던 이성의 가면을 벗겨 줄 전문가와의 진실된 만남을 통해 그 무언가를 선택하기를 원합니다. 고객은 지금까지 이성의 가면을 쓰고 당신을 대했고 앞으로도 그럴 겁니다. 그리고 아마도 속으로 이렇게 당신에게 말하고 있을지 모릅니다.

"저는 굉장히 논리적이고 이성적이고 분석적이며 합리적인 사람입니다. 당신이 소개하는 그 상품과 그 서비스를 저도 이미 알고 있어요. 그러니 그게 왜 좋은 건지, 그리고 그걸 왜 굳이 당신에게 사야 하는지 논리적이고 합리적인 이유를 부탁드립니다."라고 말이죠.

각 분야를 대표하는 초고수들의 첫 번째 스텝은 바로 '이성의 가면 벗기기'입니다.

> **" 잘 팔고 싶다면 가장 먼저 상대가 당신을**
> **해당 분야의 전문가로 인식하게끔 만들어야 합니다."**

"어? 저분은 정말 전문가로군. 나보다 아는 게 많은걸? 이쪽 분야 경험도 많은 것 같고. 저런 분이라면 나도 괜히 폼 잡으며 아는 척 그만하고 편하게 이것저것 물어봐도 좋겠어."라고 말입니다.

만약 상대의 이성의 가면을 벗기지 못한다면, 즉 고객으로부터 전문가라 인정받지 못한다면 다음 단계인 감정을 향해 나아가기란 사실상 불가능합니다.

여기서 잠깐, 당신에게 묻고 싶습니다. 당신은 당신이 속한 분야의 전문가라고 자부할 수 있나요? 누구보다 잘 알고 있다고 자신할 수 있나요? 만약 이 질문에 자신 있게 대답하지 못한다면, 죄송하지만 아직 준비되지 않은 것입니다. 죄송하지만 이 책을 잠시 덮고 먼저 당신이 속한 분야의 전문가로 거듭나기 위한 공부를 추천합니다. 상대에게 전문가로서 다가가지 못한다면, 첫 번째 단계에서부터 '턱' 걸릴 수밖에 없기 때문입니다.

2단계: 감정 공략하기

살다 보면 이성만으로는 설명되지 않는 일이 너무나 많습니다. 직장 상사의 이성적이고 논리적인 말씀은 아무리 생각해도 흠잡을 곳이 없습니다. 어쩌면 그리도 틀린 말이 하나도 없을까요. 그런데요, 듣기 싫습니다. 이유는 모르겠지만 그냥 듣기 싫습니다. 옳은 말씀 대잔치인 건 알겠는데, 구구절절 틀린 말씀이 하나도 없는데, 왜 싫은지 설명은 못하지만 그냥 싫습니다. 결코 그분의 말씀이 논리적이지 않아서가 아닙니다. 단지 이 상황에서조차 내 마음도 몰라 주고 논리적이기만 한 상사가 야속하게 느껴지는 겁니다. 그건 그냥 당신의 감정 때문입니다.

부하 직원의 입장에서만 그렇게 느끼는 걸까요? 상사의 입장에서는 다를까요? 당신이 만약 팀장이라면 팀원을 대할 때에도 역시 지극히 감정적일 겁니다. 인정하기 싫겠지만 그게 사실입니다. 예를 들어 보죠. 한 팀원이 있습니다. 논리적으로만 봤을 땐 상사인 당신이 그 친구에게 잘해 줄 이유는 눈을 씻고 찾아봐도 없습니다. 오늘도 똑같은 실수를 반복하고, 아직도 숫자를 틀려서 계속 했던 말을 또 하게 만듭니다. 오늘 그 친구 때문에 고생한 것만 생각하면 잘해 줄 이유가 전혀 없습니다. 조용한 곳으로 데리고 가서 눈물 쏙 빠질 때까지 꾸중을 하는 게 맞습니다. 아무리 생각해도 그게 맞습니다.

그런데 말이죠, 이상하게도 그 친구에겐 싫은 소리를 하려 해도 잘 안 됩니다. 아마 다른 팀원이 똑같은 실수를 했다면 눈물을 쏙 빼놨을 텐데 신기하게도 그 친구에게는 그게 잘 안 됩니다. 왜일까요? 맞습니다. 그 친구는 예쁩니다. 당신을 보며 씨익 웃는 미소도 예쁘고, 하는 짓도 예쁩니다. 일은 잘 못하지만 열심히 하려는 모습을 보면 짠하게 느껴지기도 합니다. 예전 당신도 그 친구처럼 어리숙했던 기억이 있거든요. 그 친구가 지금껏 저 나름대로 노력했던 것도 누구보다 잘 알기에 측은하기까지 합니다. 당신은 분명 모든 팀원을 공정하게 대해야 하는 팀장입니다. 이성적으로만 생각한다면 그 친구에게 싫은 소리를 해야 하는 게 맞습니다. 하지만 잘 안 됩니다. 그 친구를 대할 때만큼은 논리는 온데 간데없이 사라져 버립니다. 그런 당신에게 누군가 공정하지 못한 리더라며 손가락질 하나요? 리더로서 자격 미달이라고 하나요? 아닙니다. 당신은 지극히 정상입니다.

쇼핑도 마찬가지 아닐까요? 명품 백을 사게 만든 건 당신의 이성입니까, 아니면 감정입니까? 단언컨대 감정일 겁니다. 명품백? 그냥 예뻐서 산 겁니다. 거기에 무슨 기막힌 논리가 있겠습니까?

시장에서 파는 소가죽 가방이나 명품 브랜드에서 파는 소가죽 가방이나 소가죽이라는 원자재는 같은 나라에서 생산할지도 모릅니다. 물론 명품 브랜드에서는 이야기합니다. 가죽 등급에도 차이가 있다고. 그런데 과연 그 차이가 얼마나 큰지 모르겠습니다. 별반 차이 없는 가죽에다 박음질 좀 신경 쓰고 명품 로고를 붙여 놨다는 이유만으로 몇백만 원 차이가 난다는 건 논리만으로는 이해되지 않기 때문입니다.

이성적으로만 생각한다면 가방 한 개 살 돈으로 수십 개를 사서 한 달 내내 매일 바꿔 메고, 그래도 남으면 주변에 선물도 하는 게 훨씬 더 낫지 않을까요? 그럼에도 우리는 거금을 주고 명품 로고가 단아하게 박혀 있는 가방을 삽니다. 이유요? 예쁘니까요. 그냥 갖고 싶은 겁니다. 하지만 이런 진짜 속내를 누군가에게 솔직하게 말한다는 건 쉽지 않습니다. 이성의 가면 뒤에 당신의 감정을 감추고 가방을 산 이유를 합리화하며 주변에 이야기하고 있지는 않나요?

명품 백을 산 당신에게 친구가 이렇게 물을 겁니다.

"야, 너 그거 왜 샀어? 너무 비싸지 않아?"

맞습니다. 이건 분명 질투입니다. 질투 어린 시선으로 삐딱하게 물어 온다는 걸 알지만 "응? 그냥, 예뻐서. 몰라 그냥 지르고 싶었어."라고 말하긴 싫습니다. 그렇게 말하는 순간, 당신은 합리적이지 못한 사람이 되어 버리거든요. 과소비에 물들어 전혀 논리적이지 않은 소비를 일삼는 그런 사람 말입니다. 그건 용납이 안 됩니다. 그래서 머리를 굴려 이성적 이유를 만들어 냅니다.

"아, 이거 네가 잘 모르나 본데, 샤테크(샤넬+재테크)라고 들어 봤지? 나중에 중고로 되팔아도 제값 이상 받을 수 있다더라고. 살 때 가격은 조금 높지만 길게 보면 오래 두고 멜 수 있을 것 같아서 그냥 투자한다 생각하고 샀지 뭐."

이 역시 거짓말입니다. 재테크라니요. 아닙니다. 그냥 산 겁니다. 예뻐서 갖고 싶었던 겁니다. 정말 재테크가 목적이었다면 다른 곳에 투자하는 게 더 낫지 않았을까요. 당신의 소비를 이끌었던 것 역시 결국 감정이었습니다. 이처럼 우리의 선택은 대다수 논리적이지 않습니다.

혹시라도 오해할까 봐 전하는 한 말씀. 논리가 필요 없다는 이야기가 절대 아닙니다.

" 논리가 중요하지 않을 수도 있다는 겁니다."

인간의 선택과 함께 파는 행위 역시 감정의 영역입니다. 이성이 하는 일은 어찌 보면 감정의 뒤를 쫓아다니면서 감정이 내린 결정에 대한 적당한 핑계를 찾아 주는 일일지도 모릅니다. 감정은 늘 이성을 이기니까요. 아무리 탄탄한 논리를 촘촘하게 엮어 낸다 해도 인간의 감정적 선택은 그 촘촘함을 무시할 수 있다는 뜻입니다.

그렇다면 이처럼 감정적인 선택을 하는 누군가에게 뭔가를 판다는 건 결국 감정을 공략해야 가능한 일입니다. 그렇다면 어떻게 감정을 공략할 수 있을까요? 그건 이어지는 이야기에서 다룰 겁니다. 일단은 잘 파는 사람들이 밟은 탁월한 3단계를 정리하는 게 먼저니까 조금만 더 참고 읽어 주세요. 자, 이제 마지막 3단계로 넘어가 보겠습니다.

3단계: 이성의 가면 씌우기

지금 이 글을 끄적이고 있는 저 역시도 감정이 우리 선택의 대부분을 결정한다는 사실을 인정하기까지 꽤 오래 걸렸던 것 같습니다. 저는 제가 굉장히 이성적이고 합리적이고 논리적인 사람인 줄 알았거든요. 그런데 작은 물건 하나를 사는 것부터 지인과의 대화, 심지어 제 고객을 대할 때의 태도까지 모두 감정이 이끈 선택의 결과였음을 고백합니다. 수천을 들여 차를 사고, 수억을 들여 집을 사는 것과 같은 중차대한 결정에도 늘 주인공은 감정입니다. 돌이켜 보면 후회되는 선택은 참 많습니다. 그럼에도 그 후회조차 너무 속상하기에, 감정적 선택이었음을 인정하기 쉽지 않기에, 뒤늦게라도 이성의 가면을 찾게 됩니다.

예를 들어 보겠습니다. 한 보험설계사가 있습니다. 지인의 소개를 통해 한 고객을 만납니다. 앞서 설명드렸듯 고객이 쓰고 있는 이성의 가면을 먼저 벗겨야겠지요? 이성의 가면을 벗기려면 이성적인 이야기를 무기로 고객에게 나를 전문가로 인식시켜야 합니다.

"고객님, 변기가 터지는 경우가 많을까요, 아니면 막히는 경우가 많을까요? 당연히 막히는 경우가 많겠죠. 혈관 관련 질환도 마찬가지입니다. 혈관이 터져서 문제가 되는 뇌출혈보다 막혀서 문제가 되는 뇌경색이 다섯 배 정도 더 많습니다. 이전에 가입하신 보험을 살펴봤습니다. 애석하게도 뇌출혈에 대한 보장은 잘 준비하셨는데, 뇌경색에 대한 보장은 전혀 준비를 못 하셨더라고요. 보장은 폭넓게, 그리고 보험료는 더 알뜰하게 내실 수 있는 방법을 말씀드리고 싶은데 잠시 시간 괜찮으실까요?"

이렇게 운을 뗀다면, 고객은 어떤 마음이 들까요?

'음…. 저 설계사가 하는 말이 틀린 말은 아니네. 딱 봐도 전문가 같아. 들어 보면 유용한 정보를 얻을 수도 있을 것 같아. 한번 들어 볼까?'

바로 이성의 가면이 벗겨지는 순간입니다. 비로소 고객의 감정과 마주할 기회를 잡았다는 뜻입니다. 이제 고객의 감정을 공략하면 됩니다.

감정을 공략하는 방법에 대해서는 뒤에 가서 구체적인 방법들을 소개하겠습니다.

어쨌든 다행히도 고객의 감정을 잘 공략해 최종 선택을 앞두고 있다고 가정해 보겠습니다. 생각만으로도 기쁘고 뿌듯합니다. 하지만 기쁨에 취해 있어서는 안 됩니다. 진짜 고수는 여기서 세 번째 단계(이성의 가면 씌우기)로 나아갑니다. 바로 조금 전에 벗겼던 이성의 가면을 다시 씌워 줘야 합니다.

설사 고객이 감정적으로 선택했다고 해도 마지막 순간에는 당신이 벗기고 들어갔던 이성의 가면을 다시 씌워 주며 나와야 합니다. 그(녀)의 선택이 매우 이성적 판단에 근거한 합리적 선택임을 인정해 줘야 한다는 뜻입니다.

" '당신의 선택은 결코 감정에만 치우친 선택이 아닙니다.
전문가인 제가 봤을 때 매우 합리적이고 이성적이고 탁월한 선택입니다.
안목 있는 당신이기에 이런 현명한 선택을 할 수 있었던 거죠.
주변에 자랑하셔도 됩니다! '라고 말이죠."

방금 예로 들었던 설계사의 경우라면 이렇게 말할 수 있을 겁니다.

"정말 잘 선택하셨어요. 집 다음으로 가계 지출의 큰 축을 차지하는 보험인데도 제대로 가입하셨거나, 또는 본인의 보장이 어떤지 잘 알고 계신 분들은 많지 않습니다. 탁월한 안목 덕분에 이렇게 좋은 상품을 알아보고 선택하실 수 있었던 것 같아요. 주변에 보험을 잘 알고 계신 분께 이런 보험을 준비했다고 얘기하시면 아마 다들 잘했다고 엄지 척 해 줄 겁니다. 주변에 자랑 많이 하셔도 돼요."

전문가로서 이성적으로 접근하여, 상대의 이성의 가면을 벗긴 후, 감정을 공략하고, 다시 이성의 가면을 씌우는 3단계의 개념에 대해 이해가 됐나요? 제가 만났던 잘 파는 사람들은 이렇게 팔고 있습니다.

다시 한번 정리합니다. 누군가의 선택을 이끄는 핵심은 어디까지나 감정입니다. 하지만 이 감정이라는 녀석은 쉽게 정체를 드러내지 않습니다. 이성의 가면 뒤에 숨어서 나를, 그리고 그(녀)를 조종할 뿐입니다. 감정이라는 녀석을 만나기 위해서는 반드시 이성이라는 가면을 벗겨야 합니다.

" 선택을 이끄는 주인공은 감정이지만 상대가 당신을 믿고,
또 상대가 자신의 선택에 대한 확신을 갖게 만드는 건
결국 이성이기에 '이성 → 감정 → 이성'의 순서를 잊으면 안 됩니다."

쓰세요. 마구 끄적이세요. 읽기만 하면 남의 지식입니다. 쓰기 시작하는 순간 내 지식이 됩니다.

 '이성 → 감정 → 이성'의 포인트를 참고해 누군가의 선택을 이끌어 냈던 경험이 있나요? 그때의 기억을 간략하게 끄적여 보세요.

1) 이성 공략 포인트: "저는 전문가입니다."

2) 감정 공략 포인트: "저는 좋은 사람이며, 당신은 저에게 소중한 사람이기에 이런 제안을 드립니다."

3) 이성 공략 포인트: "당신의 선택은 매우 합리적이며 탁월한 선택입니다."

일단 웃고
또 웃습니다

자, 이제부터 감정을 공략하는 방법들이 하나씩 공개됩니다. 하나씩 하나씩 당신의 것으로 만들어 보세요. 좋은 사람으로 느껴지게 만들어 감정을 공략하는 구체적인 방법, 첫 번째는 바로 '씨익'입니다. 맞습니다. 당신이 예상한 바로 그것, '미소'입니다.

'뭐야, 웃으라고? 그럼 좋은 사람으로 느껴진다고? 고작 그런 솔루션을 주기 위해 앞서 그리도 많은 이야기를 했던 거야? 나 참….'

죄송합니다. 이 책을 읽고 있는 당신의 입에서 한숨이 피식 나왔을지도 모릅니다. 저를 욕해도 괜찮습니다. 그런 당신의 기분을 누구보다 이해합니다. 저 역시 당신과 똑같은 반응을 보였거든요. 세계적인 석학들이 쓴 논문들을 찾아보고 짧은 영어 실력으로 번역기를 돌려 가며 확인한 결론이 '웃어야 한다'였으니까요. 고작 이걸 알아내기 위해 그 오랜 시간을 허비했던 것인가 싶어 허망했습니다.

그렇게 컴퓨터 화면을 덮으려던 순간, 문득 제가 만났던 최고의 영업 고수님들의 얼굴이 스쳐 지나가더군요. 공통적으로 그분들의 얼굴을 떠올릴 때 생각난 건 미소였습니다. 잘 파는 사람들은 일단 상대를 편하게 만들며 무장 해제시킵니다. 그 무기는 바로 미소였습니다.

" 잘 파는 사람들은 누구보다 미소를 잘 활용하는 사람들입니다."

워싱턴대학교 인문학부 학생 116명을 대상으로 실시한 모의 면접 실험에서도 이는 잘 드러나 있습니다.[3] 이 실험에 참가한 학생들은 자신들이 실험의 대상이라 생각하고 참여했습니다. 하지만 진짜 실험의 대상은 학생이 아닌 면접관들이었습니다. 사전에 연구진은 면접관들에게 "당신은 어떤 기준으로 면접의 당락을 결정하실 건가요?"라고 물었습니다. 면접관들의 답변은 한결같았습니다. 직무 관련 능력, 직무 관련 스킬, 직무 관련 경험 등 해당 업무와 관련된 역량을 이성적으로 평가할 것이라고 답했습니다.

그러나 실험 결과는 예상과 달랐습니다. 모의 면접이 진행되는 동안 또 다른 변수였던 '직무와 관련 없는 요소'들이 오히려 결과에 더 큰 영향을 끼쳤던 거죠. '직무와 관련 없는 요소'들은 이러했습니다. 면접 지원자가 '활짝 웃는가, 눈을 마주치는가, 자신감 있게 행동하는가, 면접관과 유사한 취미를 가지고 있는가, 직무와 직접적인 관련은 없지만 다른 영역에서 성과가 있는가(이를 테면 IT회사 개발자를 뽑는데 과거에 수필 공모전에서 수상한 이력을 확인하기)'와 같은 것들이었습니다.

면접관들의 이성적이고 논리적인 답변과는 거리가 먼 '직무와 관련 없는 요소'들이 평가에 지대한 영향을 끼쳤던 겁니다. 실험이 끝난 후 면접관들에게 "어째서 이런 결과가 나온 것인가요?"라고 물었습니다. 면접관들의 반응은 어땠을까요? 자신들이 내린 비이성적이고 비논리적인 결과를 순순히 인정했을까요, 아니면 그럴 리 없다며 난색을 표했을까요? 물론 후자였습니다.

다시 한번 '직무와 관련 없는 요소'들을 살펴보겠습니다. 활짝 웃고, 눈을 마주치고, 자신감 있게 행동하고, 심지어 면접관과 유사한 취미를 가지고 있는 게 지원자의 직무 역량과 어떤 연관이 있는 걸까요? 예를 들어 한 면접관의 취미가 테니스라고 생각해 보겠습니다. 그런데 한 지원자가 초등학생 시절 테니스 선수 생활을 잠깐 했었고, 지금도 취미가 테니스라고 답했습니다. 그 면접관은 어떻게 느꼈을까요? 맞습니다. 그냥 반가웠을 겁니다. 그리고 왠지 일도 잘할 것 같다고 느꼈을 겁니다. 특별한 이유는 없지만 그냥 호감이 갔을 겁니다. 이처럼 '직무와 관련 없는 요소'들은 어디까지나 감정의 영역입니다.

판매 과정 역시 고객과 판매자 사이에 벌어지는 면접이라고 가정한다면, 이 연구 결과는 많은 것을 알려 줍니다. 당신이 누군가에게 뭔가를 팔고 싶다면 그(녀)를 만나 활짝 웃어야 합니다. 눈을 마주치며 자신감 있게 행동해야 합니다. 그리고 만약 상대와 유사한 취미가 있다면 적극적으로 어필해야 합니다. 아울러 당신이 다른 영역에서 낸 성과라 해도 슬쩍 자랑해야 한다는 말입니다.

그렇다고 해서 지금 당장 눈앞의 상대와 같은 취미를 시작하고, 자신이 하지도 않은 과거의 성과를 조작해 만들라는 말이 아닙니다. '직무와 관련 없는 요소'들 중 지금 당장 실천할 수 있는 것을 하면 됩니다. 그저 활짝 웃고, 눈을 마주치며, 자신감 있게 행동하는 것만으로도 충분합니다. 그 정도만으로도 상대는 당신을 충분히 '좋은 사람'으로 느낄 수 있습니다.

특히 미소는 굳이 배우지 않아도 지금 당장 써먹을 수 있는 가장 강력한 세일즈 스킬입니다. 원가 관리에는 인색해도 됩니다. 하지만 미소를 짓는 데에는 돈이 들지 않기에 미소만큼은 인색하지 않으면 좋겠습니다.

결국 감정입니다. 지금 당장 거울을 보거나 스마트폰 셀카 모드를 활용해 자신의 얼굴을 보며 활짝 웃어 보세요. 만약 마스크를 쓰고 누군가를 만나야 하는 상황이라면 당신의 눈이 활짝 웃고 있는지를 확인해야 합니다. 미소는 상대의 무의식으로 파고들어 경계를 풀게 만듭니다. 그(녀)의 감정을 공략하는 무언의 세레나데입니다.

그럼 이와 같은 '씨익' 전략은 왜 먹힐 수밖에 없는 걸까요? 아래 내용은 어디까지나 저의 뇌피셜(정확한 정보가 아닌, 누군가의 뇌에서 나온 그냥 생각)입니다만, 한번 읽어 보세요.

오래전 자연 상태에서 인간의 논리적 판단은 그다지 큰 의미가 없었을지 모릅니다. 예를 들어 한 인간이 작은 짐승을 사냥하기 위해 돌아다니던 중 사자와 맞딱뜨린 상황을 상상해 보세요. 그가 논리적 판단을 시작한다고 가정해 보겠습니다.

'내 눈앞에 사자가 나타났다. 자, 당황하지 말고 이성적이고 논리적으로 현 상황을 분석해야 한다. 사자의 크기는 3미터 내외. 난 고작 2미터도 되지 않는다. 체급과 힘에서 밀린다. 정면 승부는 승산이 없다. 내가 활용할 수 있는 무기는 왼손에 들고 있는 작대기 하나가 전부다. 작대기로 사자의 시선을 분산시킨 후 옆구리를 타격할까? 아니다. 체급 차가 있기에 내가 때려봤자 큰 의미가 없을 것 같다. 그럼 어떻게 하지? 주변에 도움을 요청해 볼까? 아니, 그건 불가능하다. 작은 짐승을 잡기 위해 나 홀로 무리에서 떨어져 나온 지 수 시간이 지났다. 내가 아무리 크게 소리를 질러도 그걸 들어 줄 동료 따윈 없다. 하…. 어떻게 해야 한단 말인가. 어쩔 수 없다. 무조건 도망치는 수밖에. 잠깐, 그런데 내가 아무리 빠르게 달린다 한들 시속 30킬로미터 정도일 텐데. 그리고 최고 속도로 달릴 수 있는 시간은 고작해야 1분 남짓. 사자는 분명 나보다 빠르다. 그럼 무작정 도망치는 게 의미가 있을까? 그렇다면 사자가 쫓아오기 힘든 경로를 선택해야 한다. 여기서 어느 방향으로 뛰어야 사자가 쫓아오기 어려울까? 그래! 후방 4시 방향으로 뛰어야겠다. 작대기는 들고 뛸까, 아니면 버리고 뛸까? 그래 작은 작대기이긴 하지만 달릴 때 거추장스러울 수 있으니 버리고 뛰어야겠군. 자, 뛰자!'

과연 이 사람은 살아남았을까요? 아닐 겁니다. 일련의 논리적 판단이 끝나기 훨씬 전에 이미 잡아먹혔을 겁니다. 당장에라도 날 잡아먹으려는 사자 앞에서 논리적 판단과 이성적 분석은 의미 없었을 겁니다. 오래전에 돌아가신, 논리적 판단과 이성적 분석이 특기였던 그 선조님은 죄송하지만 살아남을 운명이 아니었던 거죠. 그래서 후대에 자신의 유전자를 남기지 못했을 겁니다.

반면 '으악! 뭐야?! 몰라! 뛰어!'라며 직관적 판단에 의존했던 선조님은 어땠을까요? 맞습니다. 희박한 확률이지만 다행히도 살아남아 후대에 유전자를 남길 수 있었을 겁니다. 아마도 후대를 살아가고 있는 우리의 유전자 어딘가에는 오래전 직관적 판단에 의존했던 선조님의 유전적 특성이 그대로 남아 있을 겁니다. 세월이 흘러 그 직관적 판단의 습성은 인간이 누군가를 만났을 때, 상대가 적인지 아닌지를 무의식적으로 판단할 수 있도록 발전해 왔을 겁니다.

인간만이 미소를 지을 수 있는 거의 유일한 동물이라고 합니다. 그래서 미소는 인간이 인간을 만났을 때 적인지 아닌지를 구분 짓는 가장 중요한 시그널이었을 겁니다.

> **" 결국 '씨익'이라는 시그널은 인간과 인간이 만났을 때**
> **경계심을 허무는 가장 쉬운 열쇠입니다."**

'웃지 않으려거든 가게 문을 열지 마라.'

전 세계 부의 대다수를 장악하고 있다는 유태인의 속담입니다. 물론 우리말에도 미소의 중요성을 이야기하는 속담은 있습니다.

'웃으면 복이 온다.'

'웃는 얼굴에 침 뱉으랴.'

그런데 둘 다 수동적이라는 인상을 지울 수 없습니다. 복이 올 거라는 막연한 바람, 그리고 상대가 침을 뱉을 것 같으면 그제야 억지로 짓는 방어 수단으로서의 미소였던 거죠. 하지만 유태인의 속담은 다릅니다. 웃지 않으려거든 집 문도, 학교 문도 아닌 가게 문을 열지 말라고 단언합니다. 그들은 미소가 돈이 된다는 것을, 결국 미소가 모든 비즈니스의 시작임을 이미 알고 있었던 겁니다.

저도 당신과 같은 '파는 사람'입니다. 콘텐츠라는 무형의 지적 재산을 팔며 생계를 유지하는 저에게 이 속담을 적용해 봅니다.

'웃지 않으려거든 강의하지 마라.'

'웃지 않으려거든 코칭하지 마라.'

'웃지 않으려거든 컨설팅하지 마라.'

당신이 직장인이라면 웃지 않으려거든 출근도 하면 안 됩니다. 억지로 웃을 자신이 없어 퇴사를 해야겠다고요? 그냥 한번 씨익 웃으면 되지 않을까요?

국내 모 기업의 고객 센터에 강의를 하러 간 적이 있습니다. 전화로 고객에게 무형의 상품을 소개하고 계약까지 이끌어 내는 업무를 하는 분들이었습니다. 그분들에게 "웃으셔야 합니다. 웃지 않으시려거든 고객에게 전화하면 안 됩니다."라고 말씀드렸더니 한 분이 이렇게 말씀하더군요.

"강사님, 그런데 고객은 저희 얼굴을 보지 못합니다. 비대면 상황에서 판매와 계약이 이루어지기 때문입니다."

그 순간 잠시 정적이 흘렀습니다. 저는 잠시 뒤에 그분에게 답변을 드렸습니다.

"그렇게 생각하실 수도 있습니다. 하지만 인간의 직감은 정말 무섭습니다. 눈에 보이지 않는다 해도, 수화기 너머로 목소리만 들어도 그 사람의 표정까지 보입니다. 목소리의 미세한 톤만으로도 상대가 웃으며 말하는지, 아니면 인상 쓰고 말하는지, 심드렁하게 말하는지는 다섯 살짜리 꼬마도 압니다."

코로나 이후 오프라인 매장들이 어려움을 호소합니다. 그럼에도 잘되는 매장은 늘 잘됩니다. 그 차이는 뭘까요? 매장에 들어서는 순간, 당신을 무장 해제시킨 가장 강력한 무기는 뭐였을까요? 맞습니다. 반갑게 웃으며 인사하는 점원의 얼굴이었을 겁니다. 반갑게 웃으며 인사하는 수화기 너머 직원의 목소리였을 겁니다. 웃고 또 웃어야 합니다.

"미소는 매우 쉽게 배워
바로 써먹을 수 있는 최고의 세일즈 스킬입니다."

여기서 잠깐 팁을 하나 드리겠습니다. 마스크가 일상의 일부가 된 지 벌써 수년째입니다. 마스크로 얼굴의 절반을 가리고 고객들을 만나기에 그저 그런 미소만으로는 부족합니다. 당신의 '눈'이 웃어야 한다는 사실을 꼭 기억해 주세요. 책을 잠시 덮고 마스크를 쓴 상태에서 거울을 보며 웃어 보세요. 당신의 눈에서 당신이 전하려는 따뜻한 온기가 전해지나요? 만약 아니라면 오늘부터 눈으로 웃는 연습에 시간을 투자하길 추천합니다. 당신이 어느 분야에서 누구를 만나든, 당신의 미소가 만들어 내는 따뜻한 분위기는 누군가의 선택에 용기를 주는 촉매제가 됩니다. 말과 글로 팔지만, 그 시작은 눈이라는 사실을 명심해야 합니다.

미소는 상대를 풍요롭게 만들 뿐, 자신을 가난하게 만들지 않습니다. 더구나 미소가 필요 없을 정도로 부유한 사람은 없습니다. 타인의 미소를 누리지 못할 정도로 가난한 사람도 없습니다. '씨익' 하고 미소를 짓는 순간, 상대는 당신을 좋은 사람으로 기억할 겁니다.

● 백 세 노 트 ● 이 책의 가치를 백 배 높이는 세일즈 노트

쓰세요. 마구 끄적이세요. 읽기만 하면 남의 지식입니다. 쓰기 시작하는 순간 내 지식이 됩니다.

Q 잠시 책을 덮고, 씨익 웃어 보세요. 이번엔 타인의 시선으로 당신의 미소를 보세요. 거울도 좋고 스마트폰 셀카모드도 좋습니다. 타인의 시선으로 보는 당신의 미소는 누군가에게 호감을 줄 만한가요? 만약 이 질문에 자신 있게 대답하지 못했다면, 오늘부터 수시로 거울을 보며 씨익 웃는 연습을 해보세요.

잘 듣고
잘 반응합니다

이번에는 상대를 향한 당신의 반응, 즉 '경청과 리액션'이 정말 중요하다는 걸 꼭 전하고 싶습니다. 하지만 너무 당연하다 느낄 것 같아 짧게 쓰겠습니다. 내용의 분량이 중요도를 결정하지 않는다는 걸 알아주세요. 경청과 리액션은 잘 파는 사람에게 그 무엇보다 중요하기 때문입니다. 정말 중요하지만, 방법은 의외로 쉽습니다.

> **"그저 상대의 이야기를 온 힘을 다해 들어 주고,**
> **살짝 반응해 주기만 하면 됩니다."**

경청은 '듣는 것'이 아닌, '들어 주는 것'입니다. 적어도 상대의 말을 들어 '줄' 때 경청은 완성됩니다. 경청과 리액션은 모든 커뮤니케이션에서 통하는 정공법입니다. 특히 판다는 것에 있어 경청과 리액션은 당신에게 세 가지 혜택을 선물해 줄 겁니다.

1. 신뢰를 만듭니다.
2. 구매 저항을 낮춥니다.
3. 상대의 자부심을 키워 줍니다.

방법은 쉽지만 실천은 어려운 게 바로 경청과 리액션입니다. 오금이 저려 오고 엉덩이가 아파도 들어 줄 수 있는 능력이니까요.

> **" 경청과 리액션은 끊임없는 훈련의 과정입니다.**
> **엄청난 인격 수양의 과정이기도 하고요."**

저희 집 둘째가 일곱 살이 되면서부터 부쩍 저에게 많은 질문을 합니다. 그런데 그 질문은 늘 한결같습니다.

"아빠, 아빠는 포켓몬 중에서 누가 제일 좋아?"

둘째는 포켓몬스터라면 자다가도 벌떡 일어나는 포켓몬 마니아거든요. 그럼 전 늘 같은 질문을 합니다.

"아들은 요즘 무슨 포켓몬이 제일 좋아?"

그러고는 아들이 어떤 포켓몬스터를 말하든 간에 이렇게 맞장구를 칩니다.

"그래? 아빠도 요즘 들어 그게 좋던데."

아들 덕분에 포켓몬의 반￥마니아가 된 저도 분명 좋아하는 포켓몬스터가 있습니다. 참고로 저는 '잠만보'를 좋아합니다. 하지만 제가 좋아하는 포켓몬을 말하는 대신, 아들이 좋아하는 포켓몬을 저도 좋아한다고 맞춰 주면 아들은 언제나 환하게 웃습니다.

경청과 리액션의 격을 한 단계 더 끌어올리고 싶으신가요? 탁월한 훈련 방법이자 고수들의 영업 방식을 소개합니다. '무자료 세일즈'를 실천해 보세요. 무無자료 세일즈, 말 그대로 양손에 가득 쥔 자료를 내다 버리고, 아무 자료 없이 고객을 만나는 겁니다. 반드시 설명해야만 할 것 같은 자료가 내 손에 없으니 불안에 떨어야만 할 것 같은데 이상하게도 마음은 더 편해집니다.

물론 벌거벗은 기분이 들 수도 있습니다. 하지만 아무렴 어떻습니까? 적어도 당신의 상품, 당신의 서비스의 이름은 자료 없이도 기억할 수 있지 않나요? 그거면 충분합니다. 자료가 없으니 대화는 자연스레 눈앞에 있는 상대 위주로 흘러갈 겁니다. 자료나 샘플에 지나치게 의존하면 결코 좋은 성과를 기대하기 어렵습니다. 고객의 이야기에 귀를 기울여 보세요. 얼마 지나지 않아 당신의 제안을 흔쾌히 수락하는 상대의 모습을 볼 수 있을 겁니다.

여기서 분명하게 기억해야 할 팩트 하나. 경청과 리액션의 다른 말은 존중입니다. 반대말은 무시입니다. 어느 누구도 자신을 무시하는 사람에게서는 무언가를 사고 싶지 않을 겁니다. 자신을 존중해 주는 누군가를 통해 뭔가를 사고 싶을 겁니다.

당신은 오금이 저려올 때까지 상대의 말을 들어 준 적이 있나요? 만약 그런 경험이 없다면 오늘부터 오금이 저리고 엉덩이가 아프고 눈꺼풀이 무거워질 때까지 들어 주고 반응해 보세요. 상대를 전적인 내 편으로 만드는 출발점이 될 것입니다.

● 백 세 노 트 ● 이 책의 가치를 백 배 높이는 세일즈 노트

쓰세요. 마구 끄적이세요. 읽기만 하면 남의 지식입니다. 쓰기 시작하는 순간 내 지식이 됩니다.

Q 업무적인 대화를 하고 있다고 상상하며 당신의 모습을 카메라로 촬영해 보세요. 촬영된 영상을 보며 당신의 특징적인 반응 습관 두 가지만 적어 보세요(예를 들면 '입을 열고 듣는다'라든지 무엇이든 좋습니다). 그리고 고칠 만한 것이 있을지 생각해 보세요.

1) _____

2) _____

동사로
칭찬합니다

칭찬은 고래뿐만 아니라 사람마저 춤추게 만듭니다. 칭찬이 관계의 윤활유라는 말에 누구도 이의를 제기하지 않을 겁니다. 하지만 속사정을 들여다보면 파는 사람의 칭찬은 조금 달라야 합니다. 왜냐하면 '무작정 대놓고 칭찬'은 상대가 당신의 진정성을 의심할 가능성이 높기 때문입니다. '뭐야, 대체 뭘 팔려고 나에게 이런 말을 하는 걸까'라고 말이죠.

그래서 유독 파는 사람들이 칭찬에 인색한 경우를 많이 봅니다. 그렇다면 파는 사람은 어떻게 칭찬을 해야 할까요? 칭찬은 기술일까요, 아니면 습관일까요? 네, 둘 다입니다. 기술을 익히고 습관으로 만들면 됩니다. 칭찬에도 기술이 있다고요? 네, 있습니다. 판매 고수들의 칭찬 비법, 딱 하나만 기억하면 됩니다.

" '형용사' 말고 '동사'로 칭찬하세요."

형용사: 사람이나 사물의 성질과 상태를 나타내는 말

동사: 사람이나 사물의 움직임 또는 작용을 나타내는 말

예를 들어 보겠습니다. 자녀가 시험에서 만족할 만한 점수를 받아 왔습니다. 칭찬을 합니다.

A: 우리 ○○이는 누굴 닮아 이리 똑똑해? 95점이나 받다니. 역시 대단하다. 우리 아들!

B: 우리 ○○이 이번 시험 앞두고 열심히 준비한 거 알아. 좋아하던 게임도 줄이고, 잠도 줄여 가며 공부한 거 아빠가 누구보다 잘 알지. 아빠가 이렇게 기분 좋은데 ○○이는 얼마나 좋아?

A와 B 중 어떤 칭찬이 자녀에게 더 큰 응원이 될지는 분명합니다. 더구나 B와 같이 칭찬하면 자녀 입장에서도 앞으로 어떻게 해야 할지에 대한 명확한 행동 지침(?)을 세울 수 있을 겁니다.

형용사는 '똑똑하다', '대단하다', '예쁘다', '좋다', '크다'와 같이 상대가 지금 당장 어찌할 수 없는 성질이나 상태를 나타내는 말입니다. 반면 동사는 '공부하다', '준비하다', '잠을 안 자다', '뛰다', '걷다'와 같이

상대가 지금 당장 어찌할 수 있는 움직임을 나타내는 말입니다. 언뜻 보기에는 형용사 칭찬이 더 좋은 것 같다고 느낄 수도 있지만 실전에 한번 적용해 볼까요? 예를 들어 피부가 참 좋은 고객을 만났다고 상상해 보죠. 먼저 형용사로 칭찬해 보겠습니다.

"어머, 고객님 피부가 참 좋으시네요."

이렇게 칭찬하면 상대에게 크게 와닿지 않습니다. 인사치레로 건네는 그저 그런 말로 느껴집니다. 이번엔 동사로 칭찬해 보겠습니다.

"피부 관리에 늘 신경 쓰시죠? 물도 자주 드시고 좋은 제품만 골라서 쓰셨을 것 같아요."

이렇게 칭찬하면 상대에게 확실히 와닿습니다. 고객이 그간 피부 관리를 위해 했던 일련의 행위들을 당신이 알아줬기 때문입니다. 동사로 전해지는 칭찬을 듣는 순간 고객의 뇌리에서는 그간의 노력들이 주마등처럼 그려집니다. 그리고 그걸 알아주고 인정해 주는 당신에게 더 큰 고마움을 느낄 수밖에 없습니다.

칭찬은 판매의 윤활유가 분명합니다. 다만 상대의 행동을 알아줘야 진심이 담긴 칭찬이 돼 전해질 겁니다. 너무 어렵게 생각하지 않으면 좋겠습니다. 그저 사소한 움직임을 알아주는 말이면 최고의 칭찬이 됩니다. 손톱 색을 바꿨다거나, 안경테를 바꿨다거나, 잘 어울리는 넥타이를 맨 것을 칭찬하면 됩니다. 그저 상대의 행위를 알아주면 충분합니다.

끝으로 칭찬과 관련된 가장 중요한 팁을 드립니다. 동사 칭찬을 잘하기 위한 최고의 팁은 칭찬하기 전 상대에게 관심을 가지고 관찰하는 것입니다. 그래야 동사로 칭찬할 수 있습니다.

쓰세요. 마구 끄적이세요. 읽기만 하면 남의 지식입니다. 쓰기 시작하는 순간 내 지식이 됩니다.

 고객을 만나기 전 그 고객을 생각하며 칭찬 노트를 한 장 만들어 보세요. 칭찬 노트? 어렵지 않습니다. 작은 포스트잇 한 장에 상대의 움직임 중 칭찬해 줄 만한 내용 딱 두 가지만 써 보세요. 만약 처음 만나는 사람이라면 상대의 옷, 액세서리와 같이 사소한 차림새를 소재로 칭찬해도 좋습니다. 아, 그렇다고 "넥타이가 예뻐요."라고 하면 안 됩니다. "넥타이 매듭을 참 예쁘게 매셨어요."라며 동사로 칭찬해야 합니다.

자주 보며
정들게 만듭니다

좋은 사람으로 느껴지게 만드는 방법 중 가장 쉽지만 가장 많은 품이 드는 방법은 '반복'입니다. 과거 모 통신사 소속 전국 판매직군을 대상으로 세일즈 컨설팅을 했습니다. 세일즈가 이루어지는 공간(대리점)과 사람(판매직원)을 대상으로 한 세일즈 솔루션을 도출해야 했습니다. 책상에만 앉아 열흘을 고민하는 것보다 실제 현장에서 하루 겪어 보면 더 현실적인 솔루션을 도출할 수 있습니다. 당시에도 전국 주요 매장을 선별해 통신사 판매직원들과 똑같은 유니폼을 입고 일주일 정도 매장에서 근무하며 문제를 파악하고 분석했습니다.

　최종 보고서에 수록된 현장 맞춤형 솔루션은 14가지 정도였습니다.

아래에 이어지는 내용은 그중 제가 가장 힘을 실어 고객사 대표에게 보고했던 내용입니다.

"통신 판매의 시대를 넘어 통심心판매의 시대입니다. 이미 신기하고 신박한 제품은 차고 넘칩니다. 통신 판매 분야에 대한 소비자들의 불신은 이미 커졌습니다. 이젠 신뢰로 승부하셔야 합니다. 대리점 직원은 처음엔 온갖 감언이설로 소비자의 마음을 얻습니다. 월별 요금 사용 현황에 맞춰 요금제 변경도 관리해 주고, 때마다 액정 보호 필름도 갈 수 있게 종종 연락도 준다고 약속합니다. 그런데 말뿐입니다. 처음에만 반짝 잘해 주는 척하고 이후 나 몰라라 합니다. 시간이 흘러 약정 기간이 다 돼 갈 무렵 그제야 전화 한 통 합니다. 왜 할까요? 맞습니다. 다시 우리 매장 와서 스마트폰 바꾸라고요. 소비자의 마음을 들여다보겠습니다. 기분이 좋을까요? 아마 아닐 겁니다. '뭐야, 생전 연락 한 번 없다가 스마트폰 바꿀 때 되니까 연락하네. 얄밉네'라고 생각지 않을까요? 대한민국에서 스마트폰 한 대를 개통하면 24개월 내지는 30개월의 '스마트폰 생애 주기'가 생깁니다. 이 생애 주기에 맞춰 가끔이라도 좋으니 연락을 하는 겁니다. 최소 세 번은 반복적으로 연결돼야 고객의 신뢰를 얻을 것입니다. 그 신뢰를 기반으로 고객은 귀사의 대리점, 그리고 판매직원에 대한 호감을 가질 겁니다."

당신 역시 매월 한 통신사에 요금을 납부하는 고객일 겁니다. 제 이야기에 동의할 수 있나요? 당시 제가 컨설팅했던 통신사에 제안한 '스마트폰 생애 주기' 기준 고객 OB(아웃바운드 콜) 관리 기준을 한번 살펴보겠습니다.

계약일 기준 12일: 안부 전화, 계약 시 약속 사항 재확인, 직원이 추천했으나 선택하지 않았던 추가 판매 가능 상품 구매 의사 재탐색, 고객이 선택한 요금제 재확인, 불편 사항 확인 등

계약일 기준 1개월: 불편 사항 재확인, 고객 불만 사항 등 특이 사항 없을 시 소개 요청 등

계약일 기준 6개월: 요금 내역 확인 후 필요 시 요금제 컨설팅, 사은품으로 증정했던 케이스 교체 권유 등

계약일 기준 12개월: 스마트폰 이용 1주년 기념콜, 선물 증정 안내 등

계약일 기준 18개월: 스마트폰 교체 가능 기간인 24개월을 앞둔 예고, 기존 폰 불편 사항 확인 등

기존 고객을 통한 재판매, 기존 고객의 소개를 통한 판매는 생판 모르던 신규 고객을 통한 판매보다 열 배 더 쉽습니다(이 내용은 이후 이어지는 이야기에서 다시 다루겠습니다). 전화 통화 몇 번 더 시도하는 게 많이 번거롭게 느껴지나요? 절대 아닙니다. 전화 한 통당 1~2분이면 됩니다. 결코 귀찮은 방법이 아닙니다. 오히려 가장 효율적인 방법입니다.

> **"** 당신을 좋은 사람, 그리고 당신의 회사를 좋은 회사로
> 기억시킬 수 있는 가장 효율적이고 쉬운 방법은
> 고객과의 접점을 반복적으로 만드는 것입니다. **"**

만약 만남 요청이 가능하다면 반복적으로 만나길 추천합니다. 아무

런 목적 없이 그냥 만나는 겁니다. 만나는 게 쉽지 않다면 안부 전화라도 하면 됩니다. 목적 없이 그냥 전화하면 됩니다. "그냥 문득 생각나서요." 이 한마디면 충분합니다. 고객이 전화를 불편해한다고요? 그럼 고객의 이름을 정확하게 언급하며 카톡이라도 보내세요. 고객이 답장을 하든 안 하든 전혀 상관없습니다. '읽씹' 당하면 어떤가요? 적어도 내 고객이 바쁜 일상 속에서 스마트폰에 찍힌 내 이름을 한번 보고 단 2초만이라도 나라는 사람을, 나의 회사를 떠올렸다면 그걸로 충분합니다.

'세일즈는 발이 아닌, 말로 하는 것이다.'

2017년도에 출간해 수많은 영업인들로부터 분에 넘치는 사랑을 받았던 전작 《세일즈, 말부터 바꿔라》의 프롤로그에 썼던 말입니다. 수년이 지난 지금, 고백건대 독자들의 호기심을 유발하기 위해 의도적으로 자극적인 표현을 썼음을 인정합니다. 정정합니다. 세일즈는 물론 말로 합니다. 그런데 발로도 할 수 있습니다. 무조건 움직이라는 뜻은 결코 아닙니다. '발'이 의미하는 것 역시 반복입니다. 연락하고, 찾아가고, 만나고…. 논리가 아닙니다. 그냥 보다 보면 정드는 겁니다.

마음에 드는 이성의 마음을 사로잡는 최고의 방법 중 하나는 '알짱알짱'입니다. 그냥 알짱알짱 자꾸 상대의 눈에 걸리적거리는 겁니다. 파는 것도 마찬가지입니다. 끊임없이 고객과의 접점을 만들어야 합니다.

한 대형 프랜차이즈 미용실을 컨설팅하며 드렸던 아이디어가 있습니다. 적어도 한 달 정도의 기간을 두고 지속적으로 고객과 만나야 한다는 것입니다. 바쁜 디자이너에게 일일이 고객을 만나러 다니라는 게 아닙니다. 한 달에 한 번 정도라도 고객이 미용실을, 그리고 내 전담 디자이너를 만날 수 있는 접점을 만들어 보라고 했습니다.

1월: 그해에 해당하는 띠를 맞은 고객 방문 시 혜택 증정

2월: 설날 이벤트 / 아내 위로 상품권 할인 이벤트 / 밸런타인데이 이벤트 / 졸업 축하 이벤트

3월: 입학 축하 이벤트 / 화이트데이 이벤트 / 여성의 날 이벤트

4월: 식목일 이벤트(내 머리도 풍성해 보이는 펌 특별 할인) / 스타일을 꽃피우는 염색 특가 이벤트

5월: 어버이날 이벤트(부모님과 방문하면 시술 가격 절반 특가) / 성년의 날 이벤트 / 부부의 날 이벤트

6월: 호국보훈의 달 맞이 국가 유공자 방문 시 동반 1인까지 할인 이벤트

7월: 비 오는 날 ○○시술 20퍼센트 깜짝 할인 이벤트

8월: 여름 맞이 염색 시술 특가 이벤트

9월: 추석 이벤트

10월: 노인의 날 이벤트(65세 이상 고객 방문 시 전 시술 할인)

11월: 빼빼로데이 이벤트(스트레이트 펌 특가 할인) / 수능 이벤트(수험생 부모를 위한 고생 위로 할인 이벤트)

12월: 크리스마스 이벤트 / 연말기념 ○○ 시술 특가 이벤트

매월 진행되는 미용실의 이벤트를 안내받은 고객은 어떻게 느낄까요? 적어도 이 미용실은 늘 살아 있고, 또 가고 싶어지는 이벤트가 있다고 느끼지 않을까요? 이렇게 이벤트를 빌미로 고객의 발길을 한 번 두

번 이끌어 냅니다. 한 번 두 번 가다 보면 고객도 미용실에 시나브로 정들기 마련입니다. 결코 논리가 아닙니다. 그냥 그렇게 또 가야 하는 미용실이 되는 겁니다.

그런데 미용실의 대표가 "반복의 횟수는 최소 몇 번 정도 돼야 단골고객이 되는 걸까요?"라고 물었습니다. 추가로 아이디어를 드렸습니다.

"최소 세 번은 봐야 정듭니다. 예를 들면 처음 온 커트 고객이 있다고 가정하겠습니다. 이 고객의 마음을 사로잡겠다고 다짜고짜 1+1이벤트를 설명하며 '다음에 또 오시면 그때는 공짜입니다'라고 하는 것보다는 차라리 편의점 냉장커피 코너에서 보셨던 것처럼 2+1이벤트를 하시죠. 오늘 방문한 고객에게 '다음에 한 번만 더 방문하시면, 그다음 번은 공짜입니다'라고 하는 겁니다. 2+1은 3입니다. 고객의 입장에서는 자연스레 세 번 정도 당신의 헤어숍을, 그리고 디자이너를 만나게 됩니다. 그럼 누구라도 정듭니다. 결국 그 고객은 단골손님이 될 가능성이 높아집니다."

당신도 누군가를 설득하고 싶나요? 그렇다면 무턱대고 알짱알짱해 보세요. '너무 반복적으로 들이대면 부담스러워 해요'라고 생각하나요? 글쎄요. 저는 압니다. 그렇게 말하는 분 치고 정말 그렇게 해본 적이 없다는 것을.

" 빈도가 높아지면 선호도의 기억은 바뀝니다.
설사 그 기억이 부정적일지라도."

이 문장이 당신의 용기에 조금이라도 힘이 될 수 있으면 좋겠습니다. 늘 뻔한 이야기라며 욕하면서도 어느 순간 자리 잡고 앉아 보게 되는 그렇고 그런 로맨스 드라마에서도 똑같습니다. 남주와 여주가 처음부터 한눈에 반하던가요? 아닙니다. 처음엔 악연으로 만나 일단 서로 으르렁댑니다. 심지어 두 번째 만남에서는 앙숙이 되기도 합니다. 그런데 세 번 만나면 어느 순간 정들어 있는 서로를 발견하게 됩니다. 이후 또 만나면서 사랑하게 되지 않던가요? 당신과 고객과의 관계도 마찬가지입니다. 기억의 절대적 양이 증가하면 선호도도 증가합니다. 그리고 그 선호도는 앞서 경험한 부정적인 인상조차 좋아지게 만드는 효과가 있습니다.

싸우면서 정든다고 했습니다. 백 번 천 번 맞는 말입니다(물론 서로의 감정에 씻을 수 없는 상처를 남기며 극단적으로 싸우는 건 제외입니다만). 나와 관련된 정보를 어떤 형태로든 반복적으로 전해 주면 됩니다. 최소 세 번은 나를 그(녀)에게 상기시킬 수 있다면 성공입니다.

미국의 사회심리학자 로버트 자욘스Robert Zajonc는 실험을 통해 반복과 선호도의 관계를 입증한 뒤 '단순 노출 효과'Mere-Exposure Effect라고 명명했습니다. 누군가를 설득하고 싶나요? 누군가에게 뭔가를 팔고 싶나요? 최고의 세일즈 정공법은 자주 연락하고, 자주 만나는 겁니다.

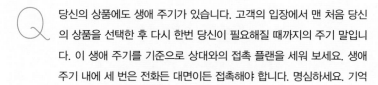

쓰세요. 마구 끄적이세요. 읽기만 하면 남의 지식입니다. 쓰기 시작하는 순간 내 지식이 됩니다.

당신의 상품에도 생애 주기가 있습니다. 고객의 입장에서 맨 처음 당신의 상품을 선택한 후 다시 한번 당신이 필요해질 때까지의 주기 말입니다. 이 생애 주기를 기준으로 상대와의 접촉 플랜을 세워 보세요. 생애 주기 내에 세 번은 전화든 대면이든 접촉해야 합니다. 명심하세요. 기억의 빈도가 증가해야 선호도는 올라갑니다.

1) 당신 상품의 생애 주기는 어느 정도인가요?

_____

2) 언제쯤, 또는 어느 정도의 주기로 접촉하는 것이 좋을까요?

_____

'쓰윽' 해서
'어머' 하게 만듭니다

앞서 이야기한 내용을 두 어절로 정리한다면 '반복과 반복'입니다. 반복의 힘은 그만큼 강력합니다. 그런데 단지 반복의 횟수가 상대와의 관계의 깊이를 보장하지는 않습니다. 반복되는 과정에서 고객과의 관계를 더 끈끈하게 만들 수 있는 무언가가 있어야 합니다. 어떻게 해야 될까요? 강의 중에도 교육생들에게 종종 이 질문을 던집니다.

"고객과의 관계 만들기에도 방법이 있을까요?"

"네."

"과연 그런 것이 있다면 어떤 것들일까요?"

"배려, 신뢰, 믿음, 진실, 진심…."

대한민국 어느 가정에서나 가훈으로 써도 전혀 손색없는 것들을 답합니다. 다 좋습니다. 모두 상대의 감정을 움직일 수 있는 강력한 키워드들입니다. 하지만 지금 당장 실천할 수 있는, 바꿔 말해 당장 써먹을 수 있는 것이 우리에겐 필요합니다.

바로 '예상하지 못한 순간의 사소한 기쁨'Unexpected Amusement 입니다.[4]

정확한 번역에 해당하는 말을 찾기가 쉽지 않습니다. 그럼에도 제가 전하고 싶은 의도와 가장 비슷하면서도 쉽게 기억하게 만드는 문장은 아래와 같습니다.

" 내가 '쓰윽' 하는 순간, 상대가 '어머!' 하게 만들어라."

한때 '츤데레'ツンデレ라는 말이 유행했었습니다. 새침하고 퉁명스러운 모습을 나타내는 일본어 '츤츤'つんつん과 부끄러움을 나타내는 '데레데레'でれでれ가 만나 태어난 말입니다. 즉 '퉁명스럽게 굴지만 알고 보면 살갑고 따뜻한 마음을 가진 사람'을 뜻합니다. 일본에서 시작된 말이지만 츤데레 캐릭터는 우리 현대 문학에서도 종종 등장합니다. 1920년대 소설인 현진건의 《운수 좋은 날》에 등장하는 인력거꾼 김첨지, 1930년대 소설인 김유정의 《동백꽃》의 여주인공 점순이를 비롯해 1950년대 소설 《소나기》에 등장하는 소녀 역시 츤데레입니다. 이처럼 우리의 정서 역시 오래전부터 츤데레에 대한 매력을 느꼈던 거죠.

다시 이야기로 돌아와서, 소위 츤데레가 잘하는 게 바로 '예상하지 못한 순간의 사소한 기쁨'과 유사합니다. 그렇다고 해서 제가 이야기하고

자 하는 바를 "오다 주웠다!" 정도로 대변되는 "츤데레가 되세요!"로 해석하면 매우 위험합니다. 츤데레가 할 법한 "오다 주웠다!"와 잘 파는 사람들의 '예상하지 못한 순간의 사소한 기쁨'은 분명한 차이가 있기 때문입니다.

• 츤데레의 경우

특별한 일 없는 어느날, 마음에 둔 이성에게 이렇게 말합니다.

A: 은지야, 핸드크림 있어?

B: 없는데? 왜?

A: (휴대용 핸드크림을 쓰윽 건네며) 자, 이거 써. 간다!

B: 어머, 웬 거야?

A: 오다 주웠어.

• 좋은 사람의 경우

특별한 일 없는 어느날, 마음에 둔 이성에게 이렇게 말합니다.

A: 은지야, 핸드크림 있어?

B: 없는데? 왜?

A: (휴대용 핸드크림을 쓰윽 건네며) 자, 써. 간다!

B: 어머, 웬 거야? (여기까지는 같습니다.)

A: 너 작년에도 손 터서 고생했다며. 내 거 사다가 생각나서.

두 경우가 비슷한 것 같지만, 약간 다른 차이가 느껴지나요? 그럼 지금부터 '예상하지 못한 순간의 사소한 기쁨'이 완성되기 위한 세 가지 필수 조건에 대해 알아보겠습니다. 이 세 가지를 기억하고 실천하는 순간 당신은 누군가에게 '좋은 사람'으로 각인될 겁니다. 자연스레 나의 제안을 '좋아 보이게 만드는 것' 역시 쉬워집니다.

1. 예상치 못한 순간
2. 별것 아닌 사소한 호의
3. 상대를 알아주거나 기억해 주는 말과 행동

지금부터 이 세 가지 필수조건을 꼼꼼하게 살펴봅시다.

첫 번째, '예상치 못한 순간'입니다

예상치 못한 순간의 반댓말은 예상되는 순간입니다. 왜 굳이 예상치 못한 순간일까요? 예를 들어 보겠습니다. 당신에겐 사랑하는 여자 친구가 있습니다. 이제 며칠 후면 그녀의 생일입니다. 선물을 준비합니다. 여기서 퀴즈! 이때 내 주머니 사정이 허락하는 한 최대한으로 선물을 준비해야 할까요, 아니면 상대가 선물을 받고 서운해하지 않을 정도로 적당한 선에서 준비해야 할까요?

정답은 후자입니다. 그녀에게 생일은 이미 이벤트를 기대하게 되는 순간입니다. 당연히 당신의 선물을 예상하고 있습니다. 당신이 제아무리 열과 성을 다한들, 그녀가 느낄 감동은 당신이 선물에 들이는 금액에 비례하지 않습니다. 예를 들어 당신에게 50만 원을 쓸 수 있는 여력이 있다면 30만 원만 쓰라는 얘기입니다. 서운해하지 않을 정도로 말이죠. 나머지 20만 원은 고이 간직하세요. 그럼 고이 간직한 20만 원은 언제 어떻게 써야 할까요? 맞습니다. '특별한 일 없는 어느 날' 쓰면 됩니다. 20만 원을 다 쓸 필요도 없습니다. 그저 3만 원 정도 되는 작은 꽃다발을 여자 친구의 품에 고이 안겨 주세요. 단, 주의사항이 있습니다. 세 번째 필수 조건에서도 말씀드리겠지만 제발 부탁건대 "오다 주웠어!"라는 말은 하지 마세요. 그건 드라마에서나 나올 법한 비현실적인 대사입니다. 당신이 드라마 남자 주인공 정도의 비주얼이라면 굳이 말리지는 않겠습니다. 하지만 그렇지 않다면 절대 금물입니다. 그저 이렇게 한마디만 덧붙여 보세요.

"지난번에 꽃집 앞에서 예쁘다고 했던 꽃이 이거 맞지? 그냥 지나다 생각나서."

50만 원으로 주는 감동의 크기보다 생일 선물 30만 원과 '특별한 일 없는 어느 날'에 주는 3만 원짜리 꽃다발이 주는 감동의 크기가 훨씬 클 겁니다.

또 만약 당신이 남편의 생일 선물을 준비하는 아내라면, 남편에게 건네는 선물도 마찬가지겠죠. 50만 원짜리 멋진 외투를 하나 선물하고 싶어도 욕심을 내면 안 됩니다. 참으세요. 30만 원으로 좋은 외투를 사서 선물하세요. 마찬가지로 20만 원이 남겠죠. 앞서 소개한 내용과 같습니다. '특별한 일 없는 어느 날' 남편이 출근하는 시간에 맞춰 신발장 위에 5만 원권 한 장을 올려 두면 됩니다. 그리고 옆에는 자필로 쓴 포스트잇을 한 장 놓아 두세요.

'여보, 오늘은 꼭 점심 챙겨 먹어! 지난번에 바빠서 못 먹었다던 초밥 사 먹어!^^'

50만 원이 주는 감동의 크기보다 35만 원이 만드는 감동의 크기가 클 수밖에 없겠죠. 물론 제가 소개하는 방법을 보면서 '연애 한번 어렵게 한다. 그렇게까지 고민하고 재야 하나…'라고 생각할 수 있습니다. 저도 당신의 의견에 120퍼센트 동의합니다. 세일즈 언어의 이해를 돕기 위한 예시로만 봐 주세요.

어쨌든 첫 번째 핵심은 '예상치 못한 순간'입니다. 혹시 당신의 주변에도 있을 법한 인맥 관리의 달인이 떠오르나요? 아무런 날도 아닌 어느 날 그(녀)가 갑자기 뭔가를 쓰윽 내미는 호의를 보인다면 주변 사람들은 그(녀)에게 마음을 **빼앗길** 겁니다. 당연히 그분은 좋은 사람으로 각인됩니다. 단, 예상치 못한 순간이라는 점을 명심하세요. 자신을 좋은 사람으로 느끼게 만들 수 있는 호의가 자칫 상대에게 당연한 권리로 인식되면 안 되니까요. 그래야 상대가 감동을 느낄 수 있습니다. 감동을 받은 상대에게 파는 것은 두말할 것 없이 쉬워질 겁니다.

두 번째, '별것 아닌 사소한 호의'입니다

나의 제안을 '좋아 보이게 만드는 것'은 작아야 합니다. 말 그대로 별 것 아닌 사소한 것이어야 합니다. 물건이든 호의든 지나치면 되레 독이 될 수 있습니다. 쉽게 말해 '뇌'가 반응하면 '뇌물'입니다. '어? 왜 이런 걸 나에게? 나에게 혹시 뭐 크게 바라는 게 있나?'라는 생각이 들면 감정보다 이성이 먼저 반응합니다. 아무런 날도 아닌 어느 날 기대치 않은 순간에 건네는 사소한 호의야말로 감정을 반응하게 만드는 열쇠입니다.

다만 사소하다는 것은 어디까지나 상대적인 기준입니다. 나에겐 사소한 것이지만 상대에겐 부담이 될 수도 있습니다. 반대로 나는 큰 것이라고 생각했으나 상대는 사소한 것이라고 느낄 수 있습니다. 그럼에도 정답은 상대에게 있습니다. 만약 내가 사소한 호의를 베풀었을 때, 상대가 양손을 좌우로 휘휘 저으며 "에이~ 안 돼, 안 돼, 이럼 안 돼!"라고 반응한다면 과한 겁니다. 반면 상대가 두 손으로 입을 틀어막으며 "어머! 감사합니다!"라고 반응한다면 잘한 겁니다. 다시 말해 대단한 무언가를 전하라는 뜻이 아닙니다. 그저 쓰윽 건넬 만한 것이면 성공입니다.

세 번째, '상대를 알아주거나 기억해 주는 말과 행동'입니다

가장 중요한 조건입니다. 아무리 예상치 못한 순간에 건네는 사소한 것일지라도 '나는 당신을 알고, 당신을 기억하고 있다'는 메시지가 전해지지 않는다면 의미가 반감됩니다.

재미있는 논문을 한 편 소개합니다.[5] '포스트잇'만 잘 활용해도 감정을 움직일 수 있다는 내용입니다. 연구자는 감정을 움직이는 포스트잇의 조건으로 세 가지를 꼽습니다. 첫 번째, '직접 손으로 쓸 것'. 두 번째, '상대 이름을 꼭 넣을 것'. 그리고 마지막 세 번째 조건이 가장 중요합니다. '받는 사람과 관련된 약간의 사적 정보를 포함할 것'. 논문에서는 마지막 조건을 만족시키면 강력한 힘을 발휘할 수 있다고 정리했습니다.

해당 연구에는 '상사에게 올리는 결재 서류에 보고자가 포스트잇을

붙이느냐 붙이지 않느냐에 따라 결재를 받아낼 확률이 달라진다' 같은 재미있는 사례들이 등장합니다. 이런 사례에서도 핵심은 세 가지입니다. 자필, 상대 이름, 그리고 상대와 관련된 약간의 사적 정보입니다. 하나씩 살펴보죠.

먼저 '자필'입니다. 모 보험사 지점에 강의를 갔던 적이 있습니다. 강의 시작 전 뒤쪽 큰 책상에 보험설계사분들이 모여 뭔가를 만들고 있었습니다. 뭘 그리 열심히 만들고 있나 싶어 고개를 들이밀어 봤습니다. 낙엽 편지였습니다. 낙엽에 좋은 글귀를 인쇄해 붙여 코팅을 하고 있었습니다. 그걸 고객에게 선물로 준다 한들 고객이 감동할까요? 글쎄요. 제 생각은 회의적입니다. 아무리 낙엽을 어렵게 구했더라도 낙엽에 문구를 '인쇄'하는 순간 힘을 잃습니다. 차라리 아주 짧은 문구여도 좋으니 자필로 쓰는 게 더 효과적입니다.

두 번째는 상대의 이름입니다. 데일 카네기 Dale Carnegie 는《인간관계론》에서 "인간은 자신의 이름을 세상에서 제일 사랑한다."라고 말했습니다. 우리 모두 그렇지 않나요? 불특정 다수를 향한 듯 글을 시작하면 상대의 눈길과 마음을 사로잡기 어렵습니다. '사랑하는 고객님'과 같은 문구는 쓰지 않는 것만 못하다는 겁니다. 그냥 상대의 이름을 적든, ○○ 엄마라고 적든, '이 글을 쓰는 순간에는 당신만을 생각했어. 이건 당신만을 위한 메시지야'라는 의도가 드러나야 합니다. 고객의 입장에서 볼 때 자신의 이름이 없는 메시지를 받는다면 그건 그냥 광고물에 불과합니다.

세 번째는 상대와 관련된 약간의 사적 정보입니다. 이는 상대를 알아

주고 기억해 준다는 표현이기에 가장 중요합니다. 예를 들어 당신이 '동수'라는 이성의 마음을 훔치고 싶다고 가정해 보죠. 그럼 예상치 못한 순간, 열쇠고리처럼 사소한 선물이라도 하나 쓰윽 동수 씨의 책상 위에 올려 두는 겁니다. 그리고 포스트잇을 함께 붙여 보세요. 일단 자필로 써야 합니다. 글씨가 삐뚤빼뚤해도 괜찮습니다. 자필인지가 더 중요합니다. 그리고 동수 씨의 이름을 정확하게 넣어 이렇게 씁니다.

'동수 씨, 퇴근하실 때 늘 검은색 가방이 허전해 보이더라고요. 작은 것이지만 하나 달고 다니면 예쁠 것 같아요.'

동수 씨의 반응은 어떨까요? 맞습니다. 감동할 수 있습니다. 그러곤 "어머, 감사합니다."라고 반응할 겁니다. 방금 설명한 포스트잇에는 세 가지 요소가 다 들어가 있었죠? 자필, 이름, 그리고 사적 정보. 이때 상대의 사적 정보는 무엇이었나요?

'난 너의 가방이 까만 색인 걸 알고 있어.'

'너의 가방에 열쇠 고리조차 달려 있지 않음을 기억하고 있어.'

결국 난 당신의 사소한 것도 기억할 만큼 당신에게 관심을 갖고 있다는 표현을 포스트잇으로 전달한 것입니다. 물론 여기에도 주의사항은 있습니다. 선을 넘으면 안 됩니다. 사적 정보를 밝힌다고 해서 지나치게 수위를 높이면 오히려 역효과가 나겠죠. 예를 들어 '동수 씨, 어제 가방 주머니들을 하나씩 열어 확인해 보니 열쇠고리가 없더군요'라고 포스트잇에 쓴다면 절도미수로 법의 처벌을 받을지도 모릅니다.

'예상하지 못한 순간의 사소한 기쁨'은 감정을 공략할 수 있는 강력한 무기입니다. 정말 중요하기에 다시 한번 정리합니다.

1. 예상치 못한 순간

2. 별것 아닌 사소한 호의

3. 상대를 알아주거나 기억해 주는 말과 행동

이 세 가지가 판매에 힘을 실어 주는 강력한 무기가 돼 줄 것입니다. 무조건입니다.

혹시 '디지로그'DigiLog라는 말을 들어 본 적이 있나요? 디지털과 아날로그를 합성한 용어입니다. 한동안 4차 산업 혁명이라는 키워드로 사회가 시끌벅적했죠. 하지만 얼마 지나지 않아 코로나가 들이닥치면서 우리 일상에 많은 변화를 일으켰습니다. 앞으로도 이처럼 예상치 못한 변수는 무수히 많이 찾아올 겁니다.

아무리 최첨단 기술로 무장하고 변화한다고 해도 사람은 누구나 아날로그에 대한 향수, 더불어 인간관계에 대한 갈증을 늘 품고 살아가는 존재입니다. 불과 몇 년여에 걸친 급격한 변화가 우리 유전자에 깊이 각인된 본능과 본성까지 단기간에 바꿀 거라는 건 어불성설입니다.

" 중요한 건 당신이 사람이고,

당신이 무언가를 팔고자 하는 상대 역시 사람이라는 겁니다."

인간은 관계의 동물이기에 관계가 사고파는 행위의 핵심이 될 수 있습니다. 앞서 봤듯이 상대를 감동시키고 판매로 이끄는 방법은 생각보다 어렵지 않습니다. 이제 당신이 실행에 옮기기만 하면 됩니다.

쓰세요. 마구 끄적이세요. 읽기만 하면 남의 지식입니다. 쓰기 시작하는 순간 내 지식이 됩니다.

Q 당신의 그분을 향한 '예상하지 못한 순간의 사소한 기쁨'을 설계해 보세요. 예상치 못한 순간, 별것 아닌 사소한 호의, 상대를 알아주고 기억해 주는 말과 행동. 이 세 가지가 다 포함되면 성공입니다. 아래의 항목에 맞춰 그분이 감동할 순간을 구상해 보세요.

1) 언제: _____

2) 어디서: _____

3) 무엇을: _____

4) 어떻게: _____

고수들은 작지만
힘이 센 감동을 줍니다

'차별화하셔야 합니다.' 상품이나 서비스를 파는 사람에게 참 무겁게 다가오는 문장입니다. 물론 사람이든 사업이든 차별화해야 살아남을 수 있다는 걸 누구나 압니다. 말로는 쉽지만 실천하기는 정말 어렵습니다.

> **" '예상치 못한 사소한 기쁨'을 주는 것은 상대의 감정을 공략하고
> 당신의 업을 차별화할 수 있는 가장 좋은 방법입니다."**

당신이 영업직에 종사하든 작은 가게를 운영하든 당장 적용할 수 있는 차별화 포인트입니다.

모 패밀리레스토랑 컨설팅을 진행할 당시 서빙 담당 매니저들이 실제로 실행했던 우수 사례와 모 헤어숍 브랜드 컨설팅을 진행할 때 나왔던 아이디어들입니다. 당신의 분야와 다른 분야의 내용일지라도 곱씹어 생각해 보세요. 당신의 분야에 적용할 수 있는 고객 감동 아이디어가 몽글몽글 피어나길 기도합니다.

• 패밀리 레스토랑의 경우

(꽃다발을 들고 온 고객에게 식사 후 디저트를 서비스로 제공하며) "자세한 사정은 모르지만 오늘 좋은 일이 있으신 것 같아요. 작은 것이지만 축하드리는 마음을 담았습니다. 맛있게 드세요."

(고객이 새로 산 텀블러에 물을 못 담아 와 아쉽다는 말을 듣고 잠시 뒤 따뜻한 물을 한잔 건네며) "아까 따뜻한 물을 못 담아 오셨다는 말씀이 자꾸 생각이 나서요. 더 필요하시면 말씀해 주세요."

• 미용실의 경우

(다음 주에 아들이 군대 간다는 고객의 이야기를 듣고 난 뒤) "아드님 입영 전에 한번 같이 오세요. 군입대 컷은 무료로 해드릴게요."

(마스크 때문에 귀가 아프다는 고객에게 시술이 끝난 후 마스크를 주며) "이건 아마 귀가 덜 아플 거예요."

(엄마가 머리 하는 동안 기다리는 딸의 머리를 예쁘게 땋아 준 뒤) "엄마만 머리 예쁘게 하면 딸내미가 질투해서 안 돼요. 우리 ○○이 머리가 더 예쁜걸?"

(자녀의 머리 손질을 마친 뒤 폴라로이드 사진 두 장을 찍은 뒤 한 장 주면서)
"우리 ○○이 머리를 멋지게 자른 기념으로 자, 선물! 어머님, 한 장은 저희 미용실 한쪽 벽에 붙여 놔도 되죠? 다음에 와서 보시면 ○○이 머리가 얼마나 길었는지 확인하시기에도 편할 거예요."

　자신이 좋은 사람임을 표현하는 방법은 어렵지 않습니다. 다만 그동안 방법을 몰랐던 것일지도 모릅니다. '예상치 못한 순간', '별것 아닌 사소한 호의', '상대를 알아주고 기억해 주는 말과 행동' 세 가지면 충분합니다. 당신의 업이 영업직이 아니어도 됩니다. 당신이 도시락 가게를 운영한다면 추운 날 고객에게 따뜻한 차 한잔을 내주고, 비가 오면 수건을 내주고, 단골손님의 이름을 불러 주고, 한 번 더 아는 척해 주고, 고객이 지난번에 맛있게 먹었던 반찬을 기억해 주면 충분합니다.

　차별화라는 단어가 자신의 사업을 영위하는 분들에게는 큰 짐처럼 다가올 겁니다. 하지만 차별화라고 거창한 게 아닙니다. 그저 남들이 하지 않는 아주 작은 것 하나. 그게 당신의 차별화입니다. 어렵게 생각하지 마세요.

"상대의 입에서 '네? 어머!', 이 두 단어만 나오면 성공입니다."

　지금부터 소개할 사례들 역시 보험 영업 분야 초고수들이 실전에서 감정을 공략하기 위해 적용했던 '예상하지 못한 순간의 사소한 기쁨' 사례들입니다. 잘 살펴보면서 무궁무진한 영감을 얻어 보세요. 단, 눈으로 보고 머리로만 생각해선 안 됩니다. 이 책을 다 읽은 후 당신만의 방법으로 당장 실천할 거라 굳게 믿습니다.

• 초고수 A님

그는 고객의 전화번호를 저장할 때부터 다릅니다. 절대 이름만 저장하지 않습니다. 고객의 이름 옆에 회사, 소개를 받은 경로는 물론 고객의 자녀 이름과 나이까지 간략하게 기입해 저장합니다. 예를 들어 '김철수(세일즈 연구소) 민채8 민후5'처럼요. 그리고 김철수 고객이 문의전화를 했을 때 자신이 늘 관심을 갖고 있다는 것을 쓱 일러 줍니다.

"김철수 고객님, 잘 지내시죠? 민채는 초등학교 잘 적응했어요? 저희 애는 1학년 때 조금 힘들어했거든요. 아빠 닮아서 어딜 가든 잘 할 겁니다. 하하. 민후도 잘 크고 있죠?"

그럼 고객은 그의 전화를 받고 감동할 겁니다.

'어? 우리 애들 이름이랑 나이까지 기억해 주네. 감동인걸?'

• 초고수 B님

그는 어린 자녀가 있는 고객의 감정을 공략하는 방법을 알고 있습니다. 개학 시즌에 맞춰 고객 자녀의 이름을 인쇄한 스티커를 뽑아 선물합니다. 어린이집, 또는 유치원에 다니는 자녀가 있는 분들은 공감할 겁니다. 실내화든 유치원 가방이든 겨울 외투든 아이의 이름을 인쇄한 강력 스티커를 꼭 붙여야 하거든요. 그런데 그걸 판매자가 쓱 가져다주면 얼마나 고마울까요.

'어? 우리 애들 이름도 기억해 주고, 또 이런 세세한 부분까지 챙겨 주네. 감동이야!'

• 초고수 C님

그는 고객으로부터 청첩장을 받을 때 가능한 한 종이 청첩장을 받습 니다. 그리고 고이 간직했다가 결혼기념일 1주년에 맞춰 작은 액자에 청첩장을 넣어 메모와 함께 쓰윽 선물한다고 합니다. 그 덕분에 고객의 가족들 계약까지 많이 성사시켰다고 합니다.

• 초고수 D님

그는 유독 거래처 미팅 때문에 택시를 이용할 일이 많은데, 아버지 연 배의 기사님들을 보면 그냥 마음이 쓰이더랍니다. 운전하랴, 스마트기 기 조작하랴, 시력도 안 좋은데 거친 손가락으로 오타를 내며 힘겹게 누 르는 모습을 보면서 아버지 생각이 절로 났다고 합니다. 기사님들이 불 편해하는 모습에 신경이 쓰였던 그는 1,000원 정도 하는 스마트폰 터치 펜을 한 묶음 사서 늘 갖고 다녔습니다. 택시를 탔을 때 아버지 연배의 기사님을 만나면 선물로 드리기 위해서요.

"기사님, 이거 쓰세요. 오타도 안 나고 좋아요."

그렇게 터치펜을 받은 기사님들이 고맙다며 건네는 인사에 뿌듯했다 고 합니다. 그러던 어느 날 한 기사님이 너무 감동을 받았는지 그에게 무슨 일하는 사람인지 물어봤다고 합니다.

"네, 보험 영업하고 있습니다. 저희 아버지도 기사님처럼 택시 운행하시거든요."

기사님은 자기 아들 같다고 하더니 자신은 물론 회사 동료들까지 보험 가입이 잘돼 있는지 한번 점검해 달라며 연락처를 묻더랍니다. 그 인연을 계기로 새로운 영업의 기회를 만든 것입니다. 택시 운전을 하는 아버님 덕분에 기사님 고객들에게 마음을 여는 건 큰 어려움이 없었다고 합니다. 이 모든 기회의 시작 역시 별것 아닌 사소한 호의였습니다.

• 초고수 E님

그는 매년 12월이면 다음 해 농사를 다 지어 놓는다고 합니다. 연말이면 으레 회사 로고가 박힌 고객 전달용 캘린더가 지급됩니다. 다른 영업 담당자들과 달리 초고수 E님은 고객에게 전달할 캘린더에 고객의 생일, 배우자 생일, 자녀 생일, 결혼기념일 등 고객 관련 정보를 모두 표시합니다. 고객과 친분이 없어 개인정보를 알기 어려울 때에는 부부의 날, 청년의 날, 또 자영업을 하는 고객이라면 김치의 날과 같이 생소한 날짜를 직접 펜으로 예쁘게 적어 준다고 합니다. 고객 한 분 한 분을 위한 개별 캘린더를 만드는 셈입니다. 고객의 입장에서는 으레 보험 회사에서 주는 평범한 기념품이지만 고객 감동을 위한 강력한 무기로 만들어 낸 것입니다.

참고로 '예상하지 못한 순간의 사소한 기쁨'의 한 수단으로 선물을 고민 중이라면 팁을 하나 알려 드립니다. 고객이 '곁에 오래 두고 쓸 수 있는 것'을 선물하세요. 캘린더도 좋은 예라고 할 수 있습니다. 여담이지만 영업의 교과서로 불리는 미국의 세일즈맨들이 출간한 책들을 보면 고객의 이니셜을 새긴 칼을 선물로 많이 활용했다고 합니다. 곁에 오래 둘 수 있을 뿐만 아니라 칼을 볼 때마다 선물해 준 사람이 생각나게 만드니까요. 당신 역시 누군가에게 좋은 사람으로 각인되고 싶다면, '이니셜이 새겨진 칼'과 같은 선물을 고민해 보길 추천합니다.

• 초고수 F님

그는 모바일 커피 상품권 선물을 지양한다고 합니다. 요즘은 고객들이 그런 선물조차 부담스러워할 수 있기 때문이랍니다. 자신은 호의라고 베풀었지만 상대는 저의('왜 줄까? 뭘 원하는 걸까?')를 고민하는 것 같았다고 합니다. 그래서 초고수 F님은 커피 상품권 대신 도장이 열 개 찍혀 있는 커피 쿠폰을 애용합니다. 예를 들어 고객의 사무실 인근에서 미팅을 할 때는 스타〇〇과 같은 대형 커피숍 말고 개인이 운영하는 작은 가게에 들러 현금을 주고 도장이 열 개 찍힌 커피 쿠폰을 삽니다. 그리고 그 쿠폰을 고객에게 쓰윽 선물합니다.

"고객님, 제가 이쪽에 다닐 일이 많아서 왔다 갔다 하며 모은 쿠폰이에요. 시간 나실 때 평소 좋아하는 바닐라 라떼랑 바꿔 드세요."

이렇게 선물을 하면 고객의 입장에서는 기분이 좋을 수밖에 없습니다. 사소한 선물이지만 기대하지 않았던 선물이라 기분이 좋아지죠. 게다가 고객 입장에서는 선물하는 사람이 돈을 주고 산 것도 아니라고 하니 부담도 없습니다. 하지만 그 마음만은 고마워하더라는 거죠.

이처럼 제가 만났던 세일즈의 고수들은 하나같이 감정 공략의 대가들이었습니다. 그래서 너무 신기해 여쭤봤습니다.

"어디서 이런 걸 배우셨어요?"

"배우긴요. 그냥 20년 영업하다 보니 자연스레 몸에 뱄습니다. 고객들도 너무 좋아하고요."

어떤가요? 영업의 고수들이 수십 년간 몸으로 체득한 관계의 비밀을 당신은 고작 몇 분 동안 책장을 몇 장 넘기는 수고만으로 얻었습니다. 이제 당신이 누군가에게 살아 있는 사례가 돼야 할 차례입니다.

● 백세노트 ● 이 책의 가치를 백 배 높이는 세일즈 노트

쓰세요. 마구 끄적이세요. 읽기만 하면 남의 지식입니다. 쓰기 시작하는 순간 내 지식이 됩니다.

 이번 주제에서 언급된 잘 파는 사람들의 '쓰윽' 사례 중 가장 기억에 남는 게 있다면 어떤 건가요? 그걸 어떻게 당신의 분야에 접목해서 응용할 수 있을지 끄적여 보세요.

같이 먹으며
가치를 전합니다

커뮤니케이션과 음식은 밀접한 상관관계가 있습니다. 심리학에서도 식사가 설득에 미치는 효과를 인정하고 있죠. 미국의 심리학자 어빙 재니스 Irving Janis 는 실험 참가자들을 두 그룹으로 나눠 실험을 진행했습니다. 참가자들에게 언론 기사에 나온 문장을 건네 주고 읽어 보게 했습니다. 한 그룹은 땅콩을 먹거나 콜라를 마시면서 읽도록 했고, 다른 그룹은 아무것도 주지 않았습니다. 기사는 '암 치료, 과연 몇 년 후에 가능해지는 가?'라는 제목의 딱딱한 내용이었습니다. 실험 결과, 땅콩을 먹거나 콜라를 마시며 기사를 읽은 그룹이 아무것도 입에 대지 못한 그룹에 비해 기사의 견해에 찬성하는 비율이 압도적으로 높았습니다. 무언가를 먹는 행위만으로도 동조 효과가 높아진 것입니다.

> **" 사람은 무언가 먹거나 마시면서 이야기를 나누면**
> **더 쉽게 상대의 의견을 받아들이는 경향이 있습니다."**

좋은 인간관계를 만들고 싶나요? 상대를 설득하고 싶나요? 일단 상대에게 무엇이든 좀 먹여야 합니다. 맛있는 음식이라면 금상첨화일 겁니다. 콩 한쪽도 나눠 먹으라던 옛 어른들의 당부가 단지 박애 정신의 발로만은 아니었던 것입니다.

누구나 사람을 처음 만나면 많이 긴장하게 됩니다. 시간이 지나면서 긴장감은 서서히 떨어지죠. 이때 음식이 그 속도를 높여 줍니다. 그리고 긴장의 수준이 낮아지면 대화는 편해집니다. 대화가 편해지면 상대를 쉽게 설득할 수 있습니다. 기억하세요. 음식은 당신에 대한 좋은 느낌을 강화해 주는 훌륭한 촉매제입니다. 그래서인지 제가 만난 영업 분야의 초고수들은 까다로운 고객일수록 점심 직후에 미팅을 잡는다고 합니다.

아무래도 아침에는 뇌가 활성화돼 있기에 이성적 판단에 따른 냉철한 결투를 본능적으로 피하는 것인지도 모릅니다. 그럼 저녁은 어떨까요? 몸도 마음도 피곤합니다. 상대의 이야기를 들어 줄 여력조차 남지 않은 경우가 많습니다. 하지만 오후에는 식사 후 느껴지는 포만감 덕분에 하루 중 가장 관대하고 느긋한 기분을 가질 가능성이 높습니다.

쓰세요. 마구 끄적이세요. 읽기만 하면 남의 지식입니다. 쓰기 시작하는 순간 내 지식이 됩니다.

Q 당신의 그분에게 맛있는 뭔가를 먹여 본 적이 있나요? 만약 없다면 오늘 당장 약속을 잡아 보세요. 굳이 상품과 서비스를 제안하지 않아도 됩니다. 그저 맛있는 걸 대접하고 싶다는 마음 하나만 가지고 만나 보세요. 꼭 대접하고 싶은 세 명의 이름을 써 보세요.

1) _____

2) _____

3) _____

남의 거창한 이야기보다
나의 사소한 이야기를 나눕니다

좋은 사람인 내가 전할 수 있는 최고의 이야기 소재는 다른 사람의 이야기가 아닙니다. 바로 자신의 이야기입니다. 다른 사람의 이야기는 누구나 할 수 있습니다. 그런데 자신의 이야기를 자기 입으로 전할 때 메시지의 힘은 커지기 마련입니다.

미국에서 지역 선거를 앞두고 비슷한 지지율을 얻고 있는 세 명의 후보자를 대상으로 한 연구가 있습니다. 후보자들은 라디오 방송에서 각각 자신을 소개했습니다. 1번 후보자는 정치가로서의 전문적 자질이나 높은 학력, 그리고 자신의 됨됨이를 강조했습니다. 2번 후보자는 지금까지 자신의 정치 경력, 그리고 과거에 이뤘던 업적들을 강조했습니다. 3번 후보자는 자녀를 사랑하고 파이프 담배를 피우며 매일 개를 데리고 산책한다는 등 사생활에 관해 소개했습니다.

라디오 방송 이전까지 세 후보의 지지율은 비슷했지만 라디오 방송 이후 상황이 달라졌습니다. 3번 후보자가 다른 후보자들을 앞지르기 시작했습니다. 일반인과 크게 다를 바 없는 후보자의 사생활이 유권자들의 호감을 얻었기 때문입니다.

> **" 누군가 자신의 이야기를 진솔하게 꺼낼 때 호감을 얻을 수 있고**
> **나아가 강력한 메시지를 전할 수 있습니다."**

그럼에도 대다수 파는 사람들은 그렇게 생각하지 않는 것 같습니다. '에이, 내 이야기가 뭐 별거라고. 다른 사람의 이야기가 더 강력할 것 같은데? 특히 유명한 사람의 이야기를 활용해서 팔아 보자.'

하지만 그처럼 유명한 사람의 이야기는 당신이 아닌 다른 사람도 할 수 있습니다. 당연히 메시지의 힘도 약할 수밖에 없습니다. 거듭 말씀드리지만 누군가 자신의 이야기를 하는 것만큼 강력한 것은 없습니다.

살인자 ○○○이 6개월간 열두 명을 살해한 이야기는 누가 들어도 끔찍하지만 현실감이 없습니다. 그런데 제가 바로 당신 앞에 앉아서 당신의 눈을 지그시 바라보며 씨익 웃었다고 생각해 보세요. 이윽고 "제가 어제 한 사람을 죽였습니다."라고 고백하면 끔찍하다 못해 등에서 식은땀이 흐르고 몸이 덜덜 떨려 올 겁니다.

별것 아닌 자신의 이야기라고 해서 무시하면 안 됩니다. 제아무리 사소하고 소소할지라도 당신의 이야기가 당신의 입을 통해 나오면 강력한 힘을 갖게 됩니다.

"제가 경험했던 건데요."

"저도 지난번에 이런 일이 있었어요."

"제가 이 상품을 구매한 이유는요."

"저희 아이는요."

"제 아내가 저한테 그러더라고요."

언어는 단순히 상대의 관심을 끄는 수단 이상의 힘을 갖고 있습니다. 당신의 이야기에 진실된 눈빛을 더한다면 상대는 당신을 좋은 사람으로 느낄 것입니다.

● 백 세 노트 ● **이 책의 가치를 백 배 높이는 세일즈 노트**

쓰세요. 마구 끄적이세요. 읽기만 하면 남의 지식입니다. 쓰기 시작하는 순간 내 지식이 됩니다.

Q 당신의 상품을 직접 사용해 본 당신의 경험을 끄적여 보세요. 회사에서 주는 자료 말고, 그저 당신이 써 본 느낌을 적으면 됩니다. 세일즈 초고 수들이 즐겨 쓰는 방법인 '간증 세일즈'의 토대가 마련될 겁니다.

자신의 고객과 시장을
쪼갤 줄 압니다

좋은 사람으로 느끼도록 만들기 위해 나를 누군가에게 '잘' 소개하는 것은 매우 중요합니다. 당신은 자기소개를 잘하고 있나요? 단지 수려한 외모와 화려한 말로 자신을 포장하라는 말이 아닙니다. 이전과 다른 성과를 원한다면 이전과는 다른 새로운 기준으로 자신의 상품, 자신의 사업, 그리고 파는 사람 ○○○을 재정의할 필요가 있습니다.

처음 만나는 누군가에게 당신을 명쾌하게 정의해 소개할 수 없다면 갈수록 길을 잃고 방황할 수밖에 없습니다. 그래서 자기소개보다 '자기 정의'가 중요합니다.

" 한 문장으로 자신을 정의할 수 있어야

방향을 잃지 않고 순항할 수 있습니다."

이번에는 그냥 파는 사람이 아닌, 잘 파는 사람이 되기 위한 몇 가지 전략과 전술을 살펴보고자 합니다.

먼저 당신이 현재 속한 사업 분야는 레드오션인가요, 아니면 블루오션인가요? 대답이 망설여진다면 질문을 바꿔 보겠습니다. 당신이 새로운 사업을 구상 중이라고 가정한다면 레드오션에 진입할 것인가요, 아니면 블루오션에 진출할 것인가요?

두 가지 선택지 중 1초의 고민도 없이 블루오션을 생각했다면 이 책을 정말 잘 선택한 것입니다. 다짜고짜 블루오션으로 진출했다가는 망하기 십상이거든요. 블루오션에는 경쟁자도 없지만 물고기도 없습니다. 아무런 준비 없이 레드오션에 뛰어들어도 망하기 딱 좋습니다. 이미 시장에 자리 잡은 경쟁자들에게 이리 치이고 저리 치이다 언젠가 소리소문 없이 사라질 수 있기 때문입니다. 그럼 어떻게 해야 할까요?

" 레드오션에 과감하게 뛰어 들되

시장을 쪼개고 쪼개고 쪼개어 타깃 고객층을 정해야 합니다."

일단 물고기가 많이 모여 있는 레드오션에 들어가야 합니다. 물고기가 아무리 많다 해도 모든 어종을 다 잡으려고 해서는 안 됩니다. 자신이 노리는 어종이 좋아하는 미끼를 파악해서 그 어종만 노려야 합니다

(고객을 어종에 비유해 죄송하지만 이해를 돕기 위함이니 이해해 주세요).

어떤 분야가 됐든 처음 판매 전선에 뛰어들면 눈앞에 보이는 모든 대상을 뭉뚱그려 모두 잡아먹으려는 실수를 범하기 쉽습니다. 하지만 자신이 모두 가지려고 욕심내는 순간, 먹기도 전에 배탈부터 날 겁니다. 오히려 버릴 건 싹 버리고 자신이 먹을 것만 정확하게 노리는 게 가장 현명한 방법입니다. 시대가 지날수록 날카로운 콘셉트와 특장점으로 무장한 상품과 서비스가 살아남습니다. 사람도 마찬가지입니다. 도움이 될 만한 제 이야기를 들려 드리겠습니다.

홈쇼핑의 쇼핑 호스트를 그만두고 처음 기업 교육 시장에 진출했을 때입니다. 지금도 남들은 저더러 강사나 작가라고 불러 줍니다. 하지만 제 업의 정체성 역시 당신과 같이 파는 사람입니다. 그럼 저는 무엇을 파는 걸까요? 맞습니다. 교육 콘텐츠를 팝니다. 당시 제가 교육할 수 있는 콘텐츠는 소통, 스피치, 설득, 협상, 세일즈, 교수법, 면접 코칭 등이 었습니다. 이 모든 걸 아우를 수 있는 큰 주제가 바로 '커뮤니케이션'입니다.

만약 제가 어느 것 하나 포기하지 않겠다는 욕심을 부려 '커뮤니케이션 코칭 전문가'로 저 자신을 소개했다면 어땠을까요? 커뮤니케이션 관련 전문가를 비롯해 국내 유명 강사나 저자들이 모두 다 제 경쟁자가 됐겠죠. 하지만 저는 나머지를 다 포기하고 오로지 세일즈에만 집중했습니다. 커뮤니케이션 전문가가 아닌 세일즈 코칭 전문가로 소개하는 순간 경쟁력이 생깁니다. 부디 당신도 당신이 잘할 수 있는 분야로 쪼개고 쪼개어 소개해야 합니다. 그럼 무엇을 어떻게 쪼개야 할까요?

상품을 쪼개세요

집에 종종 출몰하는 바퀴벌레 때문에 골머리를 앓고 있다고 가정하겠습니다. 살충제를 사기 위해 마트에 갔습니다. 두 가지 제품이 눈에 띕니다. 제품 포장에 씌어 있는 문구를 확인합니다.

A: 바퀴벌레 / 모기 / 해충 / 쥐까지 다 잡습니다

B: 바퀴벌레 전문 살충제! 바퀴벌레만 확실히 잡습니다

당신이라면 어떤 걸 선택하겠습니까? 대부분이 B 상품을 선호할 것입니다. 이처럼 사는 사람은 적어도 자신의 고민을 확실하게 해결해 줄 수 있는 무언가를 원합니다. 그럼 이번에는 다음 중 어떤 음식점을 선택하겠습니까?

김밥○○에서 파는 설렁탕 vs. 설렁탕 전문점에서 파는 설렁탕

치킨집에서 파는 떡볶이 vs. 30년 떡볶이 외길 인생 ○○○ 할머니 떡볶이

당연히 후자입니다. 한식 전문점도 약합니다. '비빔밥 전문점'으로 소개해야 합니다. 이태리 음식 전문점도 약합니다. '로제 파스타 전문점'으로 소개해야 합니다. 중식 전문점도 약합니다. '깐풍기가 맛있는 집'으로 소개해야 합니다. 여행사라면 어떨까요? 그냥 여행사는 약합니다. 국내 전문 여행사도 약합니다. 제주도 전문 여행사도 약합니다. 적어도 '서귀포 전문 여행사' 정도는 돼야 합니다.

저 역시 저에 대한 소개를 점점 진화시키며 제가 파는 콘텐츠를 더 잘게 쪼개고 또 쪼개려 노력합니다. 현재 주로 진행하고 있는 '세일즈 교육' 역시 범주가 큰 편입니다. 세일즈 교육의 범주 안에도 다양한 상품이 존재할 수 있습니다. 세일즈 프로세스, 세일즈 동기부여, 세일즈 마인드 정립, 세일즈 코칭 스킬, 세일즈 언어, 세일즈 화법 등 다양한 상품이 존재합니다. 그중 제가 더 날카롭게 쪼개려는 상품은 세일즈 언어였습니다. 물론 다른 것도 할 수 있습니다. 하지만 더 날카롭게 상품을 다듬는 과정에서 제가 제일 잘할 수 있는 세일즈 언어를 고른 것입니다.

당신의 상품도 더 뾰족하게 만들어야 합니다. 뭉툭한 망치로 시장을 두들겨선 안 됩니다. 뾰족한 송곳으로 찔러 구멍을 먼저 만들어야 합니다. 그 구멍을 슬슬 넓혀 가는 건 나중의 문제입니다. 일단 작게라도 뾰족하게 구멍을 내야 하지 않겠습니까?

고객을 쪼개세요

자신이 들어가려는 시장에서 소개할 자신만의 상품을 뾰족하게 다듬었다면 이젠 고객을 쪼개야 합니다. 저의 경우, 제 상품을 '세일즈 언어'로 쪼개었다면 그 상품을 선택할 고객 역시 쪼개야 합니다. 세일즈 언어에 관심을 가질 모든 사람이라고 뭉툭하게 설정해서는 안 됩니다. 세일즈 언어의 대본이 반드시 필요한 영업 조직을 가진 기업으로 날카롭게 다듬어야 합니다. 물론 영업 조직을 가진 기업 역시 뭉툭하기에 더 쪼개고 있는 중이긴 합니다. 그 대상이 어딘지는 영업 비밀이기에 밝힐 수 없음을 양해 바랍니다.

다른 예를 들어 볼까요? 프린터를 팔면서 전문가들이 선택하는 프린터라고 해서는 안 됩니다. 광고 디자이너들이 선택하는 프린터라고 분명하게 쪼개야 팔립니다. 또 제주 서귀포 전문 여행사를 운영하면서 누구나 환영한다고 소개해서는 안 됩니다. 커플 전문, 신혼부부 전문, 4인 가족 전문 여행사 정도로는 소개해야 합니다.

쪼개면 붙습니다

간혹 그렇게 쪼개고 쪼갤수록 자신의 매출도 쪼개지는 것 아니냐고 걱정하는 분들이 있습니다. 결론부터 말씀드리자면 절대 걱정하지 않아도 됩니다. 쪼갠다고 하면 다른 많은 걸 포기하는 것처럼 보이지만 실제로는 그렇지 않습니다. 저의 경우 제 상품을 세일즈로 국한시켜 소개했지만 오히려 세일즈 콘텐츠 이외에 다른 콘텐츠에 대한 교육이나 컨설팅도 상당수 요청을 받습니다. 그럼 저를 찾는 고객들은 어떤 생각을 갖고 있을까요?

'아, 이 사람은 세일즈 분야 전문가로군. 그런데 사실 취업 면접 역시 나라는 상품, 나의 콘텐츠를 누군가에게 세일즈하는 게 아닐까? 그럼 저 사람에게 취업 면접 교육과 컨설팅을 요청해 볼까? 기존과는 다른 새로운 관점의 접근이겠는걸?'

어설프게 이도 저도 아닌 '커뮤니케이션 전문가'로 자신을 포장하는 순간 자기소개의 힘도 애매해집니다. 하지만 제가 가장 잘할 수 있는 분야로 쪼개어 내세우면 그 밖의 상품들에 대한 수요도 함께 발생됩니다.

파는 사람: 라면은 농○이 맛있습니다.

사는 사람: 라면만 맛있다는 건가? 아니지, 어차피 과자도 만드는 재료나 방식은 비슷하지 않겠어? 그럼 다른 것도 농○이 맛있겠군.

이처럼 상대가 생각하는 방향을 예측할 수 있어야 합니다. 반드시 이를 기억해야 합니다.

" 무엇이든 쪼개면 쪼갤수록 사람들이 달라붙습니다."

나중에 누군가가 "죄송하지만 이런 것도 가능하신지 여쭤 봐도 될까요?"라고 묻는다면 한마디만 하면 됩니다.

"네, 그것도 가능합니다."

결국 자기소개는 자기정의로부터 시작됩니다. 당신이 파는 사람이라면 적어도 당신만의 뾰족한 상품이 있어야 합니다. 당신만의 뾰족한 고객을 설정해야 합니다. 당신을, 당신의 상품을 당당하게 소개해야 합니다.

쓰세요. 마구 끄적이세요. 읽기만 하면 남의 지식입니다. 쓰기 시작하는 순간 내 지식이 됩니다.

 아래의 질문에 답하며 당신의 소개 문구 한 줄을 완성해 보세요.

1) 당신의 고객을 쪼개 보세요.

_____

2) 당신의 상품을 쪼개 보세요.

_____

3) 아래의 문장을 완성해 보세요.

"저는 (고객 쪼개기)분들이 쓰시는 (상품 쪼개기)상품의 전문가 ○ ○ ○입니다."

_____

자신만의 1등 분야를 만듭니다

자, 이제 당신은 치열한 경쟁이 도사리고 있는 레드오션에 진입했습니다. 상품과 고객을 쪼개고 쪼개어 당신만의 시장을 확보했습니다. 이제부터 사활을 걸고 해야 할 일은 바로 당신이 1등이라고 세상에 알리는 겁니다. 주변에서 남들이 뭐라고 하든 신경 딱 끄고, "○○분야(시장)에서만큼은 제가 1등입니다."라고 상대의 귀에 딱지가 앉도록 강조하고 또 강조하는 겁니다. 그게 브랜딩이고, 그게 마케팅입니다.

처음 만난 누군가에게 강력한 호감을 느끼게 만드는 요소는 두 가지입니다. '따뜻함'과 '유능함'.

" 누군가를 처음 만났는데 그 사람이 마음도 따뜻한데
실력까지 갖추고 있다면 좋다고 느끼게 됩니다."

당신의 따뜻함은 첫 만남에서도 충분히 전달할 수 있습니다. 하지만 유능함을 첫 만남에서 전하기 쉽지 않습니다. 그래서 더더욱 1등이라고 강조하며 실력을 자랑해야 합니다.

다들 〈토끼와 거북〉이라는 이야기를 알고 있을 겁니다. 첫 경주 이후 완패한 토끼는 설욕전을 준비해 거북에게 재경기를 제안합니다. 이번에는 절대 방심하거나 낮잠을 잘 리 없습니다. 눈에 쌍심지를 켜고 경주에 임하겠지요. 자, 만약 당신이 토끼의 재경기 도전을 받은 거북이라면 흔쾌히 응하겠습니까?

'패배가 불 보듯 뻔한 경기에 응하라고?'

물론 거북이 입장에서는 질 게 뻔하니 도망을 치고 싶을 겁니다. 하지만 그렇게 도망을 쳤다간 동물의 왕국에서 비겁한 동물이라는 낙인이 찍힐 것도 뻔합니다. 이런 경우 과연 어떻게 해야 할까요? 방법은 간단합니다. 재경기를 수락하되 '조건'만 하나 붙이면 됩니다. 바로 육지가 아닌 바다에서 경주를 하는 겁니다. 경쟁에서 이기는 방법은 두 가지입니다. 뼈를 깎는 고통을 겪으며 나를 단련시키거나, 자신이 가장 유리한 판에서 경쟁하는 것이죠. 단언컨대 전자보다 후자가 효과적입니다.

일곱 살 된 제 아들이 마흔두 살 된 아빠와 경주를 합니다. 공터에서 달리기로는 절대 저를 이길 수 없습니다. 하지만 거실에서 둘 다 씽씽카를 타고 경주한다면 아들이 이깁니다. 또 아들과 제가 인물 퀴즈로 승부를 내려고 합니다. '한국사 인물 맞히기'로는 절대 아들이 저를 이길 수 없습니다. 하지만 '포켓몬스터 캐릭터 맞히기'라면 아들이 무조건 이깁니다.

경쟁자와의 경쟁에서 이겨야 한다고요? 절대로 경쟁자의 홈구장으로 가면 안 됩니다. 자신의 홈구장으로 상대를 끌고 와야 합니다. 그럼 자신의 홈구장은 어떻게 만드는 걸까요? 앞서 소개한 것처럼 상품과 고객을 쪼개 자신만의 시장을 만드는 것이 결국 자신의 홈구장을 완성하는 최고의 방법입니다.

> " '제가 여기서만큼은 1등입니다'라고
> 주장할 수 있을 때까지 쪼개고 쪼개야 합니다."

쪼개고 쪼개면 언젠가는 자신이 1등을 할 수 있는 판이 만들어질 겁니다. 물론 그 범주가 매우 협소하고 보잘것없어 보여도 괜찮습니다.

참고로 저는 피아노를 못 칩니다. 초등학교 때 바이엘 하권까지 친 것이 제 피아노 실력의 전부입니다. 그런데 저는 대한민국의 어떤 피아니스트보다도 젓가락 행진곡을 빠르게 칠 수 있습니다. 피아노 연주라는 큰 범주에서만 보면 대한민국에서 734만 2,530등쯤일 겁니다. 하지만 '젓가락 행진곡 두 손가락만으로 가장 빠르게 연주하기' 범주에선 대한민국에서 1등이라고 자부합니다. 피아노 연주자 황현진은 아무도 기억하지 않을 겁니다. 하지만 '젓가락 행진곡을 두 손가락만으로 가장 빠르게 연주하기' 분야 1등 연주자 황현진은 누군가 기억해 줄 가능성이 높습니다.

제주도에 가면 거대한 한라산을 중심으로 오름들이 주변에 봉긋봉긋 솟아 있습니다. 한라산이라는 거대한 산에 가장 먼저 올라 1등이 되는 건 어렵습니다. 어쩌면 이제 막 사업을 시작한 당신에게는 불가능한 일일지도 모릅니다. 하지만 아무도 오르지 않은 나즈막한 오름에 가장 먼저 올라 1등이 되는 건 가능하지 않을까요? 당신이 가장 잘 오를 수 있는 작은 오름을 발견하세요. 남들보다 먼저 올라 깃발 꽂고 "이 오름은 내 오름이다!"라고 당당하게 외치세요. 그리고 당신이 그 오름의 주인이라고 소개하면 됩니다.

결론적으로 말해, 범주의 면적보다 중요한 건 1등이냐 아니냐입니다. 우리는 유독 1등에 집착합니다. 우스갯소리로 '1등만 기억하는 더러운 세상'이라고 이야기합니다. 1등과 2등이 종이 한 장 차이일지라도 1등을 기억합니다. 그래서 많은 이들이 최초가 되길 원하고, 최고가 되길 원합니다. 그러질 못하면 실패로 간주할 정도로 1등에 대한 집착은 무섭습니다.

대단한 경쟁자들과 경쟁해 1등이 되기 어렵다면 당신이 새로운 판을 짜면 됩니다. 그럼 적어도 그 더럽고 치사한 1등이 될 수 있습니다. 새로운 판에 당신이 깃발을 꽂고 1등이라고 세상에 알리면 됩니다. 그러면 사람들이 당신에게 관심을 가질 겁니다. 당신을 알아봐 줄 겁니다. 그리고 기억해 줄 겁니다.

쓰세요. 마구 끄적이세요. 읽기만 하면 남의 지식입니다. 쓰기 시작하는 순간 내 지식이 됩니다.

Q 잘 파는 사람들은 자신만의 작은 오름 하나쯤은 가지고 있습니다. 당신에게 매우 중요한 미션을 드리겠습니다. 아래 문장을 완성해 잘 보이는 곳에 붙여 두세요.
'나 ○○은 향후 ○년 이내에 (상품과 고객을 한없이 쪼개고 쪼갠 특정 분야) 오름의 주인이 될 것이다.'
그리고 다른 사람들이 그 오름의 주인이 나라고 알아줄 때까지 반복해서 강조하고 또 강조하세요.

"나, _____은 향후 _____년 이내에

_____오름의 주인이 될 것이다."

고객의 문제부터
찾아줍니다

이제 당신을 가장 잘 정의할 수 있는 자기소개가 완성됐습니다. 하지만 "저 이런 사람입니다."만으로는 뭔가 아쉽습니다. 한 단계 더 나아가 보겠습니다.

제 이야기를 또 해보겠습니다. 그간 저 역시도 저만의 오름을 만들고 깃발 꽂고 열심히 세상에 저를 알렸습니다. 명함도 새로 만들고 어딜 가든 저를 소개할 때 어떻게 하면 더 멋지게 소개할 수 있을지 고민했습니다. 제 이름 앞에 붙는 수식어도 참 많이 바꿔 봤습니다.

세일즈 디자이너, 세일즈 컨설턴트, 세일즈 전문가, 세일즈 코치, 세일즈 마스터, 세일즈 강사 ….

저는 제가 정한 자기소개대로 불리길 원했지만 시장에서는 그저 저를 부르고 싶은 대로 부르더군요.

강사, 작가, 대표 ….

사실 제가 하는 일은 변하지 않았습니다. 그저 저 자신을 소개하기 위해 저를 잘 정의했지만 그것만으로는 통하지 않았을 뿐입니다. 답답한 마음에 하루는 죄 없는 가족들을 거실에 불러 놓고 어떤 게 가장 좋아 보이는지 설문조사도 했습니다. 물론 가족들은 그게 그거 아니냐며 심드렁했지만요. 그러던 중 딸아이가 제게 물었습니다.

> **딸:** 아빠, 그래서 아빠가 하는 일은 뭐야?
>
> **나:** 아빠가 하는 일? 강의도 하고, 글도 쓰고, 멘트도 만들어서 파는 일이야.
>
> **딸:** 잘 팔려?
>
> **나:** 응? 응… 잘 팔려.
>
> **딸:** 근데 사람들이 그걸 왜 사?

딸아이의 질문은 본질을 꿰뚫고 있었습니다.

> **나:** 그거야 회사들이 잘 팔리려고 만든 상품들이 생각보다 잘 안 팔리니까 아빠한테 도움을 받는 거지.
>
> **딸:** 아, 그렇구나. 뭔지 잘 모르겠다.

딸아이와의 대화는 마무리됐지만 제 뇌리에 큰 느낌표가 떠올랐습니다. 그동안 제가 아주 중요한 걸 빠뜨리고 있었다는 사실을 깨달았거든요.

'그래, 그동안 나는 나를 소개하는 데만 혈안이 돼 있었구나. 정작 내 콘텐츠를 사는 고객들은 왜 사는지, 무엇이 문제이기에 내 콘텐츠를 사는 건지 제대로 소개하지 않았구나.'

딸아이 덕분에 얻은 깊은 깨달음을 발판 삼아 제 자기소개를 다시 정의해 보기로 했습니다.

"상품이나 서비스는 잘 만들었는데, 고객 반응은 미지근하죠? 제조자의 언어와 소비자의 언어가 달라서 그래요. 소비자가 즉각 반응하는, '돈 되는 세일즈 언어'를 써 드립니다. 세일즈 작가 황현진입니다."

겉으로 보기엔 똑같아 보이지만 완전히 다른 접근법으로 출발하는 자기소개입니다. 즉 자신이 어떤 사람인지를 알리기보다 자신의 고객이 가진 문제를 소개하는 게 우선입니다.

" '반창고'를 팔려거든 '상처'부터 찾으세요."

타 제품과 다르게 자신이 파는 반창고는 습윤 밴드 형태이고, 최신 유행하는 캐릭터를 넣은 디자인이고, 부착력도 뛰어나다고 아무리 자랑해도 상대 입장에서는 '저걸 어디다 쓰지?'라고 생각할 겁니다. 오히려 "당신이 의식하지 못하는 상처가 있고 그 상처를 방치하면 또 다른 감염의 우려가 있습니다."라고 상대가 의식하지 못했던 것을 찾아 주면 팔 수 있습니다. 그러면 상대는 그동안 인식하지 못한 상처를 찾아 주고 그 상처를 아물게 도와줄 대안을 제시하는 당신을 좋은 사람으로 느낄수 있습니다.

같은 원리로 스노 타이어를 팔려면 '눈길 운행의 위험성'부터 찾아서 알려 줘야 합니다. 또 보험을 팔려면 '지독한 가난에 처할 수 있는 현실'부터 찾아 알려 줘야 합니다. 또 바셀린을 팔려면 '터진 손등'부터 찾아야 합니다.

〈뉴욕타임스〉베스트셀러인《레드 세일즈북》등을 집필한 작가이자 영업 전문가인 제프리 지토머 Jeffrey Gitomer 는 이렇게 말합니다.

> "고객들이 모르는 당신과 당신의 상품에 대한 내용을 말하지 마세요. 그들이 자신에 대해 모르고 있는 내용을 말하세요."

당신을 좋은 사람으로 느끼도록 만들고 싶다면 늘 누군가를 만나기 전에 아래 문장의 빈칸을 채우며 고객의 문제부터 정의해야 합니다. 그러면 상대는 자신의 문제를 해결해 줄 수 있는 당신에게 무한 신뢰를 보낼 겁니다.

"나는 고객이 (어떤 일을 할 때) / (어떤 걸림돌 때문에) / (어떤 문제)를 겪는다고 생각한다."

• 당신이 트레이너라면

"나는 고객이 (운전 중 주차권을 뽑을 때) / (어깨가 불편해) / (팔을 들어 올려 뻗는 게 힘겹다는 느낌)을 겪는다고 생각한다."

이렇게 문제를 정의한 후 만난다면 어떨까요? 아마 상담 시작부터 고객의 공감대를 확 이끌어 내며 성과를 만들어 낼 수 있지 않을까요? 다시 한번 앞서 소개한 명제를 살펴보세요.

'반창고'를 팔려거든 '상처'부터 찾아라.

거듭 말씀드리지만 상처는 파는 사람이 찾아야 하는 부분입니다. 상대는 자신의 어느 곳에 상처가 있는지 알지 못하는 경우가 대부분이기 때문입니다. 스티브 잡스는 이렇게 말했습니다.

"자신이 무엇을 원하는지 알아내는 것은 고객이 할 일이 아니다."

무선 이어폰인 애플의 에어팟은 고객의 수많은 요구 덕분에 출시된 것일까요? 글쎄요, 아닐 겁니다. 고객은 유선 이어폰이 불편한 줄 몰랐다고 보는 편이 더 타당합니다. 수많은 애플 이용자들은 에어팟이 출시된 후에야 비로소 이렇게 말했을지 모릅니다.

"맞아! 그렇지 않아도 이어폰에 선이 있어서 불편했던 것 같아요. 이 제품은 저에게 꼭 필요한 제품이에요."

과연 정말 그랬을까요? 하지만 그동안 에어팟 없이도 우리는 아무 불평 없이 잘 살았는걸요. 기업이 소비자의 문제를 찾아 소개했을 뿐입니다. 고객은, 소비자는 자신에게 어떤 상처(문제)가 있는지 잘 모릅니다. 그걸 찾아 주는 것은 결국 파는 사람, 파는 기업의 숙제입니다.

쓰세요. 마구 끄적이세요. 읽기만 하면 남의 지식입니다. 쓰기 시작하는 순간 내 지식이 됩니다.

 당신의 고객이 가진 문제를 소개해 보세요.

1) 당신의 고객들이 인지하지 못하고 있는 불편함은 무엇일까요?

_____

2) 파는 사람인 당신이 어떻게 도와줄 수 있을까요?

_____

3) 위에서 정리한 내용을 바탕으로 아래의 문장을 완성해 보세요.

"나는 고객이 (어떤 일을 할 때) / (어떤 걸림돌 때문에) / (어떤 문제)를 겪는다고 생각
한다."

_____

거절하는 고객을
안심시킵니다

한 번의 제안, 단 한 번의 설명만으로 팔 수 있다면 너무 행복할 겁니다. 하지만 현실은 결코 쉽지 않습니다. 고객은 거절하고, 거절하고, 또 거절할 겁니다. 오죽하면 이런 말들이 생겨났겠습니까.

'거절은 판매의 어머니다.'

'거절하는 순간 판매는 시작된다.'

'거절당하지 않는 영업은 없다.'

거절당하는 사람을 위한 동기부여는 언제나 일시적입니다. 상대의 거절에 어떻게 대처해야 하는지 뾰족한 수가 없기에 그저 받아들이고 포기하지 말라는 말로만 들릴 뿐입니다. 과연 거절의 본모습은 무엇인지, 그리고 어떻게 대처해야 할지에 대해 고민해 봐야 합니다.

파는 사람 입장에서 가장 큰 벽은 '거절'에 대한 두려움입니다. 반면, 사는 사람에게 가장 큰 벽은 '실패'에 대한 두려움입니다. 고객이 느끼는 두려움은 '나의 선택이 과연 합리적일까? 최선일까? 만약 실패하면 어떡하지?'라는 고민에서 시작됩니다. 그럼에도 파는 사람은 상대의 실패에 대한 두려움을 단지 거절로 해석해 버리곤 합니다. 그러고는 거절하는 상대를 극복하려고만 듭니다. 하지만 거절의 본질을 바라봐야 합니다.

> **" 거절하는 상대는 극복의 대상이 아닙니다.**
> **오히려 상대를 안심시켜야 한다는 생각으로 접근해야 합니다."**

거절은 자신의 선택에 대한 '불안함'이 진짜 정체이기 때문입니다. 어쩌면 상대는 당신에게 질문을 던지고 도움을 요청하고 있는지도 모릅니다.

'당신의 제안을 이해하고 싶어요.'

'결정하게 도와주세요.'

'당장은 쉽지 않아요.'

'내 선택이 최선인가요.'

잘 파는 사람은 거절을 대하는 태도가 다릅니다. 거절하는 상대를 극복하려 하지 않습니다. 그냥 있는 그대로 받아 줍니다. 그리고 상대를 안심시켜 줍니다.

지금부터 몇 가지 거절 상황을 예상해 보고 하나씩 연습해 보세요. 다시 한번 말씀드립니다만 상대를 굴복시키려 하거나 이기려고 하면 안 됩니다. 벤저민 프랭클린의 말이 도움이 될 겁니다.

"당신이 논쟁을 하면 이길 수도 있을 것이다. 그러나 상대의 호감은 얻지 못하는 공허한 승리만이 남을 뿐이다."

당신이 현명한 판매자라면 그저 상대를 안심시켜 주며 호감을 얻어야 합니다.

고객: 다른 제품이랑 큰 차이가 있을까요?

판매자: 제 고객 중에 ○○님도 처음에 그렇게 말씀하셨거든요. 저희 제품은 다른 제품과 해결책에 대한 접근 방식이 달라요. 예를 들어 차량의 계기판에 기름이 없다고 경고등이 들어올 때 깜빡이는 게 보기 싫다고 경고등을 꺼버리고 무시하지는 않을 겁니다. 근본 원인을 파악해 기름을 넣어야겠다고 생각하시겠죠. 저희 제품의 접근 방식도 마찬가지입니다. 겉으로만 보이는 임시방편이 아니라 문제의 원인을 파악해 접근하는 제품이다 보니 한번 써 본 분들께서는 반드시 다시 찾으시더라고요.

고객: 가격이 부담스러운데….

판매자: 맞습니다. 아무리 가격이 좋다 해도, 품질이 뒷받침되지 않으면 좋은 가격이라 할 순 없을 겁니다. 혹시 ○○님께서 고민하시는 게 가격인가요, 아니면 비용인가요? 당장 내야 하는 돈이 가격이라면, 앞으로 이용하면서 내야 하는 돈의 총합이 비용입니다. 저희 상품은 (이유 언급) 이러한 이유에서 장기적으로 들어가는 돈을 아낄 수 있습니다. 가격뿐 아니라 장기적 비용까지 생각하신다면 훨씬 유리한 선택입니다.

고객: 아무리 전문 브랜드라고 해도 가격이 더 비싸다 보니….
판매자: 그렇게 느끼실 수 있습니다. 대부분의 다른 고객들도 처음엔 그렇게 말씀하셨어요. 다만 같은 회덮밥도 일식 전문점에서 파는 것과 일반 분식점에서 파는 건 다릅니다. 비싼 횟감을 다뤄 본 노하우가 회덮밥에도 그대로 녹아 있거든요. 저희 상품도 마찬가지입니다. ○○상품군만 전문적으로 만드는 회사입니다. 최고를 만들어 본 기술력과 노하우는 그대로 담되, 가격만큼은 합리적으로 출시한 상품입니다.

고객: 타사(경쟁사) 제품이 더 싸서요….
판매자: 경쟁사 상품 잠깐 써 보시고 다시 저희 상품으로 결정하신 분들도 처음엔 그렇게 말씀하셨거든요. 다만 장기적으로 받게 될 혜택을 생각하면 저희 상품으로 꼭 추천해 드리고 싶어요. 미끼 상품이 싸다고 혹해서 샀다가 후회하신 적 있지 않으세요? 이 상품도 마찬가지입니다. 장기적으로 받게 될 혜택을 생각하면 당장 보이는 가격만 생각하면 안 됩니다.

고객: 그래도 우리는 다른 상품(경쟁사 상품)을 계속 써 오다 보니 바꾸기가….

판매자: 그러시군요. 그럼 더 추천해 드리고 싶습니다. 한 회사 제품만 오래 사용하면 처음에는 편하다고 느낄 수 있지만, 나중에 언젠가는 '구속'처럼 느껴질 수도 있거든요. 그래서 선택의 폭을 조금만 더 열어 둔다는 생각으로 일부만 먼저 시험 삼아 써 보시면 어떨까요? 다른 회사의 담당자가 알려 드리는 관점도 정보수집 차원에서 한번 들어 보시면 후회하는 일은 없을 겁니다.

고객: 그래도 내가 워낙 잘 아는 사람이라 선뜻 바꾼다는 게….

판매자: 그럼 ○○님에게 더 좋은 일입니다. 잘 아는 분이시기에 이것저것 따져 가며 비교해 보기도 쉽지 않으셨을 겁니다. 하물며 온라인으로 뭐 하나 구매하려고 해도 어디가 더 좋은지 비교해 보지 않으세요? 그럼 이렇게 하면 어떨까요? 제가 당장 권유하지는 않겠습니다. 다만 장기적으로 어떻게 계획을 세우면 좋을지 짧게 말씀드리고 가겠습니다. 분명 도움이 될 겁니다.

고객: 좋아 보이긴 하지만, 아직은….

판매자: 그렇게 느끼시는 것 충분히 이해합니다. 기간을 두고 시작하려는 분들도 계셨거든요. 하지만 공을 멀리 던지려면 힘도 중요하지만 각도가 더 중요하다는 것 아시죠? 아무리 힘을 줘서 던져도 방향이 틀어져 있으면 멀리 못 나갑니다. 저희 상품이 처음부터 제대로 된 방향을 잡아줄 겁니다.

고객: 근데 다른 사람 이야기를 들어 보면….

판매자: 주변 분(들) 말씀도 충분히 일리 있는 말씀입니다. 다만 다른 분의 의

견보다도 ○○님이 직접 판단하고 선택하는 게 최고입니다. 음식점도 그렇고 옷도 그렇고 실제로 먹고 입을 사람이 골라야 후회가 없습니다. ○○님의 경우 (고객 특이 사항 구체적으로 언급)이시기에 ○○님의 감각을 믿고 선택하셔도 됩니다.

고객: 기존에 하던 게 있다 보니, 당장 바꾸기는 좀….

판매자: 당연히 그렇게 느끼실 수 있습니다. 그럼에도 한번 더 고민해 보시면 좋겠어요. 부산 가는 기차 타셨는데 알고 보니 광주 가는 기차라면 그동안의 과정이 아무리 아까워도 얼른 갈아타야 하잖아요. 마찬가지입니다. 지금 유지하려는 선택이 원래 목적지로 가지 않고 있다면 지금이라도 얼른 갈아타는 게 최선입니다.

고객: 맞는 말씀이긴 한데…(망설이는 중).

판매자: 해볼까 말까 고민될 땐 하는 게 맞습니다. 그래야 얼마 안 가 후회할 일도 안 생기거든요. 차를 살 때에도 마찬가지입니다. 더 큰 차를 사야 하나 추가 옵션을 넣어야 하나 고민됩니다. 그런데 길게 보고 욕심내서 선택하면 참 잘했다고 생각하게 되잖아요. 한번 시작해 보세요. 최종 선택은 ○○님이 하시는 겁니다만, ○○님이 제 (지인, 가족 등 가까운 사이 언급)이었다면 꼭 선택하시라고 말씀드렸을 겁니다.

고객: 남편과 상의해 볼게요.

판매자: 네, 남편 분께서도 ○○님과 같은 생각해 주시면 참 좋겠어요. 다만

아직까지도 한국에서 교육은 엄마 몫인 경우가 더 많더라고요. 자녀가 잘되면 그 이유는 여러 가지가 되겠지만, 결과가 나쁘면 모든 책임이 엄마한테 돌아가잖아요. 남편 분과 상의하시되, 결정은 꼭 ○○님이 하시면 좋겠어요. 내가 더 예뻐지자고 화장품을 사는 것도 아니고 자녀의 미래를 더 예쁘게 메이크업해 주려는 거잖아요. 그런 선택을 싫다고 할 아빠도 안 계시겠지만, 그럼에도 최종 결정만큼은 꼭 ○○님이 하면 좋겠습니다.

고객: 약정이 있어요?

판매자: 네, 맞습니다. 저희 입장에서는 약정을 고집하는 이유가 따로 있습니다. 저희 상품의 경우, (상품의 미래 가치 언급할 것)을 위한 상품이기 때문입니다. ○○님에게도 지금 당장의 혜택을 보고 선택하라고 말씀드리는 것이 아닙니다. 미래를 보고 투자하시라고 말씀드리고 싶어요. 그 기간 동안 저희 역시 최선의 관리를 해드릴 거고요. 약정이라 생각지 마시고, 저희가 ○○님에게 드리는 약속이라고 생각해 주세요.

고객: 이건 여기에서 구매하겠지만, 다른 건 다른 곳에서 구매하려고 해요.

판매자: 이것 말고도 신경 쓸 일이 많으실 텐데, 이왕이면 한군데(한 사람)에 맡기는 게 더 낫습니다. 건강 검진도 그렇습니다. 안과 따로, 이비인후과 따로, 내과 따로 받지 않으시죠? 한군데에서 다 해결하잖아요. 그래야 결과도 정확하고 비용도 아낄 수 있죠. 마찬가지입니다. 제대로 관리를 받고, 또 비용 혜택도 받으려면 한군데(한 사람)를 통해 선택하는 게 낫습니다. 음식점이야 여기저기 가도 되지만, ○○상품 단골집은 한군데 딱 정하는 게 최고입니다.

예시로 제시한 언어들 역시 시종일관 상대의 불안함을 불식시키기 위해 끊임없이 안심의 언어를 사용하고 있습니다. 거듭 말씀드리지만 거절하는 상대는 극복해야 할 대상이 아닙니다. 불안함을 불식시키고 안심시켜야 할 대상입니다.

혹여라도 상대가 대답하기 곤란해하거나, 자신이 모르는 걸 물어 온다면 어떻게 해야 할까요? '숙제'로 받아들이고 돌아서는 게 맞습니다. 절대 대충 둘러대면 안 됩니다. 적당히 아는 척하며 그 순간을 모면하려하면 할수록 결국 신뢰에 금이 갈 수밖에 없습니다.

"제가 알아볼 시간을 좀 주실 수 있을까요? 워낙 중요한 사안이니 정확하게 확인해서 말씀드리고 싶습니다."

이처럼 진솔하게 자신의 생각을 상대에게 전해야 합니다. 그래야 신뢰할 수 있는 사람, 진실한 사람이라는 인상을 줄 수 있습니다. 역시 당신을 '좋은 사람'이라고 느낄 겁니다.

쓰세요. 마구 끄적이세요. 읽기만 하면 남의 지식입니다. 쓰기 시작하는 순간 내 지식이 됩니다.

Q 당신의 고객이 당신에게 건네는 거절에는 어떤 불안함이 숨어 있을까요? 기억나는 고객의 거절을 써 보고, 그 이면에 숨어 있는 불안함의 정체를 찾아보세요.

1) 기억나는 고객의 거절은

_____이며

2) 거절의 이면에 숨어 있는 불안함의 정체는

_____이다.

매직 키워드로
단호하게 요청합니다

잘 파는 사람은 애매하게 요청하지 않습니다. 명확하게, 그러나 단호하게 요청합니다. 애매한 표현은 상대와 자신의 관계를 더 애매하게 만들 수 있기 때문입니다. 애매한 요청은 상대를 고민하게 만들 뿐입니다. 반면 단호한 요청은 상대의 행동을 촉구할 수 있습니다.

A: 체납 지방세 자진 납부 기간입니다.

B: 밀린 세금 냅시다.

A: 투표하는 당신이 아름답습니다.

B: 투표하고 놉시다. 용지마다 도장 한 번씩만 꾹꾹!

A: 무료 시식, 무료 시음이 준비돼 있습니다.

B: 맛보시고 맛있으면 사 가세요.

A: 맛있는 보쌈이 있습니다.

B: 야들야들하고 고소한 보쌈 사세요.

A: 위험 물품은 탑승 수속 시 반드시 위탁 바랍니다.

B: 위험한 물건은 타실 때 꼭 맡기세요.

A: 피가 부족합니다. 생명을 위해.

B: 헌혈하세요.

A: 저희는 하루 일곱 번 빵을 굽습니다.

B: 매시 정각에 오셔서 갓 구운 빵 드세요.

    A보다 B와 같이 말하는 것이 낫습니다. 그리고 명사로 끝나는 문장
보다 동사로 끝나는 문장이 더 낫습니다.

> **"** 나의 상황과 의견을 드러내는 말(위탁 바랍니다)보다는
> 상대의 움직임을 요청하는 말(꼭 맡기세요)을 사용하세요. **"**

명확하게, 그리고 단호하게 상대에게 요청해야 합니다. 물론 극적인 단호함이 주는 허전함과 아쉬움이 남을 수 있습니다. 하지만 모질게 마음먹고 극복해야 합니다. 그래야 상대에게 먹히는 한마디를 전달할 수 있습니다.

단호한 한마디가 먹히지 않을 때는 한 번만 더 권해 보세요. 딱 세 마디면 충분합니다. '남도', '저도', '라면'입니다. 당신의 판매 요청에 한 방이 돼 줄 매직 키워드들입니다.

매직 키워드 1: '남도'

온라인 판매 사이트에서 쏟아져 나오는 수백, 수천 개의 정보를 보며 우리는 어떤 정보에 가치를 느낄까요? 그리고 무엇을 기준으로 선택하는 걸까요? 아마 다양한 정보가 선택의 기준이 돼 줄 겁니다. 판매자가 제공하는 제품 정보들, 애널리스트가 분석한 주식 시장 정보, 기자가 쓴 관련 뉴스, 유명인의 추천은 모두 효과가 있습니다. 다만 그 정보들이 믿을 만한 정보인지는 매우 중요한 문제입니다. 소비자 신뢰 분야에서 영향력 높은 연구 중 하나인 에델만 신뢰도 지표Edelman Trust Barometer를 보면 수많은 정보에 대한 깊이 있는 통찰을 얻을 수 있습니다.

에델만 신뢰도 지표는 매년 전 세계 3만 3,000여 명의 응답자들을 대상을 실시하는 설문조사입니다. 주로 기업, 정부, 비정부 기구, 언론 매체에 대해 일반인들이 얼마나 신뢰하는지를 조사합니다. 2019년도부터 실시된 조사 결과를 보면 명단의 최상위에 눈에 띄는 정보원이 등장합니다. 바로 '나와 같은 사람들'입니다. 그들이 전하는 정보가 전문가들이 제공하는 고급 정보보다 신뢰도 면에서 더 높은 순위에 있습니다.

유명 연예인의 백 마디 추천보다 옆집에 살고 우리 아이와 같은 학년의 자녀를 키우는 ○○ 엄마가 구매했다는 사실이 더 강력한 구매 요인이 되는 이유입니다. 결국 상품이나 서비스를 파는 당신이 단호한 요청에 덧붙일 첫 번째 매직 키워드는 바로 '남도'입니다. "(당신과 같은) 남도 이미 써요.", "(당신과 같은) 남들이 정말 좋아합니다."는 그 어떤 논리도 뛰어넘는 강력한 한 방이 있는 언어입니다.

사람들은 내가 좋아하는 걸 선택하는 게 아닙니다. 나와 비슷한 많은 이들이 좋아하는 걸 좋아합니다. 사람들은 내가 가고 싶은 곳을 선택하는 게 아닙니다. 나와 비슷한 많은 이들이 가는 곳을 가고 싶어 합니다. 사람들은 내가 먹고 싶은 걸 먹는 게 아닙니다. 나와 비슷한 많은 이들이 먹는 것을 먹고 싶어 합니다. 결국 우리는 '타인의 열망'을 열망하기 때문입니다. 명확하고 단호하게 요청하세요. 그리고 한마디만 덧붙이면 됩니다. "남도 이렇게 선택했습니다."라고 말입니다.

매직 키워드 2: '저도'

두 번째 한 방의 언어는 '저도'입니다. "저도 씁니다.", "저도 이걸 샀어요."도 역시 강력한 힘이 있는 언어입니다. 고객은, 소비자는 늘 속으로 당신에게 묻습니다. '그래서 너는 뭘 쓰는데? 너는 뭘 사는데?'라고 말이죠. 만약 파는 사람인 당신이 정작 당신의 상품과 서비스를 이용하지 않고 경쟁사의 상품이나 서비스를 이용하고 있다는 사실을 상대가 알게 된다면 아마도 당신을 신뢰하지 않을 겁니다.

제1부에서 좋아 보이게 만드는 다양한 세일즈 언어들을 소개했습니다. 그와 더불어 활용할 수 있는 강력한 스킬은 나의 사용담, 나의 이용 후기를 직접 들려주는 것입니다. 이름하여 '간증 세일즈'입니다. 간증 세일즈에는 어떤 논리도 뛰어넘을 강력한 힘이 있습니다. 결국 당신이 당신의 상품과 서비스를 진정으로 사랑하고 좋다고 느껴 꾸준히 사용하는 중이라면 그 이야기를 과감하게 전해야 합니다. 좋아 보이게 만드는 언어에 한마디만 덧붙이세요. "'저도' 이 상품을 씁니다." 그러면 상대는 결심할 수 있습니다. 세일즈 클로징이 잘 안 된다면, 어렵게 느껴진다면 기억하세요. 'CLOSE'의 'C'는 '확신' Conviction 입니다. 확신이 빠진다면 'LOSE', 즉 지는 겁니다. 당신의 확신을 '저도'에 담아 전해 보세요.

매직 키워드 3: '라면'

세 번째 한 방의 언어는 '라면'입니다. "당신이 나와 가까운 ○○라면~."이라는 전제를 깔고 권하는 방법입니다. 이 키워드 역시 논리를 뛰어넘는 한 방이 있는 메시지를 만듭니다.

"당신이 만약 나의 친한 친구라면 이렇게 선택하십사 권했을 겁니다."

"당신이 만약 나의 아버지라면 꼭 구매하시라고 말씀드렸을 겁니다."

"당신이 만약 내 어머니라면 이 모델을 더 추천해 드렸을 겁니다."

"당신이 내 친형이라면 미루기보다 지금 선택하시라고 했을 겁니다."

"당신이 내 친동생이라면 반드시 세트로 선택하라고 했을 겁니다."

"당신이 만약 내 직장동료라면 한 번 더 고민해 보고 선택하라고 권했을 겁니다."

이제부터 '남도', '저도', '라면'의 세 가지 매직 키워드를 적재적소에 활용해 보세요. 그리고 파는 사람인 당신이 분명하게 기억할 것이 있습니다. 이 키워드들을 활용하되 단호하게 요청해야 한다는 것입니다.

" 상대는 우리가 가진 '지식의 높이'에 설득되지 않습니다.

오히려 태도와 언어가 만들어 내는 '확신의 깊이'에 설득됩니다."

● 백 세 노 트 ● 이 책의 가치를 백 배 높이는 세일즈 노트

쓰세요. 마구 끄적이세요. 읽기만 하면 남의 지식입니다. 쓰기 시작하는 순간 내 지식이 됩니다.

Q '남도', '저도', '라면'의 세 가지 단어를 활용해 당신만의 단호한 클로징 멘트를 끄적여 보세요.

1) 남도: _____

2) 저도: _____

3) 라면: _____

권유하되
강요하지 않습니다

얼마 전 제주도에 갔을 때의 일입니다. 가족들에게 과자라도 선물할까 싶어 지역 특산품을 파는 매장을 방문해 이리저리 둘러보고 있었습니다. 그때 느닷없이 판매 직원이 "이걸로 하세요. 많이들 사 가세요. 계산해 드릴까요?"라면서 과자 하나를 들고 계산대로 향했습니다. 저는 잠깐 멍하니 서 있었습니다. 왜 그 과자를 많이들 사 가는지, 왜 내가 그 과자를 사야 하는지에 대한 일말의 설명조차 없이 강제로 권하기에 속좁은 전 기분이 나빠졌습니다. 그래서 "아니요, 괜찮습니다."라고 정중하게 말하고 그 매장을 나왔습니다.

잘 파는 사람은 권유합니다. 절대 고객에게 강요하지 않습니다. 분명 좋은 상품이고, 절호의 구매 기회인데도 고객이 거절하게 만드는 이유 중 하나는 무엇일까요? 바로 선택을 앞둔 상대가 느낄 수 있는 심리적 반작용 현상인 '리액턴스 효과' Reactance Effect 때문입니다. 이는 내 선택의 자유를 박탈당할 수도 있다는 인식에서 발생되는 저항감입니다. 쉽게 말해 누군가 하라고 하면 하기 싫어지고, 하지 말라고 하면 하고 싶어지는 청개구리 같은 심리입니다. 누구나 마음 한구석 어딘가에 청개구리 한 마리씩 키우고 있기 마련입니다.

간혹 '페인트 주의, 만지면 절대 안 됨', '잔디밭 밟지 마시오'라는 문구를 보게 되면 마음속 깊숙한 곳에서부터 밟아 보고 싶다는 생각이 살포시 고개를 듭니다. 물론 보통의 경우라면 실행에 옮기지는 않을 겁니다. 아무리 그런 생각을 느꼈다 해도 이성이 다시금 생각을 잡아 주기 때문입니다. 매장에서 상품이나 서비스를 판매하는 사람이 제안한 선택 앞에 선 고객도 마찬가지일 겁니다. "이건 무조건 사셔야 합니다. 안 사면 바보입니다."라고 누군가 강요한다면 아마도 자신의 자유를 제한받는다는 생각이 들 수 있습니다. 그러면 자신의 독립성을 드러내기 위해서라도 폐쇄적이고 저항적인 태도를 보이며 반발할 가능성이 커집니다.

미국의 심리학자 샤론 브렘 Sharon Brehm 은 리액턴스 효과와 관련된 재미있는 실험을 실시했습니다. 브렘은 각기 다른 높이의 두 벽 위에 장난감을 각각 올려놓고 아이들의 반응을 관찰했습니다. 한쪽은 아이의 손이 닿는 낮은 벽 위에, 다른 한쪽은 아이들이 힘겹게 뛰어야만 간신히 닿을 수 있는 높은 벽 위에 장난감을 두었습니다. 아이들의 반응은 어땠을까요?

아이들은 낮은 벽 위에 있는 장난감에는 큰 흥미를 보이지 않았습니다. 하지만 뛰어올라야만 닿을 수 있는 곳에 있는 장난감에는 큰 흥미를 보였습니다. 벽 위에 손이 닿지 않는 아이들도 주위를 맴돌며 오래도록 지켜봤습니다.

리액턴스라는 용어는 원래 물리학과 관련된 단어로 '전기의 저항'을 뜻합니다. 저항이 클수록 그에 따른 반발력도 커진다는 의미로 사용됩니다. 때로는 우리의 심리에서도 이처럼 저항과 반발이 꾸준히 일어나고 있습니다. 그렇다면 과연 어떻게 해야 할까요?

판매 후에는 절대 고객이 고민이 부족했다거나 후회한다는 생각이 들게 하면 안 됩니다. 상품과 서비스를 사고파는 현장에서는 파는 사람도 행복하고, 사는 사람도 행복해야 하지 않을까요? 그게 완전한 판매의 모습입니다. 만약 상품이나 서비스를 산 사람이 후회하고 찝찝한 구석이 남았다면 완전한 판매가 이뤄진 것이 아닙니다.

결국 판매 후 고객이 보여야 할 반응은, 어느 정도 고민은 했지만 최종 선택에 만족해하며 자신의 안목을 탁월하게 느끼는 것입니다. 당신은 권유만 했을 뿐 그(녀)가 주도적으로 선택한 것이라고 느끼게 해야 합니다. 그래야 사는 사람이 후회하지 않고 당신을 '나에게 가치 있는 좋은 상품을 권해 준 좋은 사람'으로 기억할 수 있습니다.

혹시라도 오해하지 않으면 좋겠습니다. "사실 거면 사시고 안 사실 거면 안 사셔도 돼요."와 같이 마냥 부드럽게 우물쭈물하라는 것이 아닙니다. 불쾌한 긴장감을 조성해 상대를 곤혹스럽게 만들지 말라는 뜻입니다. "구매하세요! 계약하세요! 결정하시죠!"라고 과감하게 권하세요. 그러고 나서 당신의 권유가 자칫 상대를 긴장시키지 않게끔 한 마디만 덧붙이면 됩니다. 이 말을 덧붙이는 것만으로도 상대는 당신에게 흔쾌히 협조하게 될 겁니다.

" '물론 최종 결정은 ○○님이 하시는 겁니다.' 를 꼭 덧붙이세요."

● 백 세 노 트 ●   이 책의 가치를 백 배 높이는 세일즈 노트

쓰세요. 마구 끄적이세요. 읽기만 하면 남의 지식입니다. 쓰기 시작하는 순간 내 지식이 됩니다.

아래에 단호한 클로징 멘트를 한 줄 써 보세요. 그리고 거기에 딱 한 문장만 이렇게 덧붙여 보세요.
"물론 최종 결정은 ○○님께서 하시는 겁니다."
그리고 소리내어 세 번 읽어 보세요.

선택의 틀을 설계해
제시합니다

잘 파는 사람은 상대를 자신의 고객으로 만들기 위해 전문가인 척하며 선택을 강요하지 않는다고 했습니다. 그보다 잘 파는 사람은 선택의 틀을 만들어 고객이 편한 선택을 하도록 돕습니다. 물론 하나의 선택지만을 확신 있게 권하는 모습도 당신을 전문가처럼 보이게 할 수 있는 방법입니다. 그러기 위해서 당신은 진짜 전문가가 돼야 합니다.

누구보다 열심히 공부하고 분석해 자신을 찾는 고객에게 최선의 선택지를 제안할 수 있는 전문가 말이죠. 하지만 그런 경우에도 상대가 지나치게 강요를 받는다는 느낌이 들게 해서는 안 됩니다. 그럼 어떻게 해야 할까요?

사전에 상대의 선택지를 설계해 주면 됩니다.

> A: 고객님, 이 상품으로 하시죠.
> B: 고객님의 상황을 고려했을 때 최선의 선택은 두 가지로 좁혀집니다. 두 상품의 경우 각각 이러한 장단점이 있습니다. 고객님께서 두 가지 중 하나를 선택하길 추천합니다.

A보다는 B와 같이 선택지를 설계해 주면 고객이 훨씬 더 편한 마음으로 선택할 수 있습니다. 적어도 수십 가지의 선택지가 있음을 무작정 알려 주는 사람이 되어서는 안 됩니다. 고객에게 엄선된 선택지를 살포시 쥐어 줄 때 비로소 당신은 좋은 사람으로 각인될 겁니다.

고객이 번거롭게 생각할 수 있음에도 굳이 선택지를 제시하는 이유는 무엇일까요? 상대에게 여러 선택지 중 하나를 선택하게 만들면 여러 가지 심리 기제가 작동하기 때문입니다. 시간이나 정보가 불충분한 상황에서 인간은 각자 나름의 기술로 합리적인 판단을 이끌어 냅니다. 그때 사용하는 기술을 휴리스틱 Heuristics이라고 부릅니다.

두 가지 선택지 중 하나를 선택하는 과정에서 휴리스틱의 일종인 정박 효과, 즉 앵커링 Anchoring이 나타날 수 있습니다. 이는 더 가치가 낮아 보이는 선택지를 기준으로 그보다 나은 혜택을 가진 선택지를 판단하게 만드는 효과를 말합니다. 선택 후에는 인지부조화를 줄이기 위해 두 선택지 중 자신이 고른 선택지가 더 좋은 선택일 것이라는 확신과 만족감이 높아집니다.

" 당신이 고객의 선택지를 설계하면
고객은 당신을 전문가로 인식합니다.
그리고 나아가 당신을 더 신뢰하게 됩니다."

일상적인 예를 들어 보겠습니다. 당신이 친구에게 "우리 뭐 먹을까?"
라고 물었다고 가정해 보겠습니다. 세 명의 친구들이 각각 아래와 같이
답했습니다.

> **A:** 그러게 나도 잘 몰라. 넌 뭐 먹고 싶어?
>
> **B:** 여기 근처에 김치전골 맛집 있어. 김치전골 먹자!
>
> **C:** 여기 인근에 전골 맛집 있는데 가 볼래? 거기 김치전골도 맛있고, 버섯전
> 골도 맛있어. 뭐가 더 당겨? 골라봐!

세 친구 중 어떤 친구에게 더 호감이 느껴지나요? 선택지를 설계해
고민의 범주는 좁혀 주되, 최종 선택의 기회를 제공해 주는 C가 아니
었나요? 파는 사람인 당신 역시 상대에게 C와 같은 친구가 돼야 합니
다. 단, 주의사항이 있습니다. 선택의 폭이 지나치게 넓어지면 만족도
는 떨어집니다. 경제학 이론인 '선택의 기회 비용'에 따르면 우리는 선
택하기 전에 기회 비용을 계산합니다. 만약 자신이 선택할 수 있는 대안
이 많았다면, 설령 가장 좋은 상품을 선택했다 할지라도 고르지 않은 상
품들의 기회 비용을 합산한다는 것이죠. 따라서 대안이 많았던 상황일
수록 자신의 선택에 대한 만족도는 떨어질 수 있습니다.

그렇다면 몇 개의 선택지를 제시하면 좋을까요? 많은 연구에서 밝힌 바에 따르면 세 개 이하의 선택지가 있을 때 만족도 높은 선택을 할 확률이 높습니다.

결론입니다. 먼저 파는 사람은 상대에게 선택지를 설계할 수 있을 정도의 전문가가 돼야 합니다. 그리고 상대에게 불편한 강요가 아닌 부드러운 권유를 해야 합니다. 두세 가지의 선택지 중 고를 수 있도록 제시하면 상대는 당신을 진정한 전문가로 느낄 것입니다.

● 백 세 노 트 ● 　이 책의 가치를 백 배 높이는 세일즈 노트

쓰세요. 마구 끄적이세요. 읽기만 하면 남의 지식입니다. 쓰기 시작하는 순간 내 지식이 됩니다.

 상대에게 권할 수 있는 선택지를 설계해 끄적여 보세요. 상대를 떠올리며 추천해 주고 싶은 선택지 두세 가지면 충분합니다.

1) 당신의 상품과 서비스를 권해 주고 싶은 상대는 누구인가요?

_____

2) 그(녀)에게 권해 주고 싶은 선택지(두세 가지)는 무엇인가요?

_____

부담되지 않게
다가갑니다

고객이 자신을 먼저 찾는 인바운드 세일즈Inbound Sales 가 아니라면 대부분 자신이 먼저 고객과의 접점을 만들면서 판매가 시작됩니다. 그 접점의 시작은 문자 메시지, SNS 메시지 등 문자 언어로 시작하는 경우도 있고, 전화를 통한 음성 언어로 시작되는 경우도 있습니다. 문자 한번 나누지 않고 통화 한번 하지 않고 고객을 바로 만날 수는 없으니까요. 만남이 있어야 계약도 이루어집니다. 그리고 첫 접점을 잘 만들었을 때 당신이 기대하는 이후의 만남도 이루어집니다.

이번에는 문자든 전화든 첫 접점을 만들기 위해 오늘도 열심히 일하는 당신이 접할 수 있는 상대의 반응들을 다양하게 살펴보겠습니다. 각각의 상황에서 어떻게 대화를 이끌어 갈지에 대한 아이디어를 제시해 보겠습니다. 현재 당신의 상황과 상품에 맞춰 활용해 보세요.

고객: 네, 알겠고, 일단 자료만 먼저 보내 주세요.

판매자: 네, 물론 보내 드려야죠. 다만 ㅇㅇ상품은 맞춤정장을 구매하는 것과 같다는 이야기, 들어 보셨죠? 기성복처럼 선택하시면 얼마 안 가 못 입게 될 수도 있어요. 맞춤정장처럼 ㅇㅇ님 상황에 딱 맞도록 맞춰야 더 오래 유지(사용)할 수 있거든요. 옷을 구매할 때에도 사기 전에 내 몸에 한번 걸쳐 보고 결정하시잖아요? 그래서 꼭 여쭙고 싶은 내용이 몇 가지 있어요. 차 한잔하는 기분으로 만나 뵙고 말씀 나누면 도움 되는 정보도 많이 드릴 수 있습니다. 내일 ㅇ시경 어떠세요?

고객: 직접 뵙기는 좀 그래서….

판매자: 아, 그러시군요. 잘 아시겠지만 제 일은 사람을 만나는 일입니다. 하루 열 분을 봬도 제가 도와 드릴 수 있는 분들은 고작 한두 분입니다. 다만 고객님께서 계시는 (고객의 사업, 종사 분야 등 언급) 분야의 경우 저에겐 생소한 분야인지라 만나 뵙고 말씀을 나누는 것만으로도 제 일의 큰 자산이 될 것 같습니다. 아, 물론 저도 유익한 정보가 있다면 고객님에게 드리고 싶고요. 여쭙고 싶은 게 많습니다. 내일 ㅇ시쯤 잠깐 찾아봬도 괜찮을까요?

고객: 부담됩니다.

판매자: 전혀 부담 갖지 않으셔도 됩니다. 제가 하는 일은 (고객 특이사항 언

급)과 같은 분들을 위해 정보를 드리는 일입니다. 상품은 그다음에 권해 드릴 수도 있는 하나의 대안일 뿐이니 부담 갖지 않으셔도 돼요. 정 그러시면 이렇게 하시죠. 이번에 잠깐 들어 보시고, 만약 필요하다고 판단되시면 그다음 약속은 ○○님이 잡아 주셔도 되고, 안 잡아 주셔도 됩니다. 최종 선택은 어디까지나 ○○님이 하시는 겁니다.

고객: 싫습니다(완강한 거부).
판매자: 그럼 ○○님, 이렇게 하면 어떨까요? (소개 건의 경우, 나와 소개인의 관계를 언급하는 등 명분 제시)와 같은 이유도 있고 해서, 한번은 꼭 뵙고 정보를 드리고 싶습니다. 대신 두 가지 약속을 미리 드리고 가겠습니다. 첫째, 어떤 상품도 권해 드리지 않을 거고요. 둘째, 고객님이 원하시지 않는다면 다음에 또 찾아뵙겠다는 말씀도 드리지 않겠습니다. 괜찮으시죠?

고객: 잘 아는 사람(판매인)이 있어서요.
판매자: 아, 그러시군요. 그럼 ○○님께는 더 좋은 일입니다. 가깝게 지내는 분과는 오히려 ○○ 문제를 상담하기 꺼려진다는 분들도 계세요. 또 잘 아는 분일수록 하나하나 따져 가며 비교해 본다는 것도 쉽지 않고요. 그럼 이렇게 하면 어떨까요? 잘 선택하셨는지(유지하고 있는지), 그리고 앞으로 어떻게 선택(유지)하면 좋을지만 짧게 말씀드리고 가겠습니다. 다른 전문가의 다른 관점도 들어 두면 손해 볼 일 없을 겁니다.

앞서 언급했듯 당신과 제가 살아가야 할 시대는 비대면의 시대가 아닙니다. 선택 대면의 시대임을 잊지 말아 주세요. 고객에게 선택받는 판매자가 되기 위해 넘어야 할 첫 번째 관문을 잘 넘을 수만 있다면, 그래서 누군가를 같은 공간에서 만날 수 있는 기회가 늘어난다면 당신의 성과 역시 그에 비례해 성장할 것입니다.

당신은 다가가야 할 의무가 있고, 상대는 알아야 할 권리가 있습니다. 당신의 지레짐작으로 누군가가 꼭 알아야 할 소중한 정보를 그냥 지나치게 만드는 일은 없기를 기원합니다.

> **" 당신의 상품과 서비스가 누군가의 삶에**
> **도움이 된다는 확신이 있나요? 그럼 과감하게 다가가세요."**

● 백 세 노 트 ● **이 책의 가치를 백 배 높이는 세일즈 노트**

쓰세요. 마구 끄적이세요. 읽기만 하면 남의 지식입니다. 쓰기 시작하는 순간 내 지식이 됩니다.

Q 이번 주제에서 소개한 화법 중 당신이 가장 잘 활용할 수 있는 것을 하나 골라 상황에 맞게 아래에 써 보세요. 그리고 그 핵심 키워드만을 보며 당신의 말투를 활용해 연습해 보세요.

당당하게
소개를 요청합니다

지인을 통해 소개받은 사람에게 판매하는 것과 전혀 모르던 사람에게 판매하는 것 중 어떤 게 더 어려울까요? 당연히 전혀 모르던 누군가에게 파는 것이 더 어렵습니다. 딱 열 배 더 어렵습니다. 그럼에도 당신의 자존심이 소개 요청의 기회를 없애고 있지는 않나요?

예를 들어 보겠습니다. 갑자기 배가 너무 아파 옵니다. 걷지 못할 정도로 고통스럽습니다. 그대로 주저앉아 끙끙대고 있습니다. 그때 한 사람이 다가와 묻습니다.

"괜찮으세요?"

딱 봐도 그냥 지나가는 행인인 것 같습니다. 그래서 그냥 괜찮다고 둘러대고 병원으로 힘겹게 향합니다. 그런데 이게 웬일인가요! 조금 전 괜찮다고 둘러대며 보냈던 그 사람이 진료실에서 자신을 맞이하고 있습니다. 그 병원의 의사였던 것입니다. 그가 다시 묻습니다.

"괜찮으세요?"

"네, 어제도 새벽 3시에 극심한 복통 때문에 잠에서 깼어요. 죽을 것 같습니다, 선생님."

"그렇군요. 그런데 아까 제가 여쭤 봤을 때는 왜 말씀 안 하셨어요?"

생판 모르는 사람에게 증상을 정확하게 이야기하지 않은 당신의 잘못이었을까요? 아닙니다. 아마 누구라도 길에서 만난 사람에겐 그렇게 대충 둘러댈 겁니다. 길에서 만난 누군가는 신뢰하기 어려운 낯선 사람일 뿐입니다. 하지만 믿을 수 있는 대형 병원에서 의사 가운을 입고 만난 사람이라면 신뢰할 수 있습니다.

신뢰의 대상은 사람이지만, 신뢰의 시작은 상황일 수 있습니다. 일면식 없는 누군가에게 뭔가를 파는 것이 어려운 이유도 이와 다르지 않습니다. 고객은 당신을 '자신의 문제를 이해하고 해결해 줄 수 있는 전문가'로 여기지 않습니다. 하지만 고객의 지인이 당신을 추천한다면 상황은 달라집니다. 고객이 느끼기에 당신은 '자신의 문제를 이해하고 해결해 줄 전문가'입니다. 지인의 추천이 당신이라는 사람에게 신뢰의 가운을 입혀 준 것입니다.

기존 고객을 통한 소개는 강력한 신뢰를 형성합니다. 상대의 입장에서 보면 자신이 잘 알고 신뢰하는 지인이 소개해 준 당신을 믿게 됩니다. 이러한 상황 자체가 당신을 신뢰하게 만드는 시작입니다. 지인에 대한 신뢰에서 시작했기에 훨씬 더 쉽게 팔 수 있습니다. 공들여 만든 전단지를 1,000장 뿌리는 것보다 지인이 거드는 한마디가 더 강력하기 때문입니다. 그만큼 소개는 중요합니다.

계약을 맺는 사람은 일벌입니다. 계약을 통해 또 다른 고객을 만드는 사람은 여왕벌입니다. 열심히 팔기만 하면 안 됩니다. 언젠가 한계에 부딪힙니다. 끊임없이 꼬리에 꼬리를 무는 소개를 받아야 합니다. 소개를 받으려면 요청해야 합니다. 당신은 소개 요청을 잘하고 있나요?

'내가 잘해 주면 알아서 고객이 다른 누군가를 소개하겠지? 입소문을 내겠지?'

천만의 말씀입니다. 상대에게 말하지 않으면 상대는 모릅니다. 정확하게 콕 찍어 요청해야 합니다. 말하지 않아도 아는 건 초코파이 광고에서나 가능한 일입니다. 말하지 않으면 죽어도 모릅니다. 당당하게 요청해야 합니다.

소위 내로라하는 영업 분야 초고수들의 소개 요청 멘트들을 소개해 보겠습니다. 현장 동행과 인터뷰를 통해 효과가 괜찮았던 언어들만 선별했습니다. 이 책에 실을 수 있도록 허락해 준 초고수 분들에게 다시 한번 감사드립니다. 이 책을 읽는 당신도 소리 내어 읽어 보면서 자신만의 언어로 만들어 보세요.

• 콕 찍어 소개를 요청하는 상황
"안목 있으신 만큼 잘 결정하셨습니다. 제가 도움을 드릴 수 있는 부분은 언제든 챙기겠습니다. 혹시 ○○님 주변 분들 중에 사업이 잘됐으면 좋겠다고 생각하는 분이 있으면 소개도 부탁드려요. ○○님보다 더 잘됐으면 하는 분이어도 좋고요. 보통 이렇게 말씀드리면 친한 지인 분들 중에 같은 분야에 있는 분들을 소개해 주시더라고요. 제가 그분 편하실 때 전화 드리겠습니다. 그 전에 ○○님께서 "한번 알아만 봐."라고 전화 한 통 살짝 해 주시면 더 감사드려요."

• 딱 한 명만 소개를 요청하는 상황

"제 일은 영업이기 이전에 (고객 특이사항 언급)과 같은 분들을 찾아뵙는 것입니다. 이렇게 찾아뵙고, 또 연락드리지 않으면, 제가 존재할 이유도 없는 거고요. 물론 성과도 중요하지만, 이렇게 한 분 한 분 찾아뵙는 게 저에겐 우선순위입니다. 또 일하면서도 가장 큰 활력소가 되더라고요. 혹시 동료 중에 생각나시는 한 분만 소개해 주세요. ○○님처럼 좋은 분의 지인이니, 분명 좋은 분이실 것 같아 기대됩니다."

• 힘이 되는 소개를 요청하는 상황

"저를 믿고 결정해 주셔서 다시 한번 감사드립니다. 제가 ○○님께 드릴 수 있는 최고의 선물은 오래도록 신경 쓰고 잘 챙겨 드리겠다는 약속이거든요. ○○님께서 ○○님처럼 좋은 분을 소개해 주시면, 저에겐 이 일을 계속할 수 있는 큰 힘이 됩니다. 주변 분들에게 자랑도 해 주시고, 소개도 꼭 부탁드려요. 혹시 지금 막 떠오르는 분 있으세요?"

고수들의 소개 요청 핵심 세 가지는 이것입니다.

" 막연하게 요청하지 말고, '콕' 찍어 요청하세요.

무작정 요청하지 말고, '딱 한 명만' 요청하세요.

당신을 위해 요청하지 말고, '상대를 위한' 요청임을

반드시 각인시켜 주세요."

● 백 세 노 트 ● 이 책의 가치를 백 배 높이는 세일즈 노트

쓰세요. 마구 끄적이세요. 읽기만 하면 남의 지식입니다. 쓰기 시작하는 순간 내 지식이 됩니다.

 소개 요청 화법 중 당신이 가장 잘 활용할 수 있는 것을 하나 골라 상황
에 맞게 아래에 써 보세요. 그리고 소리 내어 여러 번 읽으며 연습해 보
세요.

_____

슈퍼팬을
만듭니다

상품이나 서비스를 파는 사람의 입장에서 신규 고객뿐만 아니라 이미 자신의 상품과 서비스를 이용 중이거나 이용한 경험이 있는 고객을 관리하는 것은 당연합니다. 하지만 고객은 정말 '관리'의 대상일까요? '관리'의 사전적 의미를 살펴보겠습니다.

관리: 1. 어떤 일의 사무를 맡아 처리함

2. 시설이나 물건의 유지, 개량 따위의 일을 맡아 함

3. 사람을 통제하고 지휘하며 감독함

우리가 생각하는 고객 관리는 세 번째 정의인 '사람을 통제하고 지휘하며 감독함'입니다. 그런데 생각해 보면 고객을 통제하고 지휘하며 감독하는 것이 가능할까요? 불가능합니다. 더구나 관리의 시선으로 고객을 대하는 순간 고객은 도망갈 겁니다.

고객은 관리의 대상이 아닙니다. 고객은 '팬 서비스'의 대상입니다. 쉽게 말해 상품이나 서비스를 파는 사람인 당신은 스스로를 스타라고 생각해야 합니다. 그리고 당신을 추종하는 고마운 고객 한 명 한 명이 모두 당신의 팬이라고 생각해야 합니다. 자신의 상품을 선택한 경험이 있는 고객이라면 누구나 당신의 팬입니다. 다만 앞으로 당신이 팬 서비스를 통해 만들어야 할 팬은 일반팬이 아닙니다.

" '슈퍼팬'을 만들어야 합니다."

슈퍼팬? 예를 들어 보겠습니다. "BTS를 좋아하나요?"라는 질문에 담담하게 "네, 알아요. 워낙 유명하잖아요. 노래도 좋더라고요."라고 답했다면 일반팬입니다. 슈퍼팬은 아닙니다. 슈퍼팬은 일반팬과 다릅니다. 단지 스타를 알고 좋아하는 정도에서 그치지 않습니다.

BTS에겐 막강한 영향력을 펼치는 '아미'라는 팬들, 즉 슈퍼팬이 있습니다. 그들은 BTS를 위해 물심양면 지원을 아끼지 않습니다. 끊임없이 스타의 노래를 듣고 그들의 안부에 관심을 가집니다. 스타의 일거수일투족에 촉각을 곤두세웁니다. 콘서트가 열리면 누가 오라고 하지 않아도 알아서 찾아갑니다. 늘 새로운 앨범이 나오길 고대합니다. 혹여나 스타와 관련된 굿즈가 출시되면 스타가 사 달라고 한마디 언급하지 않아도 기를 쓰고 구매합니다.

여기서 그치지 않습니다. 한 발 더 나아가 자신의 스타를 끊임없이 주변에 알립니다. 주변의 가족, 지인들 역시 자신의 스타를 좋아할 수 있도록 돕습니다. 스타가 어떤 선택을 하든 그들을 끊임없이 지지하고 응원합니다. BTS가 전 세계적인 인기를 구가할 수 있는 건 아미, 즉 슈퍼팬 덕분입니다.

"BTS에게 아미가 있듯 파는 사람, 파는 기업인 ○○○에게는 몇 명의 아미가 있습니까?"

당신은 위 문장의 빈칸에 몇 명의 슈퍼팬이 있다고 자신 있게 답할 수 있나요? 만약 단 한 명이라도 있다면 당신의 사업은 언젠가 반드시 빛을 볼 것입니다. 마땅히 떠올릴 만한 슈퍼팬이 한 명도 없다면 처절하게 반성하고 또 반성해야 합니다. 지금 우리가 살고 있는 시대는 팔로워 100명보다 슈퍼팬 한 명이 더 중요한 시대이기 때문입니다.

경쟁자들은 너나없이 모두 자신이, 그리고 자신의 상품이 최고라고 말합니다. 고객과 소비자는 점점 지쳐 갑니다. 홍수가 나면 정작 먹을 물이 없는 것과 마찬가지입니다. 어디서든 정보는 쉽게 얻을 수 있지만 정작 어떤 상품이 더 나은지, 어떤 사람이 더 믿을 만한 사람인지 알 방법은 딱히 없습니다. 이런 때일수록 주변 지인을 통해 얻는 정보의 신뢰도는 올라갑니다.

당신이 만드는 한 명 한 명의 슈퍼팬이 갖는 파급력은 실로 어마어마할 수 있습니다. 당신이 한 명의 슈퍼팬을 갖게 된다면 이제 당신도 분신술을 쓸 수 있다는 의미이기도 합니다. 내가 아파 누워 있어도, 내가 내 입으로 나를 광고하지 않아도 슈퍼팬 한 명 한 명이 당신을 대신해 당신을 팔아줍니다. 그리고 당신의 상품을 누군가에게 대신 소개해 줍니다. 손오공이 머리카락을 뽑아 분신술로 10명, 100명의 똑같은 손오공을 만들어 싸우듯, 당신의 슈퍼팬들이 당신을 위해 대신 싸워 줍니다. 고객 팬서비스의 궁극적인 전략은 결국 '슈퍼팬 만들기'입니다.

저 역시 당신과 같은 파는 사람입니다. 제가 만든 언어를 팔고 콘텐츠를 팔고 강의도 합니다. 지금 읽고 있는 책도 팝니다. 미천한 제 지식과 경험과 노하우를 팔아 저와 제 가족은 생계를 유지합니다. 더 많이 팔고 더 비싼 값에 팔고 싶은 마음이야 똑같습니다. 그런데 저도 당신과 똑같은 사람입니다. 부끄럽지만 귀차니즘이라는 벽에 부딪혀 자신이 해야 할 일을 못 하는, 아니 하지 않는 경우도 많습니다.

그럼에도 아직 굶어죽지 않고 제 사업을 유지할 수 있었던 것은 모두 저의 슈퍼팬 분들 덕분입니다. 제가 부탁드리지 않아도 끊임없이 저를 다른 곳에 소개해 줍니다. 저를 소개한다고 해서 제가 금전적인 보상을 드리는 것도 아닌데 말입니다. 인스타그램이 뜸해지면 연락도 줍니다. 요즘 무슨 일 있는 거 아니냐며 걱정도 해줍니다.

그렇다고 제 슈퍼팬이 BTS의 아미처럼 많은 것도 아닙니다. 열 손가락 안에 꼽을 정도지만 그분들이 저를 먹여 살리는 원동력입니다(지면을 빌려 저의 슈퍼팬 분들에게 감사의 말씀을 전합니다. 그런데 그분들도 자신들이 저의 슈퍼팬이라는 사실조차 모르고 계실 겁니다. 그저 좋으니까 아무런 대가를 바라지 않고 저를 도와주시거든요).

물론 저 역시 그분들에게 아무런 대가를 바라지 않고 팬 서비스를 합니다. 개인적으로 궁금한 점이 있다고 하면 낮이고 밤이고 답변해 드립니다. 시간이 되면 전화로, 여의치 않으면 장문의 카톡으로 또는 그분만을 위한 동영상을 찍어 친절하게 설명해 드립니다. 때로는 밤 11시에도 줌에 접속해 고민을 하고 있는 부분에 대한 솔루션을 드리니까요. 물론 저도 아무런 대가를 바라지 않습니다. 왜냐하면 저도 제 슈퍼팬 분들을 아무 조건 없이 좋아하니까요. 어찌 보면 제 슈퍼팬 분들에게 저 역시 또 한 명의 슈퍼팬일 수 있습니다.

고객 발굴과 고객 창출이 막막하게 느껴지나요? 새로운 고객 발굴을 어렵게 느낀 나머지 손 놓고 있으면 안 됩니다. 단지 나를 알고 있는 정도의 일반 팬을, 나를 위해 대신 움직일 수 있는 슈퍼팬으로 만들어야 합니다. 방법은 간단합니다.

상대가 느끼기에 자신이 수많은 고객 중 한 사람이라고 느끼지 않게 하면 됩니다. 당신에게 상대가 특별한 사람이라는 인식을 심어 주면 됩니다. 자주 연락하고 늘 특별한 대우를 받고 있다고 느끼도록 만들면 됩니다. 물론 예상치 못한 순간에 전하는 사소한 호의도 실천해야 합니다.

제가 평소 좌우명으로 생각하는 문구가 있습니다. '어느 구름에서 비가 내릴지 모른다'입니다.

"어떤 고객이 나의 슈퍼팬이 돼 줄지는 아무도 모릅니다."

절대 예상할 수도, 그리고 함부로 예상해서도 안 됩니다. 그저 나와

연을 맺은 한 명 한 명의 일반 팬을 슈퍼팬으로 만들겠다는 생각으로 대해야 합니다. 정말입니다. 어느 구름에서 그토록 간절히 바라던 비가 내릴지 모르는 일이니까요.

말이 나온 김에 평소 자신이 슈퍼팬이라 생각하는 분에게, 또는 슈퍼팬으로 만들고 싶은 분에게 오늘 전화 한 통 해보세요.

"○○님, 제가 평소 저를 기억해 주시는 분 중 몇 분께 주말 잘 보내시라고 인사드리는데요. 오늘은 ○○님께 인사를 드리고 싶었어요."

상대 입장에서는 전화를 끊고 나면 뭔가 이상하게 느낄 테지만 정말 그게 전부입니다. 상품이나 서비스에 대해 이야기할 필요도 없습니다. 그저 당신이 생각났다는 이유 하나면 됩니다. "아무 이유 없이 당신이 생각나서"만큼 강력한 호감의 표시는 없습니다.

● 백 세 노트 ●   이 책의 가치를 백 배 높이는 세일즈 노트

쓰세요. 마구 끄적이세요. 읽기만 하면 남의 지식입니다. 쓰기 시작하는 순간 내 지식이 됩니다.

Q 당신의 슈퍼팬은 몇 명인가요? 아래에 슈퍼팬 명단을 작성해 보세요. 그리고 지금 당장 그분들께 안부 문자든, 안부 전화든 연락해 보세요. "그냥 문득 생각나서요." 한마디면 충분합니다. 만약 아직 슈퍼팬이 없어도 괜찮습니다. 딱 한 번을 본 누군가도 좋습니다. 그저 안부를 묻고, "그냥 문득 생각나서요." 한마디만 덧붙여 보세요.

업에 대한
남다른 신념이 있습니다

시대가 바뀌고 있습니다. 단지 '신기하다', '신박하다'는 것만으로는 선택을 받기가 점점 어려워지고 있습니다. 바야흐로 '신념'으로 팔아야 하는 시대입니다. 예를 들어 강아지 용품을 파는 회사라면, 단지 자신들이 파는 제품이 얼마나 좋은 제품인지를 설명하는 데 그쳐서는 안 됩니다. 자신들의 강한 신념을 드러내야 합니다.

"고객님, 강아지의 인생은 사람 인생의 4분의 1에 불과합니다. 짧은 20여 년의 삶 동안 그 어떤 존재보다 사랑받을 권리가 있다고 믿습니다. 그러기에 이 제품을 만들었습니다."

단지 탁월한 기능만으로 어필하는 회사가 있는가 하면, 이처럼 신념까지 어필하는 회사가 있습니다. 어떤 회사가 더 승승장구할지는 불 보듯 뻔합니다. 이처럼 신념은 기능을 뛰어넘습니다.

상품이나 서비스를 파는 사람인 당신에게는 어떤 신념이 있는지 궁금합니다. 각 분야에서 최고의 성과를 낸 분들과 인터뷰를 하면서 감명 깊게 들었던 그분들의 신념을 공개합니다. 당신에게 큰 울림이 있기를 기대합니다.

• 매트리스 세일즈의 경우

"다들 어렵다고 하는 시기이기에, 무얼 입고 무얼 먹을지는 내 마음대로 정하기 어렵다고 합니다. 늘 고민을 달고 삽니다. 하지만 적어도 잠을 자는 순간만큼은 그 어떤 고민도 없이 숙면을 취해야 한다고 생각합니다. 이 침대가, 이 매트리스가 당신의 수면 질을 높일 거라 확신합니다."

• 공기 청정기 세일즈의 경우

"아이들이 있는 집의 공기만큼은 세상 그 어떤 곳보다 깨끗해야 한다고 생각합니다. 공기 청정기가 그 역할을 해낼 거라 확신합니다."

• 의류 관리기 세일즈의 경우

"요즘 같은 시대에 집은 그 어떤 공간보다 깨끗하게 지켜져야 한다고 생각합니다. 옷에 묻은 먼지를 집 안에 들이지 않는 것만으로도 건강의 질은 한 단계 더 올라갈 수 있다고 확신합니다."

- 전기 레인지 세일즈의 경우

"가족의 건강을 위해 주방에서 보내는 시간이 결코 사모님의 건강을 해치는 시간이 되어선 안 된다고 생각합니다. 이 전기 레인지가 사모님의 건강을 지켜 줄 거라 저는 확신합니다."

- 공유 오피스 세일즈의 경우

"공간空間이라는 한자어를 보면 빌 공空을 씁니다. 하지만 제가 생각하는 공간의 '공'은 함께 공共입니다. 비어 있는 공간을 함께하는 공간으로 만든다는 신념으로 지금껏 공유 오피스를 소개해 왔습니다. 당신의 사업이 저희의 공간에서 더 성장할 수 있을 거라 믿습니다."

- 보험 세일즈의 경우

"보험은 누군가를 엄청난 부자로 만들어 주는 것이 아닙니다. 누군가를 지독한 가난으로부터 지켜 주는 것이라고 생각합니다. 보험은 그런 것이고, 전 그런 일을 하는 사람입니다. 고객님이 언젠가 지독한 가난에 처할 수도 있다고 생각하면 전 그냥 지나칠 수 없습니다. 한 번 더 이 상품을 권하고 싶습니다. 제 일은 행복 지킴이입니다."

- 헤어 디자이너의 경우

"제 일은 누군가를 한순간에 미인으로 만들어 주는 일이 아닙니다. 제 일은 누군가가 자신을 더 사랑할 수 있게 도와주는 일입니다. 이 제품을 쓰는 누구라도 지금보다 더 자신을 아끼고 가꿀 수 있게 용기를 드리고 싶습니다. 제 일은 치어리더 같은 일입니다."

• 기업 교육 강사의 경우

"제 일은 누군가를 한순간에 실력자로 만드는 일이 아닙니다. 누군가를 매너리즘으로부터 끊임없이 지켜 주는 일입니다. 현재에 안주하지 않고 새로운 변화를 시도할 수 있게 도울 수 있다면, 그 누구를 만나든 제 사명을 실천하고 싶습니다."

• 태권도 학원 운영자의 경우

"저희 학원은 발차기 기술을 알려 주는 곳이 아닙니다. 아이들에게 인간의 기본 도리를 가르쳐 주는 곳입니다. 저와 함께 수련하는 모든 아이들이 그걸 알아줄 때까지 함께하고 싶습니다."

"당신의 업을 당신의 신념으로 재정의해야 합니다."

하루에도 수많은 신상품과 새로운 서비스가 출시됩니다. 무한 경쟁 시대에서 살아남기 위해 저마다 각고의 노력을 기울입니다. 그럼에도 분명 변치 않는 진리는 존재합니다. 당신의 상품이 제아무리 뛰어난 가성비를 자랑하며 시장에 진입해 살아남는다 해도 결국엔 언젠가 하나의 '브랜드'로 살아남아야만 합니다.

브랜드가 아니라고 말하는 '노브○○'도 하나의 브랜드가 되는 시대입니다. 그러니 반드시 당신의 업에, 당신의 상품과 서비스에 신념을 담아내야 합니다. 그 신념이 곧 당신의 브랜드가 될 것입니다. 위에서 언급한 고수들의 신념에서 공통점을 발견하셨나요? 자신을 통해 누군가가 더 많은 걸 얻고, 또 누군가가 더 행복해지고, 또 누군가가 더 성공할 수 있도록 돕겠다는 의지일 겁니다. 고객이 원하는 것을 얻을 수 있도록 최선을 다할 때 결국 당신 역시 원하는 것도 얻을 수 있습니다. 매년 폭발적인 성장을 기록하는 한 화장품 브랜드의 대표님의 말에서도 그만의 신념을 읽을 수 있었습니다.

"저는 귀인을 기다리지 않습니다. 제가 누군가의 귀인이 되기 위해 오늘도 애씁니다."

당신의 상품과 서비스가 고객에게 어떤 형태로든 이익을 가져다줄 수 있다는 확고한 신념이 있나요? 가족과 주변에 자신 있게 권할 수 있을 만큼 당신의 상품에 대한 확고한 신념이 있나요? 그렇다면 그 신념을 당당하게 알리세요. 그게 곧 당신의 브랜드가 될 것입니다.

● 백 세 노 트 ● 이 책의 가치를 백 배 높이는 세일즈 노트

쓰세요. 마구 끄적이세요. 읽기만 하면 남의 지식입니다. 쓰기 시작하는 순간 내 지식이 됩니다.

Q 당신의 신념을 써 보세요. 거창하거나 대단하지 않아도 됩니다. 그저 당신이 지금껏 느낀 당신 일의 본질을 생각해 보라는 뜻입니다.

"나, _____의 일은

_____입니다."

강성 고객조차
내 편으로 만듭니다

연간 수백 회 이상의 강연을 하다 보면 다양한 분야의 사람들을 만나게 됩니다. 그런데 어떤 분도 현재 하고 있는 '일' 자체가 힘들다고 하질 않더군요. 딱 한 분이 있었습니다. 업무 특성상 하루 평균 세 시간 정도 운전대를 잡아야 하는 일을 하는 분이었습니다. 그분은 최근에 교통사고를 겪고 운전 트라우마가 생겨 많이 힘들다고 하셨습니다. 그런 경우라면 '일' 자체가 힘들 수 있습니다. 이처럼 특별한 경우를 제외하면 일 자체가 힘들어 그만두고 싶다는 분은 한 분도 없었습니다. 하나같이 일하면서 마주하는 '사람'이 힘들다고 하더군요.

당신은 파는 사람입니다. 당신의 일이 힘들다고 느낄 때는 '파는 행위' 자체보다 상품이나 서비스를 팔면서 만나는 사람이 힘들 겁니다. 좌절하고 그만두고 싶은 마음이 드는 것도 모두 사람 때문일 겁니다. 혹시 당신이 만났던 고객 중에도 상진이 엄마나 상진이 아빠가 있던가요? 진상 고객 말입니다(이제부터 '그분들'이라고 부르겠습니다).

당신이 만나는 고객 중에도, 심지어 당신의 주변에도 그분들은 존재합니다. 혹시라도 자신의 주변엔 그분들이 없다고 생각하나요? 그럼 당신이 바로 그분일지 모릅니다. 정작 그분들은 본인이 그런 줄 모르거든요. 단지 주변 사람들이 힘들어할 뿐이죠. 보통 열두 명 정도 모이면 꼭 한두 분씩 그분이 있습니다. 혹자는 이를 두고 '또라이 질량 보존의 법칙'은 늘 유효하다며 우스갯소리를 하더군요. 저도 동의합니다.

혹시 당신이 만나는 사람이 당신을 힘들게 했던 적이 있나요? 그래서 일이 힘들다고 느껴졌던 적은요? 이번 장에서 그 해결책을 찾을 수 있으면 좋겠습니다. 그럼 심호흡 한 번 크게 하고 우리 주변에 존재할 수 있는 그분들을 함께 만나 보죠.

여기 중학교 3학년인 여자아이가 있습니다. 그런데 웬일인지 책상에 엎드려 얼굴을 파묻고 미동도 하지 않습니다.

엄마: 왜 그러고 있어? 무슨 일 있어? 미용실 다녀온다고 용돈 받아 가더니, 갔다 왔어?

중3 아이: 갔다 왔어.

엄마: 아, 그래? 머리 했어? 어디 한번 보자.

중3 아이: 싫어.

엄마: 왜 그래? 무슨 일 있어?

중3 아이: (그제야 고개를 들며) 아 짜증 나! 미용실에서 머리를 개떡같이 만들어 놨어! 이게 뭐야! 왜 물어보지도 않고 자기 마음대로 해? 아 쪽 팔려…. 학교 안 가! 아니 못 가!

아마도 미용실에서 아이의 의사를 정확히 묻지 않고 과감하게 스타일 변신을 시도해 줬나 봅니다. 아이는 새로운 스타일이 영 마음에 들지 않는지 씩씩거리며 화를 내고 있습니다. 심지어 학교도 안 간다고 합니다. 자, 만약 지금 당신의 눈앞에 씩씩거리며 등교를 거부하는 아이가 있다면 진상이 맞습니다. 진상 중에서도 최고의 진상으로 꼽는, 안 보려야 안 볼 수 없는, 떼려야 뗄 수 없는 '가족 진상'입니다. 만약 당신이라면 아이에게 뭐라고 이야기할 건가요?

"그랬구나. 그래도 학교는 가야지."
(이건 너무 무성의한 답변 같습니다.)

"아닌데? 예쁜데?"
(이것도 진실된 답변은 아닌 것 같습니다. 되레 화를 돋울 것 같습니다.)

"야, 괜찮아! 머리가 뭐가 중요해! 괜찮아, 괜찮아!"
(이것도 너무 강 건너 불구경하듯 남 이야기하는 것 같습니다.)

"진짜? 묻지도 않고? 참 나…. 거기 어디야? 앞장서!"

(얼핏 보기엔 좋은 대답 같지만 또 한 번 상처를 주는 꼴입니다. 당신도 아이의

머리가 엉망이라는 걸 인정하는 꼴이니까요. 아픈 데 또 때리는 격입니다.)

참 어렵습니다. 분명 조금 전까지만 해도 밝게 웃으며 콧소리를 섞어
용돈을 달라던 예쁜 아이였습니다. 그런데 지금은 자신의 감정을 주체
하지 못하고 있으니까요. 간혹 아이의 성화에 자신도 모르게 격하게 대
응하는 분도 종종 있습니다.

"뭐라고? 이게 미쳤나?" (찰싹!)

이런 반응은 아이에게 별로 도움이 되지 않습니다. 오히려 화를 돋울
뿐입니다. 심한 경우 부모가 자신의 마음을 몰라 준다고 생각한 아이가
쪽지 하나 남기고 가출을 결심할 수도 있습니다. 그 쪽지에는 자신이 이
해받지 못하는 현실이 슬프다는 내용이 분명 적혀 있을 겁니다. 집에서
도 자신을 이해하는 사람이 없고 누구도 자신의 삶을 알아주지 않는다
고요. 그리고 가출의 이유, 즉 순간의 감정을 주체하지 못하고 진상이
돼 버린 이유가 아무도 내 '마음'을 몰라주기 때문이라고 또박또박 적혀
있을 것입니다. 만약 누군가 한 사람만이라도 아이의 '마음'을 알아줬다
면 일이 이렇게 커지지는 않았을 겁니다.

당신의 고객이 당신을 힘들게 하나요? 아이가 남긴 쪽지에서 그 해결
의 키워드를 발견해 보세요. 바로 '마음'입니다.

마음은 '기분', '생각', '욕구'의 순서대로 읽어 주세요

마음을 이루는 세 가지 구성 요소는 욕구와 생각과 기분입니다. 그리고 보통 누군가 어떤 상황에 놓이면 이 세 가지 요소가 순서대로 자극을 받아 겉으로 표출되곤 합니다.

예를 들어 보죠. 제가 강의 의뢰를 받았습니다. 제게는 강의를 잘하고 싶은 '욕구'가 생겼습니다(참고로 인간의 욕구는 보통 세 가지라고 합니다. 갖거나 되거나 하거나. 이때 전 강의를 '잘하고 싶은 욕구'가 생겼던 것입니다). 강의 후에는 '생각'을 통해 이성적으로 상황을 판단합니다. 돌이켜 생각해 보니 꽤 잘 마친 것 같습니다. 그럼 욕구('강의를 잘하고 싶다')에 비춰 생각('잘했다')한 결과가 기분('와우, 신난다')으로 표출됩니다. 만약 강의를 잘못했다면 어떨까요? 마찬가지로 욕구('강의를 잘하고 싶다')에 비춰 생각('못했다')한 결과가 기분('우울하다')으로 이어집니다.

그럼 상대의 마음을 읽는 연습을 해보겠습니다. 조금 전에는 욕구, 생각, 기분의 순서대로 마음이 표출된다고 했습니다. 하지만 상대의 마음을 읽을 때에는 역순으로 읽어야 합니다. 기분, 생각, 욕구의 순서로 말이죠. 미용실을 다녀와 등교를 거부하는 아이의 마음을 읽어 보겠습니다.

1. 기분 읽어 주기: "기분이 많이 안 좋구나."
2. 생각 읽어 주기: "맞아. 디자이너 선생님이 잘못한 게 맞아. 아무리 학생이어도 분명 원하는 스타일이 있는데 그걸 묻지도 않고 자기 마음대로 했다면 분명 잘못한 게 맞아. 네 판단이 맞아."

3. 욕구 읽어 주기: "웬일로 용돈을 달라기에 무슨 일 있나 걱정했는데, 머리 예쁘게 하고 기분 전환해서 새로운 마음가짐으로 열심히 공부하려고 했던 거였구나. 내 마음이 이렇게 안 좋은데 넌 오죽하겠니. 너무 속상하다."

이렇게 아이의 기분, 생각, 욕구를 순서대로 읽어 준다면 어떻게 될까요? 적어도 아이가 가출이라는 선택을 하지는 않을 겁니다. 당신이 만나게 될 그분들도 마찬가지입니다. 갑자기 격분해 얼토당토않은 요구를 하거나 무례하게 나온다면 일단 상대의 마음을 읽어 보세요. 잠깐만 상대의 기분과 생각과 욕구를 생각해 보면 곧 이성적인 대화가 가능한 상태로 다시 돌아올 겁니다.

아, 오해하지 않으면 좋겠습니다. 제가 지금 '고객이 왕입니다. 무조건 을의 입장에서 응대해야 합니다'라는 말을 하려는 것이 아닙니다. 상대의 마음을 읽는 연습을 한다는 건 결코 상대를 위한 것이 아닙니다. 지금 당신은 자신의 마음에 상처가 생기지 않는 강력한 반창고를 하나 붙이는 과정을 익히는 중입니다.

> **" 기분, 생각, 욕구까지 이어지는 상대의 마음을 읽다 보면
> 상대의 욕구가 선한 의도에서 출발했음을 알 수 있습니다."**

당장의 기분만 보면 학교에 가지 않는다는 아이를 이해할 수 없습니다. 하지만 학생의 마음을 읽어 내려가 욕구까지 읽게 되면 그 출발이

선한 욕구('머리 예쁘게 해서 기분 전환도 하고, 새로운 마음가짐으로 열심히 공부하고 싶다')였음을 발견할 수 있습니다. 그 순간 당신의 마음속 어딘가에선 이런 소리가 들려올 겁니다.

"그래, 뭐 그럴 수 있어."

파는 과정에서 마주하는 고객의 요구도 같은 원리로 이해할 수 있습니다. 강성 클레임의 99퍼센트 역시 출발은 선한 욕구였을 수 있습니다. '좋은 상품을 잘 사고 싶다', '가족을 위해 좋은 걸 주고 싶다', '오래 쓰기 위해 이왕이면 최고 등급 모델을 선택하겠다'와 같은 선한 욕구 말이죠.

물론 지금 눈앞의 고객은 이성을 잃고 감정이 흘러가는 대로 격분하고 있지만 선한 욕구에서 출발해 당신을 만났으며, 그렇게 지금 당신 앞에 서 있는 겁니다. 그러므로 당신이 고객을 바라보며 "그래, 뭐 그럴 수 있어."라고 되뇌는 순간, 당신의 마음에 더 이상 생채기가 생기지 않을 겁니다. 만약 그렇지 않고 상대가 지금 느끼고 있을 기분만 바라본다면 "이 인간이 왜 나에게 이렇게 행동하지? 말을 저렇게 하는 건 분명 날 무시해서일 거야."와 같은 생각만 들겠죠. 그러면 결국 마음에 상처만 남을 뿐입니다.

당신의 마음이라는 냄비 안에 감정이라는 국이 없다면 그 누구도 당신의 마음을 휘저을 수 없습니다. 누군가에게 상품과 서비스를 파는 당신이 타인의 기분에 휘둘리지 않았으면 좋겠습니다. 상대의 기분이 어디서 출발했는지, 어떤 욕구 때문에 이 지경(?)이 됐는지를 이해해 주세요.

잘 파는 분들을 뵙다 보면 파는 과정에서 생기는 사람과의 커뮤니케이션을 매우 소중히 여깁니다. 혹여나 상대의 부정적인 반응에도 자신의 심지를 곧게 추스릅니다. 그 일을 기회 삼아 그 사람과의 관계를 더 돈독하게 만들기도 하죠. 비가 온 뒤에 땅이 굳듯 오히려 그분들을 '슈퍼팬'으로 만들기도 합니다.

당신에게 여쭤 보겠습니다. 당신의 일이 힘든가요, 아니면 사람이 힘든가요? 후자라고 대답했다면 기분, 생각, 욕구의 순서대로 상대의 마음을 읽는 독심술을 장착하세요. 지금보다 더 빛나는 미래가 당신을 기다릴 겁니다.

● 백 세 노 트 ●　　이 책의 가치를 백 배 높이는 세일즈 노트

쓰세요. 마구 끄적이세요. 읽기만 하면 남의 지식입니다. 쓰기 시작하는 순간 내 지식이 됩니다.

 근래에 당신을 힘들게 했던 누군가가 있나요? 그 당시 상황을 복기하며 마음을 읽어 보세요. 아래 빈칸을 채우며 그 당시 그분의 기분과 생각과 욕구는 무엇이었을지 떠올리며 그분의 마음을 읽어 보세요.

1) 당시 그의 기분은 _____ 다.

2) 당시 그의 생각은 _____ 다.

3) 당시 그의 욕구는 _____ 다.

고수들의 필살기
상황별 매직 문장 여섯 가지

세일즈 언어를 익힌다는 것은 외국어를 배우는 것과 비슷한 점이 참 많습니다. 새로운 언어를 배울 때 반복 훈련만큼 좋은 것도 없습니다. 세일즈 언어도 마찬가지입니다. 외국어를 공부하듯 좋은 문장을 통째로 암기하는 것도 나의 실력을 드높이는 좋은 방법입니다.

지금부터 알려 드릴 여섯 가지 문장은 각 분야 초고수들이 상황에 맞게 즐겨 쓰는 말들입니다. 눈으로만 보지 말고, 입으로 소리 내어 읽으며 내 것으로 만들어 보세요. 외국어를 잘 배우면 마이클을 만나 말문이 터지듯, 세일즈 언어를 잘 배우면 고객을 만나 말문이 트일 겁니다.

패턴 1: 아는 척하고 싶은 고객의 심리 활용하기

"어! 어떻게 아셨어요? 아, 그러면~."

고객은 아는 척하고 싶어 하는 존재입니다. 그리고 누군가가 나의 이야기에 반응하며 들어주길 원하는 존재이기도 합니다. 만약 상담 중에 고객이 "해지 환급금이 낮으면 보험료가 싼 거잖아요."와 같이 자신이 알고 있는 걸 말했다고 생각해 보죠. 이때 단지 "네, 맞습니다."와 같이 무미건조하게 반응하면 안 됩니다. "어! 어떻게 아셨어요? 잘 알고 계시네요. 아, 그러면 건강을 보장하는 상품의 경우 해지 환급금을 낮게 가지고 가는 것도 좋은 방법이라는 것에 동의하실 것 같아요."와 같이 고객을 추켜세우며 대화를 이끌어 가야 합니다.

패턴 2: 민감한 내용을 다룰 경우

(질문 이후 바로 이어서) " 제가 이렇게 여쭤 보는 이유는요~."

고객에게 건네는 질문에는 고객의 개인정보, 가족관계, 자산규모 등과 같이 예민한 사안이 포함되기도 합니다. 이런 정보들을 대놓고 물어보면 고객의 감정이 닫힐 수 있으니 조심해야 합니다. 그렇다고 물어보지 않으면 효율적인 상담을 이끌어 가기도 어렵습니다. 이런 경우에 상담을 부드럽게 이끌어 가기 위해 활용할 수 있는 패턴입니다. 예를 들어

"고객님 현재 자녀 분에게 물려주실 계획이 있는 자산에는 어떤 것들이 있을까요?"와 같이 조심스럽게 질문을 던지세요. 그러고 난 후 고객이 답변을 머뭇거리기 전에 바로 이어서 "제가 이렇게 여쭤 보는 이유는요~."라고 말하며 질문의 목적을 부드럽게 알려 주세요.

패턴 3: 사회적 특징을 짚어 주기

> " 고객님처럼 (고객이 속해 있는 세대, 집단, 성별 등을 구체적으로 언급)인 분들께서는 이렇게 많이 하십니다."

사회적 증거의 법칙은 강력합니다. 다만 단순히 남들도 다 한다는 식의 권유는 설득력이 떨어집니다. "사회적으로 당신과 비슷한 사람이 많이 합니다. 그러니 당신도 하세요."의 뉘앙스로 설득해야 합니다.

"고객님처럼 어린 자녀를 둔 어머님들께서는 대체로 이런 설계를 받으시죠."

"고객님처럼 자녀가 대학 졸업을 앞둔 아버님들께서 많이 받는 설계예요."

"고객님처럼 은퇴를 불과 ○년 정도 앞둔 분들이 다들 이렇게 준비하세요."

"고객님처럼 고소득 프리랜서인 분들이 먼저 상담 요청을 하는 상품이기도 합니다."

패턴 4: 전문가라는 인상 주기

"이 정도면 충분합니다!"

당신이 고객을 생각하는 진짜 전문가라는 인상을 줄 수 있는 패턴입니다. 금액을 제안할 때는 먼저 약간 부담이 될 정도로 제시하세요. 곧이어 그보다 낮은 금액을 제시하면서 이렇게 말해 보세요.

"물론 금액이 비싼 만큼 더 좋은 건 맞습니다. 하지만 ○○님의 현재 상황을 파악했을 때 이 정도면 충분합니다."

이 경우, 두 가지 효과를 얻을 수 있습니다. 첫째, 과한 금액을 제시하지 않는 당신을 고객이 좋은 사람으로 인식할 수 있습니다. 둘째, 처음 제안받은 높은 금액이 먼저 각인돼 그보다 낮은 금액을 상대적으로 낮게 인지합니다. 다시 한번 강조합니다. 가격은 그 자체만으로 싸다, 비싸다를 판단할 수 없습니다. 오로지 앞서 제시된 기준에 의해 지각될 뿐입니다.

패턴 5: 거절과 반박 앞에 놓였을 경우

"느끼다, 느꼈다, 발견하다."

고객의 거절과 반박에 대처하는 화법 구성의 기본 틀입니다. 물론 고객의 거절과 반박에 매우 명쾌한 답변을 제시할 수 있다면 그게 가장 좋습니다. 하지만 명쾌한 답변이 바로 떠오르지 않거나 모호할 것 같다고 판단되면 3F를 활용해 대답해 보세요. 핵심 구조는 3단계입니다. '느끼다'Feel, '느꼈다'Felt, '발견하다'Found. 예를 들어, 고객이 "보험료가 너무 비싸요."라면서 은근한 거절을 했다고 가정하겠습니다. 이 경우 3F를 활용하면 이렇게 답변할 수 있습니다.

1. 느끼다: "비싸다고 느끼시는 점 충분히 이해합니다"

2. 느꼈다: "다른 고객 분들도 처음엔 그렇게 느끼시더라구요."

3. 발견하다: "다만, 다른 상품과 비교해 본 분들께서는 이 상품이 왜 좋을 수밖에 없는지 발견하시더라구요."

패턴 6: 지금 해야 하는 이유를 강조할 경우

" 왜 '지금' 준비하셔야 되냐면요~ ."

단지 "이 좋은 상품(혜택)이 언제 사라질지 몰라요."와 같이 단편적으로 접근하면 안 됩니다. 상대의 현재 '상황'까지도 고려해 왜 '지금' 선택해야 하는지에 대한 명분을 만들어 줘야 합니다. 보험 가입 권유를 예로 들어 보겠습니다.

"건강 검진 받기 전에 준비하셔야 합니다."

"당장 다음 달이면 보험료 산정 기준이 되는 보험 나이가 바뀌실 거예요. 그전에 준비하시길 추천드려요."

"신년 다짐에 빠지지 않는 게 건강이죠. 내 몸과의 건강한 약속이라 생각하시고 이번에 준비하시죠."

"이제 곧 여름(겨울)이잖아요. 급작스레 더워지면(추워지면) 혈관 건강에 대해서도 더 긴장해야 합니다. 그 전에 준비하셔야 합니다."

"이번에 시작하시면 고객님께서 ○○세 되기 전에 납입을 끝낼 수 있어요. 만약 보험이 필요하다고 생각하셨다면 한 살이라도 어릴 때 시작하는 게 무조건 유리합니다."

● 백 세 노 트 ●   이 책의 가치를 백 배 높이는 세일즈 노트

쓰세요. 마구 끄적이세요. 읽기만 하면 남의 지식입니다. 쓰기 시작하는 순간 내 지식이 됩니다.

Q 위에서 언급한 잘 파는 사람들의 여섯 가지 언어 패턴을 기억나는 대로 아래에 적어보세요. 그리고 정확한 문장을 소리 내어 읽어 보세요.

패턴 1: _____

패턴 2: _____

패턴 3: _____

패턴 4: _____

패턴 5: _____

패턴 6: _____

이 세상에 세일즈맨이
필요한 이유

"잘 파는 사람은 이렇게 팝니다."

글을 쓰고 사례를 수집하고 제목을 정하며 많은 고민을 했습니다. 어떤 분들이 이 책을 볼까, 어떻게 써야 조금이라도 더 도움이 될까만 생각했습니다. 김영하 작가의 《보다》 중 일부를 인용해 제 마음을 대신 전하고자 합니다.

"많은 사람들이 자신이 보고 겪은 일을 '진심'을 담아 전하기만 하면 상대에게 전달되리라는 믿음 속에서 살아간다. 안타깝게도 진심은 진심으로 전달되지 않는다. 진심 역시 '잘 설계된 우회로'를 통해 가장 설득력 있게 전달된다.

그게 이 세상에 아직도 이야기가, 그리고 작가가 필요한 이유일 것이다."

이 말의 일부만 바꿔 보겠습니다.

> **"많은 판매자들이 자신의 상품을 '진심'을 담아 전하기만 하면**
> **누군가 구매할 것이라는 믿음 속에서 살아간다.**
> **안타깝게도 진심은 진심으로 전달되지 않는다.**
> **진심 역시 '잘 설계된 우회로'를 통해 가장 설득력 있게 전달된다.**
> **그게 이 세상에 아직도 세일즈 언어가,**
> **그리고 세일즈맨이 필요한 이유일 것이다."**

끝으로 당신에게 당부하고 싶은 말이 있습니다. 당신의 상품과 서비스를 선택하는 그 누군가도 결국 사람입니다. 그렇기에 판다는 것은 스킬보다도 사람을 먼저 아는 것이 더 중요합니다. 사람의 얼굴과 지문은 제각각이지만 다행히도 사람은 누구나 결국 비슷합니다. 게으르며, 늘 귀차니즘에 시달리며, 좋아하는 것과 싫어하는 것이 신기하리만큼 비슷합니다. 복잡한 걸 싫어하며, 단순한 걸 선호합니다. 어려운 걸 싫어하며, 쉬운 걸 선호합니다. 누군가가 자신의 시간을 빼앗기보다는 아껴 주는 것을 원합니다. 아무런 상관없는 다른 사람의 이야기보다는 나와 상관 있는 이야기를 듣고 싶어 합니다. 방대한 데이터도 좋지만, 그보다 자신에게 도움이 되는 정보를 원합니다. 적은 노력으로 많은 걸 얻으려는 욕심도 누구나 가지고 있습니다.

결국 우리는 똑같은 사람입니다. 사람을 바라보면 판매의 답이 보인다는 건 결코 입에 발린 거짓말이 아닙니다. 상품이나 서비스를 파는 당신의 입에서 "노력도 결국 배신하더라."라는 푸념이 나오지 않길 기원합니다. "노력은 언젠가 보상하더라."라는 긍정의 언어와 늘 함께하길 기원합니다.

이 책이 당신의 노력에 작은 보탬이 되기만을 간절히 바랍니다.

황현진

주석

1 Burnkrant, Robert E., Howard, Daniel J. (1984). Effects of the use of introductory rhetorical questions versus statements on information processing. Journal of Personality and Social Psychology, 47(6), 1218−1230.

2 Leaf Van Boven and Nicholas Epley. (2003). The unpacking effect in evaluative judgments: When the whole is less than the sum of its parts. Journal of Experimental Social Psychology, 39, 263 – 269.

3 Chad A Higgins, Timothy A Judge. (2004). The Effect of Applicant Influence Tactics on Recruiter Perceptions of Fit and Hiring Recommendations: A Field Study. Journal of Applied Psychology, 894, 622−632.

4 Roland T. Rust, Richard L. Oliver. (2000). Should we delight the customer? Journal of the Academy of Marketing Science.

5 Randy Garner. (2005). Post−It Note Persuasion: A Sticky Influence. Journal of Consumer Psychology, 153, 230 – 237.